上海市马克思主义学科发展支持计划"马克思主义理论中青年骨干"专项成果
国防大学"名师名家"工程-青年英才支持成果

中国式现代化话语体系研究

苏 阳 著

江苏人民出版社

图书在版编目（CIP）数据

中国式现代化话语体系研究 / 苏阳著. -- 南京：江苏人民出版社, 2025. 8. -- ISBN 978-7-214-30725-5

Ⅰ．D614

中国国家版本馆CIP数据核字第2025Y23F93号

书　　名	中国式现代化话语体系研究
著　　者	苏　阳
责任编辑	史雪莲
装帧设计	陈　婕
责任监制	王　娟
出版发行	江苏人民出版社
地　　址	南京市湖南路1号A楼，邮编:210009
照　　排	南京紫藤制版印务中心
印　　刷	江苏凤凰数码印务有限公司
开　　本	890毫米×1240毫米　1/32
印　　张	11.375　　插页2
字　　数	220千字
版　　次	2025年8月第1版
印　　次	2025年8月第1次印刷
标准书号	ISBN 978-7-214-30725-5
定　　价	68.00元

（江苏人民出版社图书凡印装错误可向承印厂调换）

代 序
"四手联弹":构建中国式现代化话语体系的时代场域

虞崇胜

长期以来,在现代化话语问题上,西方发达国家一直占据霸权地位。中国改革开放以来,中国式现代化虽然取得了令世界瞩目的成就,但在现代化话语方面总体处于落后状态,存在有理说不出、有理说不清、说了别人也不信的尴尬现象。正如一些国际人士所言:"中国在为外界不理解自己的政治制度而苦恼的同时,是不是应该反思,是否已经向外界进行了清楚、准确、全面并且能够为外部世界所理解的自我表达呢?"[1]这的确是摆在中国政界和理论界面前的一个不可回避的问题,也是新时代推进中国式现代化不得不直接面对的问题。

而要使中国式现代化说得出、讲得清、讲得有道理,就必

---

[1] 王琎:《突破西方政体类型学的当今中国政治制度——国际知名学者帕斯夸里·帕斯奎诺谈中国政治制度》,《光明日报》2013年08月20日。

须构建中国式现代化话语体系,解决话语主体、话语内容和话语方式等问题。什么是话语?话语就是人们说出来或写出来的语言。话语是人类思维和交往的工具,人类借助话语,传递信息、交流思想、表达情感、建立关系、影响行为。所有话语都是在人与人的互动过程中呈现出来的,因此具有社会性。什么是话语体系?话语体系是指由不同话语构成的有机整体。通常情况下,话语体系主要包括三个方面的内容:一是话语主体,二是话语内容,三是话语方式,即谁讲话、讲什么、怎么讲。此外,话语体系包括不同话语要素,是由不同话语要素构成的完整体系,因此具有相对完整性。

严格来说,所有话语体系都是人类实践的产物,是适应经济社会发展需要而生成的,不同话语体系产生于不同的场域。因此,构建中国式现代化话语体系,不能脱离新时代中国特色社会主义的时代场域,这个场域既包括中国式现代化的实践,也包括中国传统文化的转化发展,还包括中西文明的交流互鉴和人类新文明的创造发展,中国式现代化话语体系就是在这四种不同社会力量相互作用下,由中国共产党和中国人民共同演奏出的中国式现代化华美乐章。

一、构建中国式现代化叙事话语的深远意义

自 2021 年习近平总书记在庆祝中国共产党 100 周年大会上的讲话中第一次明确提出"中国式现代化"概念之后,理

论界和学术界围绕相关问题从不同视域展开了深入研究,取得了丰硕成果,其中对于中国式现代化叙事的深远意义给予了充分肯定。学者们普遍认为,中国式现代化开启了新的现代化叙事。西方现代化是欧洲中心论的话语体系,欧洲现代化叙事,是以现代—落后、文明—野蛮的二元叙事模式展开的。二战结束后,美国崛起称霸全球,欧洲中心论为美国中心论取代,发达—发展中—欠发达国家叙事取代欧洲的现代化叙事。中国式现代化摒弃了西方以资本为中心的现代化、两极分化的现代化、物质主义膨胀的现代化、对外扩张掠夺的现代化的老路,打破了"现代化等于西方化"的迷思,拓展了发展中国家走向现代化的途径,为人类对更好社会制度的探索提供了中国方案。

从世界现代化史的脉络来看,现代化叙事和现代化进程从英格兰开始,更早可以追溯至文艺复兴,经过启蒙运动、商品世界性流通、资产阶级革命,确立了以民主政治、法治秩序、市场经济、世俗文化为内核的现代社会。为此,1960年各国学者在日本箱根召开专门会议,专门讨论现代化的标准问题,形成了著名的"箱根共识",其中提出了衡量现代化的八项标准,包括:人口较高地向城市集中,整个社会日益以都市为中心组织起来;非生物能源高度利用,商品广泛流通,服务性行业发达;社会成员在广泛空间范围内相互作用,社会成员普遍参与经济和政治事务;村社和世袭社会群体普遍解体,个人社会流动性增大,个人的社会表现范围更加多样化;

伴随个人非宗教地并日益科学地应付环境,普及读写能力;具有渗透性的大众传播网形成;政府、企业、工业等大规模社会设施的拥有,这些设施的组织日益科层化;各庞大人口集团逐渐统一在单一的控制(国家)之下,各国之间相互作用(国际关系)日益加强。

半个多世纪以来,人们基本上是按照"箱根共识"来理解现代化的。今天当我们重新审视"箱根共识"对现代化的解释,不难发现它是有很大局限性的。从八条标准可以看到,"箱根共识"对现代化诸多因素的描述属于外在性的(譬如城市化、工业化和社会流动等标准),而且带有强烈的西方中心主义色彩,没有关注到发展中国家正在走着不同于西方的现代化发展道路。

中国的早期现代化运动,的确也是依据于西方现代化模式的。从 19 世纪 60 年代的洋务运动的求强求富到 20 世纪 30—40 年代发展工商业的现代化,基本上都是沿着西方现代化的轨迹演进的。然而,中国许多知识分子鉴于西方现代化流弊,仍然执着于探索中国自己的现代化道路。据罗荣渠考证,"现代化"一词在"五四"以后已陆续出现,但普遍流行是从 20 世纪 30 年代开始的。1933 年 7 月,《申报月刊》刊发"中国现代化问题号"专辑,许多学者都在专辑上发表自己的现代化主张,从而推动了"现代化"概念的广泛流传。在收入的 26 篇文章中,绝大多数主张走"受节制的资本主义"或"非资本主义发展"的现代化道路。尽管走非资本主义并不一定就意味着走社会主义道路,但至少说明在当时的思想文化界,西式的、纯粹的资本主义现代化已经受到质疑。也就是说,即使是在"西化""洋化"十分流行的时代,中国知识界中多数人所接受的现代化仍然是包含和反映"中国性"的现代化,当时被普遍称之为"本土化"的现代化。

中国共产党对现代化的认识,也经历了一个不断深化的过程。党成立之初,主要从苏联经验出发,提出要实行全国铁路化,后来提出要实行全国电气化。新中国成立初期,党提出以"建设现代化国家"为奋斗目标,并在党的八大提出建立"一个伟大的社会主义工业化的国家"。从铁路化到电气化再到工业化,这些表述表明,当时对于现代化的认识主要聚焦于外在的器物层面。而在党的二十大报告关于中国式现代化的系统论述中,全体人民共同富裕的现代化、物质文明和精神文明相协调的现代化、人与自然和谐共生的现代化、走和平发展道路的现代化等表述表明,中国共产党对于现代化的理解全面深刻地指向现代化的内在性,是真正面向人的现代化。因此,中国式现代化的本质要求在于,在中国共产党的领导下,不断发展全过程人民民主,丰富人民精神世界,实现全体人民共同富裕,促进人与自然和谐共生,推动构建人类命运共同体,创造人类文明新形态。

自新中国成立以来,中国共产党就十分注重社会主义现代化建设。1953年,中国共产党就提出了国家在过渡时期的"一化三改造"总路线,即逐步实现国家的社会主义工业化,逐步完成对农业、手工业和资本主义工商业的社会主义改造。1954年,中国共产党继而提出了"四个现代化",即工业、农业、交通运输业和国防的现代化。1957年,毛泽东在《关于正确处理人民内部矛盾的问题》中指出,"将我国建设成为一个具有现代工业、现代农业和现代科学文化的社会主义国家"①。随着党对现代科学技术重要性的认识不断深入,三届全国人大一次会议将"四个现代化"的目标确定为农业、工业、国防和科技。改革开放初期,党提出"实现四化,振兴中华"的口号,成为现代化的主要叙事方式。党的十八大以来,随着党对社会主义现代化国家认识的不断拓展与深化,提出了国家治理体系与国家治理能力现代化的重大命题。这也被视为继工业、农业、国防和科技四个现代化之后的第五个现代化。

从"一化三改造"到"四个现代化",再到国家治理现代化,表明了党对社会主义现代化认识的不断深化与拓展,为中国式现代化这一总体性命题(话语)的提出奠定了基础。中国式现代化这一总体性表述,不仅彰显了国别特色,而且超越了以往分领域的表述,是思想认识走向成熟的标志,也是现代化话语的重大创新。中国式现代化是中国共产党团结带领人民在建设社会主义现代化国家中走出来的一条现代化道路,是一条集政治、经济、文化、社会和生态于一体的

---

① 《毛泽东著作选读》下册,人民出版社1986年版,第760页。

总体性文明发展之路。这是一种从"多线叙事"到"主线叙事",再到"总体性叙事"的递进式发展模式。

近代以来,中国的现代化进程往往被视为"冲击—回应"的产物,是面对西方工业化国家强烈冲击的被动选择。因此,从洋务运动、维新变法、辛亥革命到五四运动,中国现代化的典型历史事件都表现出鲜明的外生性。作为"冲击—回应"的产物,如何实现国家独立、民族复兴,将中国建设为一个现代化国家或者现代化强国就成为以往现代化命题的核心关注。

随着中国现代化成就的不断累积,中国式现代化叙事话语的提出,意味着现代化命题中中国与世界关系的改变。中国不再是西方现代化的追随者、效仿者,而是不断开辟出足以影响世界的现代化新道路,中国式现代化的世界意义不断彰显。根据国家统计局公布的数据,中国在 2013 年至 2021 年期间对世界经济增长的平均贡献率达 38.6%,超过 G7 国家贡献率的总和,是推动世界经济增长的第一动力。在这个意义上,中国逐渐完成了对西方现代化的追赶,日益成为引领世界现代化的一个重要力量。中国式现代化以独立型发展的现代化范式,破解了后发国家现代化发展的困境,拓展了发展中国家走向现代化的途径,为广大发展中国家独立自主迈向现代化树立了典范,给世界上那些既希望加快发展又希望保持自身独立性的国家和民族提供了全新选择,为解决人类问题贡献了中国智慧和中国方案。"中国式现代化"命题(话语)内含世界和平、人类命运共同体、人类文明新形态等概念,不仅体现了中国共产党胸怀世界的格局,也表达了一个大国对于当代世界和全球治理的责任担当,是对现代化认识的拓展与深化。

从上述中国式现代化的叙事史中可以发现,中国从追赶时代到引领时代,中国共产党对中国式现代化的历史叙事具有深远的历史意义。如果说洋务运动时期提出的"中学为体、西学为用"可以看作中国为回应西方冲击而提出的最早的现代化口号,那么,党的二十大报告提出的"中国式现代化"则标志着中国为引领时代而提出的新的现代化叙事。在这个意义上,中国式现代化的历史叙事,隐含了近现代中国从回应时代、追赶时代、融入时代到引领时代的全部历史进程。

二、在中国现代化实践中构建中国式现代化话语体系

顾名思义,中国式现代化,是发生在中国大地上的现代化过程。中国式现代化话语体系,也只能在中国现代化实践中产生。中国是现代化起步较晚的国家。罗荣渠认为,1840年以来的中国现代化历程非常艰难,先后经历了三次模式大转换。第一次转换发生在辛亥革命前后,表现为君主立宪制度下的自上而下的改良型现代化,封建帝制的崩溃和民族国家重建,以及国民党统治时期开启的资本主义现代化。第二

次转换发生在1949年新中国诞生以后,主要标志为由资本主义模式转变为社会主义模式,但其特征是学习苏联模式。第三次转换始于1978年改革开放,表现为从封闭式的现代化路线转向开放式现代化路线,探索中国特色社会主义现代化道路。

普林斯顿大学的经济史学家罗伯特·戈登对于中国现代化迟迟没有真正启动表示遗憾,他指出,19世纪70年代到20世纪70年代,是人类历史上仅有的黄金百年。在此期间,经济飞速发展,科技日新月异,人类的衣食住行都发生了翻天覆地的变化,现代化的生活方式逐渐成型。然而,十分遗憾的是,这个一百年正是中国经济社会停滞的一百年,当亚洲的新加坡和韩国等国家和地区继日本之后走上现代化道路之时,中国大陆仍然在前现代化泥泞中徘徊。因此,"中国的现代化是被延误了的现代化"[1]。关于中国现代化延误的原因,一直都是中外学术界关注的历史之谜:为什么一个长期处于领先地位的古典农业文明的大国在向现代工业社会转变的过程中如此步履艰难,险阻迭起,前路漫漫?有人将之归于外因,认为中国现代化的延误主要是由于外来西方资本主义渗透和帝国主义侵略;也有将之归于内因,认为中国现代化延误主要症结在于中国传统文化的落后性、制度的独特性和发展的停滞性;还有一种观点认为,中国现代化的延

---

[1] 罗荣渠:《现代化新论(增订本)》,华东师范大学出版社2013年版,第193页。

误并非一个方面的原因,而是各种内外因素互动共同作用的结果。

既然中国的现代化被延误了,是后发的现代化,在走向现代化的过程中自然会学习和借鉴他国现代化的经验,同时也吸取他国现代化的教训。自从19世纪中叶启动现代化(最初称为"近代化")以来,中国在现代化的路上走走停停,长期未能步入正轨。鸦片战争后,中华民族开始了寻求复兴之路。但是,由于屡遭列强侵凌,中国现代化之路从一开始就是与实现民族复兴密切联系在一起的,而且各界仁人志士朦胧地都在思考如何在学习西方即"西化""欧化"过程中守护住中华文化的命脉,进而赋予现代化以中国的内涵。①

"五四"以降,关于中国现代化到底应采取何种路径,国内外政界、学界对此都各执一端、莫衷一是。"五四"以前,虽然有如张之洞等提出过"中学为体,西学为用"的主张,但在知识界,面对西方列强的船坚炮利和中国国破民贫的社会现实,更多的人对于西方文明抱有好感甚至崇拜,认为只有学习西方中国才有出路。然而,西方文明只是现代文明中的一种形式,其本质是以资本为中心的资本主义文明,像中国这样具有悠久历史文化传统的国家必须寻找适合自己国情的现代化道路。

在经历了第一次世界大战之后,中国人对于西方的很多

---

① 虞崇胜:《中国式现代化的三重属性:现代性、中国性、世界性》,《探索》,2023年第4期。

幻想都随之破灭。在一战之前，传统中国的"天理观"随着科学的冲击，已经失去了正当性的基础，随之替代的是"公理"，人们一度以为"公理能够战胜强权"，但是一战暴露出来的资本掠夺，及其巴黎和会上对中国的不公正待遇，导致整个中国思想界对于西方说一套做一套的言行不一，感到非常的失望，就有了如毛泽东提出的疑问："为什么先生老是侵略学生呢？"

于是，20世纪20年代，欧游归来的梁启超目睹了欧战后的西方世界，便撰文质疑西方的现代化路径，强调中国的发展不能无限崇拜西方，在学习西方的同时也要兼顾中国的文化资源。在最初的时候，这种想法多带有本能的抵御西方的色彩，第一次世界大战爆发后则转变为超越西方文明的自觉。梁启超在《欧游心影录》中指出，西洋文明与中华文明需要相互补充，"拿西洋的文明来扩充我们的文明，又拿我们的文明去补助西洋的文明，叫他化合起来成一种新文明"，这就是所谓"中国人之自觉"。① 面对"西方化的世界""西方化对东方化绝对的胜利，绝对的压服"，梁漱溟多有不甘，特意写下《东西文化及其哲学》一书，在深入比较不同文化的优长和弊端之后，认为这种"西方压倒东方"的局面不是人类文明的正轨，主张"人类文化要有一根本变革""由西洋态度改变为

---

① 梁启超：《欧游心影录》（节录），《饮冰室合集》专集，第五册，中华书局1936年版，第35页。

中国态度"。①

据罗荣渠考证,"现代化"一词在"五四"以后已陆续出现,但普遍流行是从20世纪30年代开始的。1933年7月,《申报月刊》刊发"中国现代化问题号"专辑,许多学者都在专辑上发表自己的现代化主张,从而推动了"现代化"概念的广泛流传。在收入的26篇文章中,绝大多数主张走"受节制的资本主义"或"非资本主义发展"的现代化道路。尽管走非资本主义并不一定就意味着走社会主义道路,但至少说明在当时的思想文化界,西式的、纯粹的资本主义现代化已经受到质疑。也就是说,即使是在"西化""洋化"十分流行的时代,中国知识界中多数人所接受的现代化仍然是包含和反映"中国性"的现代化,当时被普遍称之为"本土化"的现代化。

与此同时,在三四十年代的延安,以毛泽东为代表的共产党人在开辟新民主主义革命道路的进程中,将马克思主义基本原理同中国具体实际相结合,开始探索一条适合中国国情的现代化新路。1945年,毛泽东在《论联合政府》中指出:"没有工业,便没有巩固的国防,便没有人民的福利,便没有国家的富强。"②新中国成立后,毛泽东深深感到经济落后的压力,表示"如果不在今后几十年内,争取彻底改变我国经济和技术远远落后于帝国主义国家的状态,挨打是不可避免

---

① 梁漱溟:《东西方文化及其哲学》,商务印书馆1935年版,第167—168页。
②《毛泽东选集》第3卷,人民出版社1991年版,第1080页。

的"①。鉴于以美国为代表的帝国主义对新中国安全的威胁，毛泽东将国防现代化提到与工业现代化、农业现代化、科学文化现代化同等的地位，并称"四个现代化"。对此，毛泽东阐释说："建设社会主义，原来要求是工业现代化，农业现代化，科学文化现代化，现在要加上国防现代化"。②遗憾的是，由于左倾思想的发展，毛泽东等提出的"四个现代化"目标在"文化大革命"期间中断了，实现现代化的历史重任落到了新一代中国共产党人身上。

改革开放以来，以邓小平为代表的中国共产党人高擎中国特色社会主义旗帜，将实现现代化的任务摆到全党工作中心的位置。在提出实现现代化的历史任务伊始，邓小平就明确地指出了中国的现代化不同于西方的现代化，明确赋予了现代化的"中国式"内涵。1983年6月，邓小平指出："我们搞的现代化，是中国式的现代化。我们建设的社会主义，是中国特色社会主义。"③正是由于从一开始就明确赋予了中国现代化的"中国式"内涵，从而使中国现代化之路不再重复历史上"左右摇摆"的被动局面而能够实现行稳致远。

2022年10月，党的二十大报告正式将"带领全国各族人民全面建设社会主义现代化强国、实现第二个奋斗目标，以中国式现代化推进中华民族伟大复兴"作为新时代新征程中

---

① 《建国以来毛泽东文稿》第10册，中央文献出版社1996年版，第346页
② 《毛泽东文集》第八卷，人民出版社1999年版，第116页。
③ 《邓小平文选》第3卷，人民出版社1993年版，第29页。

国共产党的使命任务提了出来。习近平总书记在学习贯彻党的二十大精神研讨班开班式上发表重要讲话再次强调,"中国式现代化既有各国现代化的共同特征,更有基于自己国情的鲜明特色",并指出:"党的领导决定中国式现代化的根本性质"①。应该说,以党的二十大为标志,中国共党人自主自觉地提出来的"以中国式现代化推进中华民族伟大复兴"的奋斗目标,赋予了中国式现代化以"人类文明新形态"的崭新形态。中国式现代化是以马克思主义为指导、中国共产党领导的社会主义现代化,有着社会主义特质、独立自主特性和文明古国特征的现代化发展过程,具有独立性、自主性、内生性和创新性的综合特征,区别于其他发展中国家和社会主义国家的现代化,更区别于西方式现代化,是一种原创性的新型现代化。

的确,中国的现代化不是按照某些西方学者设定的议程而展开的,而是依据中国自己的条件而设定的。中国是世界上最大的发展中国家,也是最大的社会主义国家和历史最悠久的文明古国,由于在社会发展和现代化的进程中具有后发性又具有赶超性,因此决定了推进中国式现代化不是一蹴而就的建设工程,而是一项探索性事业,还有许多未知领域,需要我们在实践中去大胆探索。新中国成立以来虽然建立了完整的工业化体系和国民经济体系,但仍然处在完成工业化

---

① 习近平:《中国式现代化是中国共产党领导的社会主义现代化》,《求是》,2023年第11期。

任务的发展阶段,中国选择的现代化发展战略并不是先完成工业化,再进行信息化、城镇化、农业现代化,而是走新型工业化道路,以工业化带动信息化,信息化提升工业化,实现工业化、信息化、城镇化、农业现代化协调发展。习近平总书记明确指出:"我国现代化同西方发达国家有很大不同。西方发达国家是一个'串联式'的发展过程,工业化、城镇化、农业现代化、信息化顺序发展,发展到目前水平用了二百多年时间。我们要后来居上,把'失去的二百年'找回来,决定了我国发展必然是一个'并联式'的过程,工业化、信息化、城镇化、农业现代化是叠加发展的。"①

透过中国现代化180余年的探索发展实践,可以发现中国式现代化话语决不是某个人的创造发明,而是中国现代化长期发展实践的产物。构建中国式现代化话语体系,必须深入到中国式现代化实践中去,因为"中国式现代化赋予中华文明以现代力量,中华文明赋予中国式现代化以深厚底蕴。中国式现代化是赓续古老文明的现代化,而不是消灭古老文明的现代化;是从中华大地长出来的现代化,不是照搬照抄其他国家的现代化;是文明更新的结果,不是文明断裂的产物。中国式现代化是中华民族的旧邦新命,必将推动中华文明重焕荣光"②。

---

① 习近平:《在十八届中央政治局第九次集体学习时的讲话》(2013年9月30日)
② 习近平:《在文化传承发展座谈会上的讲话》,《求是》,2023年第17期。

三、在中国传统文化创新转化中构建中国式现代化话语体系

循名责实。在"中国式现代化"话语中,包括着两个关键词:一是"中国式",二是"现代化"。在"中国式"的关键词中已经内涵了中国本土资源与现代化的传承关系。

中国式现代化是植根中华文明的现代化。之所以说中国式现代化是从中华大地长出来的现代化,根本在于中国式现代化深植于中华文明沃土。中国式现代化深受五千多年中华文明的滋养,是中华优秀文化赓续的结果。中华文明涵养了中国式现代化的精神气质和话语神韵。

其一,中华文明蕴含了中国式现代化的重要思想资源。传统中国是具有丰厚思想资源的国家,无数思想家提出和创立了各具特色的思想体系和标识概念,如天人合一、民为邦本、和而不同、革故鼎新、自强不息、厚德载物、为政以德、天下为公等,这些思想和概念具有鲜明民族特色和恒久时代价值,是中国式现代化话语的重要思想资源,滋养了中国式现代化独特的世界观、价值观、历史观、文明观、民主观、生态观和话语体系。其二,中华文明赋予中国式现代化以深厚文明底蕴。文明的基础是文化,文字、城市则是文化的重要载体和体现。无论是从文字的出现还是城市的产生,中华文明都堪称是世界上最古老的文明之一。不少西方哲人都对中华

文明的悠久性和持续性赞叹不已。中华文明对人类文明发展作出的重大贡献，除了四大发明和丝绸、瓷器等，中国的文化和典章制度也深刻影响着世界文明发展，中国的文官考试制度和儒家思想就对欧洲启蒙运动产生过影响，《论语》的早期翻译和导读曾给予孟德斯鸠和伏尔泰的哲学思想以启发。其三，中华文明形塑了中国式现代化的精神文明样式。中华文明既包含灿烂的物质文明，也包含绚丽多彩的精神文明。古代中国不仅产生了老子、孔子、庄子、孟子、墨子、孙子、韩非子等闻名于世的伟大思想巨匠，而且创作出诗经、楚辞、汉赋、唐诗、宋词、元曲、明清小说等伟大文艺作品。"盛世修文"是中华文化特有的传统，历史上的一些盛世如西汉的文景之治、唐代的贞观之治等，都呈现经济发展与文化繁荣相得益彰的共同特点。其四，中华文明赋予了中国式现代化的文化自信。中华文明自古以来就有着高度的文化自信，成为中华民族屹立于世界民族之林的精神支柱。中华文明是世界上唯一绵延不绝、传承至今的古老文明，中国式现代化延续了中华文明的文化自信，在学习西方的同时超越西方，在推动物质文明和精神文明协调发展的同时，努力促进全体人民的全面发展，有效消除资本逻辑主宰下物质主义泛滥的西方现代化痼疾，创造了经济持续发展和社会长期稳定的两大奇迹，为世界文明发展作出了自己的贡献。总之，中华文明所具有的连续性、创新性、统一性、包容性、和平性，决定了中国实现现代化不同于西方现代化，必然是赓续中华古老文明的现代化。中国式现代化中诸多的文明因子,如全体人民共同富裕、人与自然和谐共生、走和平发展道路等都是中国式现代化特色和要求,都可以在中华优秀传统文化中找到文化根基。

如同任何事物都具有两面性一样,中华文明在其发展过程中,由于受到自然经济基础限制和专制制度不断强化,也产生和形成了一些文化糟粕。(一)等级观念:中华传统文化中存在着明确的等级观念,认为社会中不同阶层必须有不同的地位和权力,这种观念不仅导致了社会阶层不平等以及权力滥用的问题,同时限制了个人的自由和平等发展,与现代社会追求的平等、公正理念相悖。(二)礼治秩序:中华传统文化中素有礼治传统。礼治主要通过礼仪、习俗等软性规范来治理社会,而不依赖于强制性的法律手段,主要通过文化熏陶和社会舆论来约束人们的行为。这种礼治秩序虽然有助于维护社会的稳定与和谐,减少社会矛盾和冲突的发生。但是,由于礼治秩序是建立在等级制度基础上的,依靠固化等级秩序来维护既存社会秩序,抵制个性表达和个体权利,压制创新思维和社会活力,从而使整个社会陷入"稳定性停滞"之中而不能创新发展。(三)家长制权威:中国传统文化中普遍强调子女对长辈的绝对尊重和顺从,比较忽视个体权益和平等的价值。这种家长制权威观念,容易形成家庭内部的权力失衡,不利于家庭成员的健康成长和个性发展。(四)大一统观念:中国传统文化中长期都有维持大一统的观念,这种观念有利于维护多民族的团结统一,但是过分强调统一和共识,对异见和多样性持排斥态度,不利于社会的多元发展和文化的交流融合。(五)盲从和迷信观念:受限于科技与教育水平的发展,中国传统文化中盛行盲从和迷信观念。这些盲从和迷信观念虽然发自内心,但由于缺乏客观标准和科学依据,从而对人们的思维方式和行为习惯产生了消极影响,容易抑制人们的创新精神和独立思考能力。从本质上来说,这些传统文化糟粕是与现代文明的价值观,如平等、科学、人权、法治等,严重抵触的落后观念、习俗以及制度遗存。这些文化糟粕对人性的压抑、对理性的排斥、对公平正义的损害,成为了推进中国式现代化的绊脚石。

因此,构建中国式现代化话语体系,需要正确对待中国传统文化,既要从传统文化中吸取优秀文化养分,同时也要剔除其中不适应现代化发展的文化糟粕。中国式现代化话语体系必须是新时代的新型话语体系,从形式到内容都必须是新的,从话语要素到话语形式都需要有新的表达,既不能是新瓶装旧酒,也不能是旧瓶装新酒,更不能是旧瓶装旧酒,而必须是新瓶装新酒。唯其如此,就必须对中华传统文化展开具体分析,区分其中的精华和糟粕,激活中华传统文化的创新活力,使之在中国式现代化进程中获得得新生,即实现创造性转化和创新性发展,而中国式现代化话语体系正是在中国传统文化创新转化中构建而成的。

三、在中外文明交流互鉴中构建
中国式现代化话语体系

自新航路开通以来,人类文明发展就呈现东西方两种不同的发展趋势。英国学者约翰·霍布森研究认为,1700年至1850年之间,欧洲完整构筑出世界分为东西方两个对立阵营的话语叙事:西方和东方(或西方世界和其他),而西方被想象为优越于东方。在这种元叙事的影响下,人们谈论现代化时形成了这样的观念,即欧洲历史涵盖了基本的文明史,仅有个别无足轻重的例外;白种人(欧洲人)的发展一直是沿着一条符合人的理性、常态的道路通往最高级的人类文明。①

欧洲人这种从文明走向上把整个世界分成了对立的两个部分的作法,既不唯物也不客观,带有明显西方中心论偏见。不少西方社会和科学家将这两种极为分裂的观念视为不言而喻的真理,而且还将其写进西方崛起论资本主义现代化起源的理论中。这种思维方式被结构主义所接纳并成为分析东西关系的基础。西方这种现代化话语叙事框架存在明显问题,无法把握文明间关系的本质逻辑和实际内涵,错误构筑出一种语言或叙事决定历史的逻辑思维。受西方长期以来形成的文明观的影响,西方学术界对文明研究有着不

---

① 刘作奎:《理解中西文明交流互鉴:一种话语叙事的分析框架》,《文学遗产》,2025年1期。

同的进路和分类,美国学者穆斯塔法·艾弥拜尔将文明的研究区分为两种分析方式:一种是行为体导向的,另一种是过程导向的。而帕特里克·杰克逊提出了一个相类似的归类:他区分了重属性(或行为体)与重话语(或关系)两种不同的研究方式。西方文明研究的学术取向往往陷入机械唯物主义和主观唯心主义的窠臼,在客观和主观之间没有有效架起一座互动的桥梁,使得对话语叙事的分析陷入僵化和概念主观化的困境。①

在人类文明日益多样化的今天,构建中国式现代化话语体系,必须打破西方世界普遍流行的文明对立和文明冲突的偏见,倡导在文明交流互鉴中而不是在文明冲突中,增强各个国家不同文明之间的相互认同。虽然不同文明会有种种不同,但不同文明中共同的东西总是多于不同的东西,人类文明发展都是在求同存异、求同化异,或者求大同存小异、求大同化小异中实现的,中国式现代化话语体系必须是在中外文明交流互鉴中逐步构建的。

之所以要在中外文明交流互鉴中构建中国式现代化话语体系,这是由"中国式现代化"的双重属性决定的。习近平总书记指出:"一个国家走向现代化,既要遵循现代化一般规律,更要符合本国实际,具有本国特色。中国式现代化既有

---

① 刘作奎:《理解中西文明交流互鉴:一种话语叙事的分析框架》,《文学遗产》,2025年1期。

各国现代化的共同特征,更有基于自己国情的鲜明特色。"①这里强调的"既要""更要""既有""更有",讲的就是中国式现代化的双重属性及其成因。这样的双重属性,决定了构建中国式现代化话语体系,必须在突出"本国实际""中国特色"的同时,也要遵循"现代化一般规律""各国现代化的共同特征",并使二者实现有机结合。如果考察中国从探索现代化之路到找到中国式现代化道路的历史,我们就会发现中国式现代化话语的生成,不是在书房里完成的,而是在中外文明交流互鉴过程中实现的。现代化是人类在工业革命取代农耕文明的历史进程中形成的现代文明。在一个具有悠久历史文化传统的中国卷入世界现代化潮流的过程中,中华文明与西方现代文明不断碰撞、交流和互鉴,使中华文明成为现代的,使现代化成为中国式的,在创造中国式现代化道路的同时创造了中华民族的现代文明,创造了人类文明新形态。由此决定了构建中国式现代化话语体系,必须在中外文明的交流互鉴中逐步完成。

改革开放以来,中国先后构建了许多话语体系,无论是"马克思主义中国化时代化""中国特色社会主义""中国式现代化",还是"社会主义市场经济""全过程人民民主""人类命运共同体",等等,无一不是人类文明优秀成果和中华文明交流互鉴的产物。构建中国式现代化话语体系,也必须遵循中

---

① 习近平:《中国式现代化是强国建设、民族复兴的康庄大道》,《求是》,2023年第16期。

外文明交流互鉴的原则：第一，构建中国式现代化的话语体系必须把握现代化的普遍性话语和特殊性话语的辩证关系，既不能强调普遍性而无视特殊性，也不能强调特殊性而忽略普遍性；第二，构建中国式现代化的话语体系，既要借鉴吸收一切人类优秀文明成果，又要推进中华优秀传统文化的创造性转换和创新性发展，推动中华文明成为现代的；第三，构建中国式现代化的话语体系既要打破"现代化＝西方化"的迷思，又要以西方人能够听得懂、读得懂的话语来推介中国式现代化，否则，就失去了构建中国式现代化话语体系的实用意义。

在推进中西文明交流互鉴中，还需要重视中国式现代化话语的翻译问题。比如"中国式现代化"，原来译为"Chinese modernization"，现在译为"Chinese path to modernization"，强调现代化的中国道路，更容易为国际社会接受。又比如"新发展理念"的"理念"，原来译为"concept"，现在译为"philosophy"，这更能体现习近平总书记强调的"新发展理念是一个系统的理论体系"。翻译不准确，往往容易出大问题。比如"人类命运共同体"的"命运"只能译为"shared future"，而不能直译为"destiny"。[①] 所以，在构建中国式现代化的话语体系时，为使话语更加精准和贴切，能够向世界传播准确的声音，必须认真研究中国话语的翻译问题。

---

① 李君如：《论中国式现代化的话语体系的构建》，《理论视野》，2024年第1期。

总之,构建中国式现代化的话语体系,必须具有全球视野,着眼于中外文明交流对话及其相互影响,在文明互鉴中提炼中国式现代化话语和话语体系。

四、在创造人类文明新形态中构建中国现代化话语体系

在全球化日益深入的新时代,构建中国式现代化话语体系,决不能脱离人类文明发展大道。中国式现代化话语体系,既不能只是中国人的自说自话,也不能只在中华文明的圈子内喃喃低语,它应该也必须是全球化音乐殿堂中的洪钟大吕。因此,必须将"中国式现代化"与"人类文明形态"结合起来,在创造人类文明新形态中构建中国式现代化话语体系。

关于中国式现代化与人类文明新形态的关系,在明确提出中国式现代化概念之时就是明确的。习近平总书记在庆祝中国共产党成立 100 周年大会上指出:"我们坚持和发展中国特色社会主义,推动物质文明、政治文明、精神文明、社会文明、生态文明协调发展,创造了中国式现代化新道路,创造了人类文明新形态。"这是首次把"中国式现代化"与"人类文明新形态"放在一起加以强调。此后,党的十九届六中全会通过的《中共中央关于党的百年奋斗重大成就和历史经验的决议》中指出,"党领导人民成功走出中国式现代化道路,

创造了人类文明新形态,拓展了发展中国家走向现代化的途径"。再后来,习近平总书记在党的二十大报告中两处谈到人类文明新形态,一处是把"不断丰富和发展人类文明新形态"作为新时代党和国家事业战略部署的重要内容,一处是把"创造人类文明新形态"列为中国式现代化本质要求之一。紧接着,习近平总书记在学习贯彻党的二十大精神研讨班开班式上发表重要讲话强调:"中国式现代化,深深植根于中华优秀传统文化,体现科学社会主义的先进本质,借鉴吸收一切人类优秀文明成果,代表人类文明进步的发展方向,展现了不同于西方现代化模式的新图景,是一种全新的人类文明形态。"上述重要论述,清楚阐明了现代化和文明形态、中国式现代化与人类文明新形态之间的关系,从而为从人类文明新形态角度构建中国式现代化话语体系提供了理论指南。

从话语角度看,中国式现代化和人类文明新形态,既是理论范畴,也是实践范畴。二者互为印证,在内涵上是难以分割的。这两个范畴大体上也是被一体概括和提炼出来的,都是在协调推进"五位一体"总体布局,推进物质、政治、精神、社会、生态"五大文明"建设实践中,逐步形成和明确的。从概念形成上看,对这两个范畴的关系,经历了一个从"并列表达"到"相互结合"的过程。在目前对"中国式现代化"的系统阐述中,往往在谈到中国式现代化的中国特色、本质要求,特别是中国式现代化与生俱来的中华优秀传统文化基因和蕴含的独特世界观、价值观、历史观、文明观、民主观、生态观时，自然就引出"人类文明新形态"这个崭新范畴。

从世界范围看，现代化本身就是创造人类新文明形态的过程，也是人类新文明形态形成的标识，因而，一定意义上现代化本身就是一种新文明形态。关于文明，从历史和地域上讲，有古希腊文明、古埃及文明、两河文明、中华文明等的区别。从生产生活方式上讲，有游牧文明、农耕文明、工业文明之分，现在学术界还有后工业文明、后现代文明的说法。中国式现代化理论和实践，自然地延伸出相应的文明特色。从文化、文明的高度，体会和理解中国式现代化，进而提炼它的内容规定性及本质要求，不仅是彰显文化自信的问题，还有其历史必然性和实践依据，是符合中国式现代化创造的现代化图景的本来面貌的。

从文明发展角度看，现代化的意义就在于塑造现代文明以改造传统文明，从而引发人类社会文明的全面深刻变革。这种现代文明必然包含着政治、经济、文化和社会等各方面的现代化发展。中国式现代化在实践推进过程中秉承不同文明的协调并进、共同发展，突破和克服了资本主义所秉承的文明标准和文明困境，并在此过程中创造了人类文明新形态，将人类文明发展推向崭新的高度。

就中国式现代化的发展趋势来看，以中国式现代化全面推进中华民族伟大复兴的历史进程，一定会创造出人类文明新形态，因为中国式现代化代表人类文明进步的发展方向，或者说，中国式现代化本身就是人类现代化图景中一种新的文明形态;中国式现代化既有各国现代化的共同特征,更有基于自己国情的鲜明特色,它既是创造人类文明新形态的途径,也是人类文明新形态的标识性内容。

构建中国现代化话语体系,既不能短视中国式现代化的世界意义,也不能漠视人类文明的新发展,而是要紧密联系人类文明的新发展,不断地将中国式现代化中产生的具有普遍意义的话语符号上升为人类文明新形态中新的文明标志,使之成为世界人民普遍接受和认同的现代化话语和文明话语,为推进人类文明发展进步作出中国的贡献。

综上所述,构建中国式现代化话语体系,决不是轻而易举的事情,它其实是极富创造性的文明话语建构工程。由于中国式现代化发生在全球化日益深化的时代,这就要求构建中国现代化话语体系,必须兼顾中国现代化建设实践、中国优秀传统文化、中西文明交流互鉴、人类文明新形态四个方面的方位和场域。它决不是一种乐器的独奏,而是不同乐手的"四手联弹"。"四手联弹"的原理告诉人们,最好的音乐是合奏,但合奏的前提是每一个乐手都有高超的技艺、不同的乐器都有独特的功效,但是不同乐手、不同乐器又不是单一的在表演,而是在一起合奏,因此,各具特色的乐手和乐器必须相互配合和相互关照。它的和声一定是最有艺术感染力的。这种和声是真正意义上的大音希声,既不是一个声音,也不是多种声音的混合,而是经过相互适应、相互配合、相互协同、交叉重叠后而形成的和而不同的时代强音。中国式现代化话语体系就是经由"四手联弹"而奏出的人类文明史上的时代强音。

以上是我在阅读苏阳博士新著《中国式现代化话语体系研究》过程中形成的一些思考，主要重申了构建中国式现代化话语体系的时代场域问题，以期能够有助于推动中国式现代化话语体系的科学建构。

苏阳博士新著《中国式现代化话语体系研究》，聚焦于中国式现代化话语体系研究，在对话语、话语体系、话语权、现代化、现代性等基本概念进行严谨界定和对相关理论进行详尽梳理的基础上，以党的重要文献为指导和依托，兼顾政治学、传播学等跨学科的理论与知识，考察中国式现代化话语变迁的历史脉络，研析中国式现代化话语体系的建构逻辑，揭示中国式现代化话语体系的文明内核，深入透视中国式现代化话语体系的叙事特色，剖理中国式现代化话语体系的结构功能，进而以更加宏阔的视野关注中国式现代化话语体系创新发展的原则与路径，思考和探索中国式现代化话语体系传播策略和守护之道，力求对中国式现代化话语体系开展系统和深入的学理阐释，揭示中国式现代化话语体系内蕴的文明共识和特殊价值，进而为在探寻中国式现代化话语体系建构规律和增强中国式现代化的国际话语权的有效之道等方面取得一定的进展和突破。

当前学界掀起了中国式现代化研究的热潮，对中国式现代化基本理论和实践问题的研究已经取得较为丰硕的成果，对中国式现代化话语体系进行研究的学术论文无论在数量和质量上都有很大的突破。但是，目前学界尚没有关于中国式现代化话语体系研究的学术著作公开出版，一些已经出版的以中国式现代化为主题的著作，涉及话语体系建构问题的研究也只是在散落在个别章节之中，还不够深入、系统、全面。苏阳新著的最大贡献是将当前中国学界最具标识性的两大概念"中国式现代化"与"中国自主话语体系"进行了创新融合，首次以"中国式现代化"作为载体，聚焦"中国式现代化话语体系"进行深入研究，关照自主话语体系建构涉及的多维面向，从而努力弥补当前该领域体系化、学理化研究的薄弱和不足。

当然，中国式现代化话语体系研究与中国式现代化实践进程一样，仍然在进行之中，许多理论和实践问题有待在实践中逐步解决。实践之树常青。中国式现代化实践和中国式现代化话语体系研究，都是远未完结的课题，那就权且将苏阳的新著和我的这个代序作为引玉之砖，期待有更多更好的中国式现代化研究成果问世。

虞崇胜

2025年6月5日

目录

绪 论 ··· 001
  一、话语、话语权与话语体系建构的概念界定 ······ 005
  二、现代化、现代性与世界现代化的主要理论 ······ 009
  三、作为意识形态的现代化与现代化话语体系 ······ 018

第一章　中国式现代化话语变迁的历史脉络 ············ 022
  一、以民族独立为根本任务的现代化话语 ·········· 023
  二、以自主探索为鲜明特点的现代化话语 ·········· 030
  三、以改革开放为核心主题的现代化话语 ·········· 039
  四、以民族复兴为目标指向的现代化话语 ·········· 049

第二章　中国式现代化话语体系的建构逻辑 ············ 057
  一、西方现代化话语定势的解构 ···················· 057
  二、中国式现代化话语的出场 ······················ 064
  三、中国式现代化话语体系的建构原则 ············ 075
  四、中国式现代化话语体系的建构要素 ············ 080

第三章　中国式现代化话语体系的文明内核 …… 090

一、中国式现代化话语体系体现科学社会主义的先进本质 …… 091

二、中国式现代化话语体系深深植根于中华优秀传统文化 …… 102

三、中国式现代化话语体系吸收借鉴一切人类文明成果 …… 111

第四章　中国式现代化话语体系的叙事特色 …… 119

一、目的性话语与工具性话语的复合：中国式现代化的价值叙事与正当性建构 …… 120

二、引领性话语与凝聚性话语的复合：中国式现代化的功能叙事与认同性培塑 …… 126

三、历时性话语与共时性话语的复合：中国式现代化的时空叙事与合理性诠释 …… 133

四、普遍性话语与特殊性话语的复合：中国式现代化的比较叙事与优越性彰显 …… 140

第五章　中国式现代化话语体系的结构功能 …… 149

一、党的领导与国家建构：中国式现代化话语体系的整合功能与有序的现代化 …… 151

二、人民中心与社会平等：中国式现代化话语体系的凝聚功能与有爱的现代化 …… 158

三、文化传统与历史传承：中国式现代化话语体系的黏合功能与有根的现代化 …… 166

四、共同价值与文明共识：中国式现代化话语体系的团结功能与有容的现代化 …… 176

第六章 中国式现代化话语体系的创新原则 …… 192
一、坚持学术与政治相统一 …… 193

二、坚持理论与实践相统一 …… 200

三、坚持自主与借鉴相统一 …… 207

四、坚持回应与超越相统一 …… 214

第七章 中国式现代化话语体系的传播路径 …… 225
一、建强传播主体：优化多元传播力量布局 …… 226

二、精设传播议题：突破国际传播的被动"他塑" …… 235

三、拓展传播手段：优化传播话语运作方式技巧 …… 242

第八章 中国式现代化话语体系的守护之道 …… 253
一、在培育中国式现代化道路的坚定自信中守护 …… 253

二、在破除对西方现代化模式的盲目迷信中守护 …… 260

三、在充分释放中国式现代化的实践效能中守护 …… 269

四、在推动中国式现代化话语的吐故纳新中守护 …… 275

结束语 ··· 283

　一、为马克思主义中国化时代化作出原创性话语贡献
　　··· 283

　二、为全面建成社会主义现代化强国提供了话语指导
　　··· 286

　三、为与西方开展国际话语权的争夺提供了理论武器
　　··· 290

　四、为发展中国家独立探索现代化之路提供话语激励
　　··· 293

参考文献 ··· 296

后记 ··· 326

绪 论

话语是一种权力,它由概念和理论构成,反映着一定的价值观念、思维方式,规范着人们对世界的认知。当今主流的现代化话语是由西方主导的,某种程度上说,这些概念和理论是西方历史演变、地方经验的产物,尤其在今天中美深度博弈的大背景下,西方话语是捆绑在政治、经济、军事、科技等霸权之上的文化霸权的体现。因而,用西方的话语来评价、指导甚至剪裁中国的实践,既是反历史、反经验的,也会陷入西方为我设置的各类话语和议题陷阱。尤为值得关注的是,一味地尊奉西方的思维、理论、话语为圭臬,甚至离开西方的学术标准、学术命题和学术观点就无从研究、无从说话,那么中国式现代化的历史正当性就很难建立起来,中国理念、中国道路、中国模式的世界影响力就会大打折扣。

习近平总书记在哲学社会科学工作座谈会上深刻指出:"发挥我国哲学社会科学作用,要注意加强话语体系建设。在解读中国实践、构建中国理论上,我们应该最有发言权,但实际上我国哲学社会科学在国际上的声音还比较小,还处于有理说不出、说了传不开的境地。要善于提炼标识性概念,打造易于为国际社会所理解和接受的新概念、新范畴、新表述,引导国际学术界展开研究和讨论。"[1]党的二十大报告进一步提出,要"加快构建中国特色哲学社会科学学科体系、学术体系、话语体系"[2],"加快构建中国话语和中国叙事体系,讲好中国故事、传播好中国声音,展现可信、可爱、可敬的中国形象"[3],从而"形成同我国综合国力和国际地位相匹配的国际话语权"[4]。尽管我们已经意识到中国哲学社会科学本土化的必要性,但囿于长期以来西方固有学科概念的惯性和话语体系的影响渗透,我们很难自觉地去挖掘中国哲学社会科学本土化的概念和理论生长点。[5] 因而,突破西方话语体系的禁锢,实现自身的话语意识觉醒,努力建构中国自主的话语体系就显得尤为重要和关键。

当前和今后一个时期,我们正处于"以中国式现代化全

---

[1] 习近平:《论党的宣传思想工作》,中央文献出版社2020年版,第235页。
[2] 习近平:《高举中国特色社会主义伟大旗帜　为全面建设社会主义现代化国家而团结奋斗——在中国共产党第二十次全国代表大会上的报告》,人民出版社2022年版,第43页。
[3] 习近平:《高举中国特色社会主义伟大旗帜　为全面建设社会主义现代化国家而团结奋斗——在中国共产党第二十次全国代表大会上的报告》,人民出版社2022年版,第46页。
[4] 习近平:《高举中国特色社会主义伟大旗帜　为全面建设社会主义现代化国家而团结奋斗——在中国共产党第二十次全国代表大会上的报告》,人民出版社2022年版,第46页。
[5] 参见张飞岸:《话语:重塑中国认知》,中国方正出版社2023年版,第2页。

面推进强国建设、民族复兴伟业的关键时期"①,可以说,以中国式现代化全面推进强国建设、民族复兴伟业已经成为"新时代最大的政治"②。这意味着,选择"中国式现代化"作为话语体系研究的中心载体,以中国式现代化话语体系建构作为本书研究的核心问题,具备了为建构中国自主的话语体系进行顶层牵引、树立标杆的意义。从这个角度来说,我们以"中国式现代化话语体系"作为本书探讨中国自主的话语体系的研究对象,具有很强的价值性和必要性。与此同时,我们已经具备了建构中国式现代化话语体系的良好基础,也意味着以"中国式现代化话语体系建构"作为本书研究的核心问题具有现实的可能性和可行性。一方面,"中国式现代化理论"是党的十八大以来习近平新时代中国特色社会主义思想的标识性理论创新成果,并且"我们进一步深化对中国式现代化的内涵和本质的认识,概括形成中国式现代化的中国特色、本质要求和重大原则,初步构建中国式现代化的理论体系,使中国式现代化更加清晰、更加科学、更加可感可行"③。另一方面,中国式现代化的丰富实践经验和伟大成就也为构建中国自主的话语体系提供了经验素材。中国式现代化的

---

① 《中共中央关于进一步全面深化改革 推进中国式现代化的决定》,人民出版社2024年版,第2页。
② 习近平:《在全国政协新年茶话会上的讲话》,《人民日报》2023年12月30日,第2版。
③ 习近平:《以中国式现代化全面推进强国建设、民族复兴伟业》,《求是》,2025年第1期。

伟大实践,既实现了对传统社会主义模式的超越,又实现了对西方现代化的超越。它将社会主义与市场经济有机结合,改变了社会主义国家走向现代化的模式,做到尊重劳动、解放资本、约束权力,实现了人类对更好社会制度的探索。[①] 同时将中国的发展与世界的发展紧紧相连,避免了西方现代化对外掠夺扩张的老路,倡导全人类共同价值、推动构建人类命运共同体,引领全人类共同走向现代化。这样的实践超越,也为我们加紧构建中国自主的话语体系,将发展优势、理念优势转化为话语优势提供了历史契机。

当然,构建中国自主的话语体系,必须把握好普遍性话语和特殊性话语的辩证关系,既要坚持借鉴吸收一切优秀文明成果,包括西方现代化理论中的合理成分,又要推进中华优秀传统文化的创造性转化和创新性发展;既要符合话语建构的一般性规律,又要凸显出鲜明的中国特色;既要勇于打破西方先发的话语霸权,又要让西方人听得懂、听得进中国的话语和理念。这是构建中国自主的话语体系之实用价值所在。因此,研究中国式现代化话语体系,有必要首先对这一主题涉及的中心概念范畴如话语、现代化、意识形态等予以界定。

---

① 参见许徐琪:《中国特色社会主义话语权研究》,天津人民出版社 2023 年版,第1页。

一、话语、话语权与话语体系建构的概念界定

在对话语体系建构的研究中,有几个密切相关而又容易混淆的概念,在我们正式研究之前有必要作一基本界定和厘清,这就是话语、话语权和话语体系。

(一)话语

"话语"本是语言学的术语,核心内涵为"语言在使用中"。有学者认为,话语由两个相互依存的部分组成,一部分是话语内容,另一部分是话语形式,话语是"语言和思想的结合体"①。话语本来应属于语言学的一个核心范畴,但当话语超越语言分析范畴,成为一种理论姿态或思想话语,与哲学和理念挂钩,就具备了意识形态的意蕴。在后现代主义学者思想框架中,话语是社会交往、文明传递中极其重要的中介,"话语意味着一个社会团体依据某些成规将其意义传播于社会之中,以此确立其社会地位,并为其他团体所认识的过程"②。在唯物史观视域下,话语是根植于经济基础之上的文化景观的重要表达,它以实践为发展动力,是动态的、时代性的、群体性的实践意识呈现。本书所研究的"话语",主要指在政治生活中,人们为了表达和传递某种特定思想观念所使

---

① 范晓:《语言和言语问题研究》,复旦大学出版社2022年版,第3页。
② 王志柯:《福柯》,湖南教育出版社1999年版,第195页。

用的言语表达,它是实践意识的集中呈现,是思想价值体系的深刻反映。

(二)话语权

话语从简单的交往工具的功能中延伸出来,对社会生活尤其是在政治生活中体现出越来越强大的功能性,从本质上来看,它越来越作为一种价值体系从而表现为一种社会权力。对话语权理论有开创性贡献的是后现代主义大师福柯,他在尼采的"知识即权力"的基础上,提出了"话语即权力",阐释了语言与权力共生共谋的关系。国内学者在对话语权的研究中,聚焦对"权"的阐释,有学者认为话语权是"说话和发言的资格和权利"[1],也有学者提出,话语权更重要的是"对外影响力、控制权"[2],它区别于"言语权",更加强调的是主体表达的思想获得外界认可的影响力。

本书所研究的话语权,不是将"权利"和"权力"截然分开,而是辩证统一地加以理解。话语权,不仅意味着"有权利说",也意味着"说的话有影响力",是"权"和"力"的统一。话语权实质上是一个关系范畴,这种权力关系体现为不同话语间存在着斗争和博弈,它不仅是一种现实力量,而且是一种

---

[1] 张国祚:《关于"话语权"的几点思考》,《求是》,2009年第9期。
[2] 毛跃:《论社会主义核心价值观的国际话语权》,《浙江社会科学》,2013年第7期。

社会现实的创造力量,是资格、能力、身份、地位的象征。① 在研究的侧重上,本书倾向于对"力"的解读,即在拥有"话语权利"的基础上,通过建构知识话语,制定规则秩序,使得建构的"话语"掌握和占据真理性的优势地位,进而获得认可与追随的强大的感召力、凝聚力和引领力。

(三) 话语体系

话语本身是一个词语系统,不成体系的话语不具备话语的基本逻辑,不能清晰表达观点。作为实践意识的集中表达,客观事物的系统性、人的思维的逻辑性、实践活动的复杂性也决定了话语必须是系统的,否则无法反映客观事物的系统性,无法实现思想表达的完整性。所以,话语体系就是话语表达体系,它以概念、范畴、命题、判断、术语等基本要素构成,辅之以价值观念和情感渗透,是一定时代经济基础的反映,表达和传播着特定的思想体系和知识体系,具有鲜明的思想性和价值性。

到这里,如果把话语、话语权和话语体系关联起来的话,那么可以说,"话语"之所以能表情达意,之所以能形成"话语权",根本在于背后支撑它的"话语体系"。而话语体系的首要目标和首要价值就是获得话语权。在任何社会中,话语体系的基本功能,就是统治阶级将体现自己意志的思想体系和

---

① 许徐琪:《中国特色社会主义话语权研究》,天津人民出版社2023年版,第17页。

知识体系塑造为社会的共识性价值观念,从而维护和巩固执政地位。尽管话语体系可能是多元存在的,但主流的话语体系一定是占统治地位阶级的话语体系,他们"赋予自己的思想以普遍性的形式,把它们描绘成唯一合乎理性的、有普遍意义的思想"①。比如,西方话语体系就是一整套资产阶级意识形态,它的每个核心概念、每个理论模型背后都有明确的资产阶级属性和利益指向。但是在西方的长期宣传下,这些概念、理论、话语被"中性化",或者被"去本质化"叙事,从而戴上了"普世""进步""文明"的面具,使人们在使用中不知不觉假定他们是正确的、公正的。②

"话语体系能否表达真理或真相"这一问题在学界存在争议。有学者认为"话语不是关于客观事物的表达,它不反映也不表达真理,而只是一种传递对象物信息的工具和生产意义的手段"③。也有学者认为,话语仅仅是人们达到一定目的的手段。在唯物史观视域下,话语是"现实的历史叙述",话语体系能否反映并表达真理,取决于思想和理论本身是否具有真理性。因此,话语体系建构必须坚持"现实的历史叙述"这一基本原则,"应该更好的、更恰当的反映事实和客观规律,要尽可能更清晰、更有效地表达问题的真理性"④。

---

① 《马克思恩格斯文集》(第一卷),人民出版社 2009 年版,第 552 页。
② 参见张飞岸:《话语:重塑中国认知》,中国方正出版社 2023 年版,第 4 页。
③ [美]怀特:《形式的内容:叙事话语与历史再现》,董立河译,文津出版社 2005 年版,第 59 页。
④ 韩震:《论话语的内涵、实质及功能》,《哲学研究》,2018 年第 12 期。

二、现代化、现代性与世界现代化的主要理论

我们探讨现代化问题,不仅是因为本书选择这一问题作为话语建构的中心载体,还在于现代化进程本身也深刻影响着具备现代意义的知识体系的建构,塑造着现代知识生产的特征,并引导着知识生产的现代演变。以个体的理性主义、自主性及平等观念为精神特质的现代化进程,与传统社会秩序形成了重要的分界,现代性所强调的启蒙精神催化了对传统信仰和权威的质疑,也激发了人类对社会历史多维认知的深刻反思。①

(一)现代化

列宁曾发问:"既然马克思以前的所有经济学家都谈论一般社会,为什么马克思却说'现代'(modern)社会呢?他在什么意义上使用'现代'一词,按什么标志来特别划出这个现代社会呢?"②作为具有世界历史意义的概念范畴,现代化始于18世纪下半叶由工业革命和19世纪法国大革命这"双元革命"推动的社会转型。但我们理解现代化,不能将其仅仅定位为一个时间概念,而应将其定位为一个综合性的文明概

---

① 参见吴海江等:《中国式现代化与建构中国自主知识体系》,上海人民出版社2024年版,第26页。
② 《列宁全集》(第一卷),人民出版社2013年版,第105页。

念,正如罗荣渠指出的:"现代化作为一个世界性的历史过程,是指人类社会从工业革命以来所经历的一场急剧变革,这一变革以工业化为推动力,导致传统的农业社会向现代化工业社会的全球性的大转变过程,它使工业主义渗透到经济、政治、文化、思想各个领域,引起深刻的相应变化。"①也就是说,现代化"是一个多层面的进程,它涉及人类思想和行为所有领域里的变革"②,不仅包括技术和经济上的革新,还包括"社会、文化和政治诸方面的变化"③。简言之,现代化是蕴含一系列包括生产方式、生活方式、价值观念、制度模式在内的从传统农业社会向现代工业社会乃至后工业社会的文明变迁的过程,是一种系统性的、全方位的巨变。现代化中的"化",不仅强调一种变化的过程,更强调通过这一过程使得社会具有"现代"的特征,因此,当前经济上的工业化、政治上的民主化、文化上的世俗化、社会发展的法治化、组织机构的理性化、生态建设的绿色化,以及信息化、智能化、知识化、全球化成为衡量一个国家或者区域是否实现现代化的重要指标。不过,人们在给现代化下定义时,往往都会针对"现代"而设定一个"传统"的状态,认为"现代化"就是从"传统"到

---

① 罗荣渠:《现代化新论——中国的现代化之路》,商务印书馆 2004 年版,第 17 页。
② [美]塞缪尔·亨廷顿:《变化社会中的政治秩序》,王冠华、刘为等译,上海人民出版社 2008 年版,第 25 页。
③ [美]塞缪尔·亨廷顿等:《现代化理论与历史经验的再探讨》,罗荣渠主编,上海译文出版社 1993 年版,第 327 页。

"现代"的变迁,"现代化归根到底意味着由工业社会形态对传统社会形态首先进行抽离、接着进行重新嵌合"①。国内也有学者这样给现代化下定义,即"现代化指18世纪工业革命以来人类社会所发生的深刻变化,它包括从传统经济向现代经济、传统社会向现代社会、传统政治向现代政治、传统文明向现代文明转变的历史过程及其变化"②。

纵观世界现代化发展历史,不同国家在自身历史文化、生产力水平、科学技术等基本国情基础上,形成了具有不同特点的生产方式、生活方式、价值体系、权力结构等整合成的发展模式。总体来看,人类历史上现代化的发展模式有西方资本主义现代化模式、苏联社会主义现代化模式、混合式现代化发展模式三种比较有代表性的模式。这三种模式中,第一种模式起源于西欧,也被称为"内源性现代化",这种现代化模式是在独特的历史条件下,资本主义私有制市场经济、代议制、民主制三者在长期互动中发展起来形成的高效率、有自组织运转能力的社会结构,这种现代化模式对现代生产力的发展显示出巨大的适应性,但这种类型只在西欧、北美等地获得成功。第二和第三种属于非西方式的"外源性现代化"或"赶超性现代化"。苏联社会主义现代化模式以社会主义公有制、计划指令与有限市场结合、集权型现代化国家机

---

① [德]乌尔里希·贝克、[英]安东尼·吉登斯等:《自反性现代化:现代社会秩序中的政治、传统与美学》,赵文书译,商务印书馆2014年版,第5页。
② 周月梅:《中国现代化报告(2003)——现代化理论、进程与展望》,北京大学出版社2003年版,第3页。

构为主要特征,这一模式是与原生资本主义发展类型相对抗的发展模式,是在内部自发经济动力不足条件下采用非常手段进行赶超的现代化,主要通过国家有计划地发展国营企业和集体化农业,为突出国防现代化而走优先发展重工业的工业化道路。20世纪90年代初苏联的解体宣告了这一模式的破产。第三种混合模式是处于发展中尚未定型的现代化类型,是在第二次世界大战后第三世界崛起的历史条件下,兼采资本主义与社会主义两种模式的不同特色,混合而形成的各种中间发展形式。①

(二)现代性

现代性是伴随现代化实践进程产生和演变出的现代社会的基本特征的集合,是现代化结果的抽象性表达,是一种能将传统和现代进行区分的属性化特质的综合呈现。比如从现代社会的价值观念、精神原则上来看,不同于被束缚在封建社会的人身依附关系,现代社会的人已经获得了各种权利、自由,成为平等的、自由的个体,人的精神也具有了反思、质疑、批判等特质。概括来说,现代性核心特质表现为理性主义和主体主义的觉醒。在资本主义市场经济条件下,经济利益于实用主义哲学的基础上对现实世界实现了上层建筑的统领,使资本成为现实社会中衡量一切的尺度,对资本自

---

① 罗荣渠:《现代化新论——中国的现代化之路》,华东师范大学出版社2013年版,第122～129页。

身增殖的无限追逐,必然使现代社会所具有的一个很重要的特征就是社会处在不断地变革、发展、动荡当中,一切的一切,包括很多观念,还没有来得及广泛地传播开来,就已经消失了,被瓦解了。正如马克思和恩格斯在《共产党宣言》中论证的"一切等级的和固定的东西都烟消云散了"①。这种现代社会的变动性一方面使得现代性体现为工具理性至上的特质,无论流水线生产、泰勒制管理,还是科层制机构等都反映了追求效率、计算理性主导的特点。另一方面,现代社会的这种高速流动和变化也让现代人越来越身处一个不确定、高风险的社会,在内心体验中形成一种无家可归、流浪意识的状态,也催生了现代主义等思潮的兴起。

其实,不同学科在对"现代性"的概念进行界定时,往往会有不同的视角和侧重点。社会学研究者往往把"现代性"定义为一种"属性",或者说"现代性"是"现代化"的"属性",是"社会在工业化推动下发生全面变革而形成的一种属性","这种属性是各发达国家在技术、政治、经济、社会发展等方面所具有的共同特征"②。而哲学研究者则往往会把"现代性"理解为意识、精神、价值、态度等,福柯就指出,"所谓态度,我指的是与当代现实相联系的模式;一种由特定人民所作的志愿的选择;最后,一种思想和感觉的方式,也就是一种

---

① 《马克思恩格斯文集》(第二卷),人民出版社 2009 年版,第 34~35 页。
② 陈嘉明:《"现代化"与"现代性"》,《厦门大学学报(哲学社会科学版)》,2003 年第 5 期。

行为和举止的方式,在一个和相同的时刻,这种方式标志着一种归属的关系并把它表述为一种任务。无疑,它有点像希腊人所称的社会的精神气质"①。政治学者则往往倾向于从"过程"与"结果"的视角来理解"现代性"与"现代化",认为"从上一代人开始'现代性'逐渐被广泛地运用于表述那些在技术、政治、经济和社会发展诸方面处于最先进水平的国家所共有的特征。'现代化'则是指社会获得上述特征的过程"②。

(三)世界现代化的主要理论

作为一种理论的现代化,是从20世纪50年代起,随着二战后大规模的发展中国家的殖民地解放运动兴起的。二战之后,随着第三次科技革命的兴起,追求现代化发展的先进水平成为广大发展中国家的战略目标,追求先进、实现赶超的现代化发展成为国际性浪潮,现代化在实践层面形成举世瞩目的世界景象,现代化的发展规律和理论研究也随之成为学界的重要关注。时至今日,学界已经形成了从经典现代化理论到后现代化理论再到新现代化理论的发展图谱。总体来看,这些理论流派都是把西方现代化作为研究模板,形成了关于现代化发展的基本概念、思想体系和评价指标等在内

---

① [法]米歇尔·福柯:《何为启蒙》,载汪晖主编《文化与公共性》,生活·读书·新知三联书店2005年版,第430页。
② [美]C·E·布莱克:《现代化的动力:一个比较史的研究》,景跃进、张静译,浙江人民出版社1989年版,第9~10页。

的系统化理论成果。

经典现代化理论就是关于西方发达国家自身的现代化进程和规律,以及发展中国家如何通过输入思想观念、科学技术、管理方法、政治制度等"西方化"过程向西方发达国家系统演化的理论。20世纪70年代以来,经典现代化理论在解释发达国家和发展中国家的诸多问题时遭遇到说服力缺乏的问题,针对"传统性是现代化的障碍""现代化是不可逆的""现代化是线性的""现代化是西方化、欧洲化、美国化"等诸多观点,学者们提出了质疑和修正。其中,最有代表性的是依附理论。依附理论认为,经典现代化理论无视西方发达国家作为帝国主义与殖民主义对发展中国家的影响。在世界经济体系中存在着"中心—外围"的结构,西方资本主义国家处在中心地带,掌握资源的控制权,发达国家和发展中国家实际上是一种依附与控制、剥削与被剥削的关系,这种依附性结构关系是导致发展中国家现代化失败的根源。①

反现代化理论也称为反思性现代化理论或自反性现代化理论,出现于20世纪80年代。反现代化理论的基本观点是,现代化是一个古典意义的背景,现代化带来的各种利益,都是以某种传统伦理的消解为代价的,这两种欲求的冲突不仅反映了现代化发展带来的社会冲突,也体现了人性的基本矛盾。比如,以乌尔里希·贝克、安东尼·吉登斯和斯科

---

① 张敦福:《依附理论的发展历程和新进展》,《山东师大学报(社会科学版)》,2000年第1期。

特·拉什为代表的学者认为,世界现代化包括普通现代化和反思性现代化两个阶段。普通现代化是从传统农业社会向工业社会的转变,反思性现代化是从现代工业社会向风险社会的转变,就是一个工业社会的创造性破坏的时代,这种风险表现为社会不平等的个性化、不确定性、风险全球化、结构性失业等。① 而以艾恺为代表的反现代化理论,通过对现代化过程所引致的全球反应的历史观察和理论分析,认为现代化和反现代化是现代工业社会发展的一体两面,两者相伴始终。

后现代化理论的提出,引发了学界的诸多争议。总体上来看,后现代化既是一个时间概念,也是一种与经典现代化理论观点相异的理论。它是指20世纪中叶在西方艺术、建筑、文化等领域兴起的,分析现代化社会危机,主张复兴传统要素和技术,反对现代化运动的哲学思想和实践状况。如果说后现代化理论是对经典现代化理论的批判和否定,那么新现代化理论则是对其的继承和修正。新现代化理论针对世界现代化出现的新问题新思想进行了开拓性和创新性的研究,从而使现代化理论更具说服力。如新现代化理论不再将"现代化=西方化"作为一种先验逻辑;不再把传统和现代作二元对立的切割,传统不一定是现代性的阻碍因素,也可以

---

① [德]乌尔里希·贝克,[英]安东尼·吉登斯,[英]斯科特·拉什:《自反性现代化:现代社会秩序中的政治、传统与美学》,赵文书译,商务印书馆2014年版,第5~18页。

是重要来源等。

马克思主义的全部理论从某种意义上说是对资本现代性的批判理论,马克思认为,资本主义的现代化蕴含着人的异化,原本应作为"主人"的劳动者在资本逻辑下却成了真实的奴隶。真正的现代化应该追求的是"通过社会化生产,不仅可能保证一切社会成员有富足的和一天比一天充裕的物质生活,而且还可能保证他们的体力和智力获得充分的自由的发展和运用"①。因此,现代化的本质应该是人的现代化,是人自由全面发展的现代化。不仅如此,马克思主义认为资本主义不是通往现代化的唯一途径。马克思曾明确指出:"和控制着世界市场的西方生产同时存在,就使俄国可以不通过资本主义制度的卡夫丁峡谷,而把资本主义制度所创造的一切积极的成果用到公社中来。"②也就是说,在充分吸收占用资本主义文明成果的基础上,人类可以开辟一条超越资本主义那种对外掠夺、对内压榨完成资本原始积累的社会主义现代化之路。当然,这样一条现代化之路具有复杂性和长期性,但却是一个必然的历史过程,资本主义的内在矛盾决定了它必然被社会主义替代。马克思主义的现代化理论为中国式现代化的成功开辟提供了理论根源。

---

① 《马克思恩格斯文集》(第三卷),人民出版社 2009 年版,第 563~564 页。
② 《马克思恩格斯文集》(第三卷),人民出版社 2009 年版,第 574 页。

三、作为意识形态的现代化与现代化话语体系

现代是人类文明发展到特定历史阶段,所形成的文明的一个总体性的形态,它蕴含了一系列的价值、观念、制度和生活方式。从历史渊源上来看,现代社会肇始于西方的文艺复兴,历经新航路的开辟、宗教改革、英国工业革命、法国大革命等标志性事件,为现代社会注入了西方社会的众多基因。因此,作为话语体系的西方现代化绝非抽象的纯粹的理论表达,而是包含经济利益、政治立场、思想斗争的意识形态体系。正如马克思和恩格斯所论述的:"当古代世界走向灭亡的时候,古代的各种宗教就被基督教战胜了。当基督教思想在18世纪被启蒙思想击败的时候,封建社会正在同当时革命的资产阶级进行殊死的斗争。信仰自由和宗教自由的思想,不过表明自由竞争在信仰领域里占统治地位罢了。"[1]如果我们不关注"现代化"这一概念背后的利益和斗争,那么我们就不可能理解它的本质。

西方资本主义现代化由于实践上的先发性决定了其在话语建构上的优势地位。从某种程度上来说,西方现代化理论已被塑造为西方意识形态统治和攻击的理论工具,以至于形成"现代化=西方化""全球化=西方化"的刻板印象,甚至

---

[1]《马克思恩格斯文集》(第二卷),人民出版社2009年版,第51页。

把西方化看作是人类通往现代化的唯一正确道路。按照其逻辑,"它把西方社会当作理想,把发展过程看成是西方化的过程。而每逢这种理论同第三世界的各式各样的社会结构发生冲突,它便力求使后者变得与西方的社会结构同型;每逢这种理论遭到文化上的抵制,它便宣称人们的态度需要现代化"①等。这样,非西方国家的现代化发展也被迫进入到进退失据的困境:要想进入现代化,必须走西方道路;不想走西方道路,就是自绝于人类文明发展大道。他们甚至不仅把现代化理解为西方那样的工业化和经济增长,甚至还把现代化的内容阉割为政治现代化或者西方的自由民主的扩展,"他们所持的乐观主义的最后会聚形成发展主义的意识形态,企图把西方的自由民主制度向'第三世界'推广。因此,在这个时期内,现代化理论被视为是使自由民主制度在新兴发展中国家奠基生根的一种手段"②。从这个意义上说,中国式现代化是突破西方现代化"意识形态神话"的成功创造,马克思主义行和中国化时代化马克思主义行的卓越证明,也是在众多社会思潮中力排各种意识形态偏见,拒斥各种"左"和"右"的干扰中创立的发展道路,具有深邃的意识形态意蕴。中国式现代化的特质中都包含着主义之争、意识形态交锋、话语角力的意味。更为根本的,就是要澄明"世界上既不存在定于

---

① [美]塞缪尔·亨廷顿等:《现代化:理论与历史经验的再探讨》,罗荣渠主编,上海译文出版社1993年版,第148页。
② 陈鸿瑜:《政治发展理论》,吉林人民出版社2009年版,第8页。

一尊的现代化模式,也不存在放之四海而皆准的现代化标准",换言之,它用事实雄辩地证明,"'现代化'与'工业化'或'西化'是不同的"①。并且,它彻底打破了"现代化=西方化"的迷思,以自己走向现代化的独特路径,"给世界上那些既希望加快发展又希望保持自身独立性的国家和民族提供了全新选择"。因而,中西方现代化道路之争,本质上还是"主义之争""世界观对抗""意识形态较量"的质性之争。

  作为意识形态的中国式现代化如何体现其功能效应,主要的路径就是通过构建自主的话语体系,以系统的思想理论的方式集中呈现。当前,习近平总书记关于中国式现代化的理论阐释为构建话语体系提供了重要的思想语料,中国式现代化的丰富实践经验为其提供了经验素材,其蕴含的独特世界观、价值观、历史观、文明观、民主观、生态观等也为构筑话语体系奠定了价值立场。构建中国式现代化话语体系,将为马克思主义中国化时代化作出原创性话语贡献,为全面建成社会主义现代化强国提供话语指导,为与西方开展国际话语权的争夺提供理论武器,为发展中国家独立探索现代化之路提供话语激励。

  建构中国式现代化话语体系,要在话语变迁的历史脉络中把握话语发展的时代主题,要在话语出场逻辑的精细展开中找准话语生成的支撑要素,要在话语文明内核的深刻揭示

---

① [美]吉尔伯特·罗兹曼:《中国的现代化》,比较现代化课题组译,江苏人民出版社 2010 年版,第 5 页。

中定位话语呈现的深层力量,要在话语叙事的复合特色中明确话语表达的独有特质,要在话语传播的多元路径中拓展话语影响的场域范围,要在话语自信的培植养成中探索话语的守护之道。本书将着力在上述方面对中国式现代化话语体系展开研究,力求通过研究,较为系统地呈现中国式现代化话语体系的话语生成、内涵要素、价值意蕴、叙事特色、内容指向、传播策略和守护创新之道,为构筑中国特色自主的学科体系、学术体系、话语体系贡献力量。

第一章　中国式现代化话语变迁的历史脉络

实现现代化是近代以来中国人矢志奋斗的梦想，也是中国共产党矢志不移的追求。经历百年风雨，中国共产党不仅带领中国人民走出一条独具中国特色且成就斐然的社会主义现代化道路，创造出一系列举世瞩目的发展奇迹，而且围绕现代化实践形成了中国式现代化话语认知，逐步建构起中国式现代化话语体系。中国共产党关于现代化话语体系的探索建构和创新发展，是其推进马克思主义中国化时代化的百年理论创新史中的一个重要篇章。这一话语体系在近代以来救亡图存的历史语境中得以启蒙，肇始于以民族独立为基本前提的新民主主义革命斗争中；确立于独立自主的社会主义革命和建设探索中；发展于改革开放为核心主题的中国特色社会主义开创发展中；成熟定型于中国特色社会主义新时代民族复兴强国建设的伟大事业中。

一、以民族独立为根本任务的现代化话语

毋庸讳言,现代化是在资本主义生产方式下生成发展的。其所创造的巨大生产力是之前所有世代无法比拟的,是人类文明的进步,马克思和恩格斯曾热情洋溢地加以赞颂。但是,建立在掠夺、战争之上的资本主义现代化是以殖民、奴役、剥削落后民族和国家为代价的。对于当时半殖民地半封建的中国,没有国家和民族独立,实现现代化就只能是镜中花水中月,根本无从谈起。事实也证明了这一点。从洋务运动到百日维新,再到资产阶级革命派的多番尝试,均以失败告终。恩格斯曾精辟地指出:"一个大民族,只要还没有实现民族独立,历史地看,就甚至不能比较严肃地讨论任何内政问题。"[①]只有在真正取得独立地位之后,国家探索现代化的动力才不会被帝国主义的殖民侵略阻断,国家才能在一个统一的政治领导力量之下完成工业化所需的各种资源要素的有效整合调度,因而国家和民族独立是实现现代化的首要前提。基于此,近代以来的中国,包括中国共产党人在内的先进分子关于现代化话语表达的肇始都源于救亡图存,话语叙事的核心内容均最终关照和服务于实现民族独立。

---

① 《马克思恩格斯全集》(第十卷),人民出版社 2009 年版,第 471 页。

(一)近代中国"器物—制度—文化"的现代化话语

中国的现代化源于近代有识之士在内外部双重作用下的被动探索。近代中国的现代化话语也经历了"器物—制度—文化"的认知发展历程。洋务运动开启了以"器物"革新为主题的现代化话语。洋务派主张的"师法欧美""师夷长技""中学为体,西学为用""自强""求富"等是近代中国最早的现代化口号。但洋务运动"因其主事者以新卫旧的本来意愿"导致改良运动背离了现代化的方向。北洋海军全军覆没意味着"器物"革新的现代化探索并未能改变中国落后"挨打"的贫弱面貌。

19世纪末,对现代化的话语探索进入了"制度"话语阶段。倡导学习西方君主立宪、民主共和等先进政治制度,试图以西式政体塑造中国现代国家意识。维新派试图通过"以日为师"走"变法""改良""新民"的路子迈进现代化,但最终"六君子"喋血法场,维新运动仅百日便夭折。孙中山领导的辛亥革命效法"欧美共和制",倡导"三民主义",施以"民主共和",虽推翻了清王朝,结束了封建专制制度,但革命果实被窃取,旧中国的社会性质并未改变,唯有其绘就的《建国方略》成为近代中国谋求现代化的首份蓝图。至此,以"制度"模仿和复制为核心的现代化探索仍未挽救民族于危亡、救民众于水火,未能从根本上解决制约中国现代化发展的制度性障碍问题。

新文化运动及五四运动标志着现代化话语探索进入"文化"话语阶段。这一时期的"民主""科学""全盘反传统""打倒孔家店"等话语开民智、觉民醒,文化革新引发了国民的深入思考,特别是从中西方文化问题切入探索中国现代化模式问题。"西化派"把现代化界定为西方化,认为"西化"是中国现代化唯一正确的目标模式。1915年9月陈独秀在《法兰西与近世文明》中提出西方文化在阶段上优于东方文化,主张走西方现代化道路。胡适在《文化的冲突》一文中认为西洋文明具有东方文明无法替代的优势。而以杜亚泉、梁漱溟等为代表的"中化派"则反对"西化派"关于全盘西化的认识,主张将中国文明与现代化相结合,使现代化带有中国特点。梁漱溟提出"三个文化路向"说,分析了西方文化、中国文化和印度文化的差异,认为复兴中国文化是重振中华的途径,各种现代化模式之间既有共同遵守的原则,又有各自的特色。正是在上述争论基础上,中国知识分子阶层形成探索中国现代化问题的第一个重要共识,即中西文明是可以互补的。但这些认识并未触及现代化的根本,未改变我国半殖民地半封建社会的性质,中国现代化进程仍然步履维艰。

(二)中国共产党现代化话语与革命话语的互动融合

1917年,俄国十月革命的伟大胜利,标志着社会主义由理论变为现实。1921年中国共产党诞生后,中国先进知识分子立足中国国情,开始运用马克思主义的立场观点方法作为观察国家命运的工具,开启了有社会主义现代化性质的探索历程。相应地,也产生了中国共产党的现代化话语表达。1921年6月,张太雷在《致共产国际第三次代表大会的书面报告》中使用了"现代化大工厂"①概念,这是中国共产党话语体系中对"现代化"概念的首次引入。但这一时期"现代化"话语表述方式有所差别,"现代化"概念也并不固定,现代化话语体系处于雏形阶段。

建党之初,党的现代化话语主要围绕军事现代化展开。首先,现代化是救亡图存之关键。建党初期的中国共产党人运用马克思主义的立场观点方法,敏锐指出中国衰败根源仍在于生产力的落后,文化问题乃是衍生的。如李大钊就认识到,中国传统思想伦理的动摇是"西洋的工业经济来压迫东洋的农业经济"②的自然结果。恽代英更是指明中国唯有化为工业国才可以自存,除实现"机器生产化"外无法抵抗列强,"没有法子免于经济破产的惨祸"③。其次,社会革命与现代化的本质相关联。只要完成革命,不仅社会关系将彻底改造,"实用的生产力"亦会随之发达,现代化乃是水到渠成之事。如毛泽东指出的,实现国家现代化必先以革命扫除帝国主义与封建主义两大障碍,彻底解放生产力,"不破坏它们,

---

① 《张太雷文集》,人民出版社2013年版,第21页。
② 《李大钊全集》(第三卷),人民出版社2013年版,第187页。
③ 《恽代英全集》(第六卷),人民出版社2014年版,第3页。

中国就不能发展和进步,中国就有灭亡的危险"①。而党的现代化话语也基于要拯救中华民族于危亡,但常年残酷的作战形势和军事上的落后,使得党不得不高度重视军事技术和武器装备的现代化并主要着眼于军事的现代化,现代化话语中的核心词汇几乎全由现代化(近代化)的"火器""军备""战术"等构成,这一时期与"现代化"表述一起出现频率最多的是"军制""军队""装备"等词。② 比如,1938 年 5 月毛泽东在《论持久战》中首次提出"革新军制离不了现代化"③。此处"现代化"特指战略战术的革新,强调技术要素在军事变革中的重要作用。

　　随着战争形势的发展和中国工农业现代化发展可能性的出现,党的现代化话语开始围绕"工业化"展开,军事现代化观念被工农业生产现代化观念取代。土地革命时期,毛泽东把工业生产摆在国家经济的重要位置,认为经济发展的中心是"发展农业生产,发展工业生产,发展对外贸易和发展合作社"④。抗日战争时期,毛泽东等中国共产党的领导人更是明确将军事不如人归咎于重工业不如人,指出"没有重工业,没有机械化的军队"⑤,中国革命就没有胜利的基础。将

---

① 《毛泽东文集》(第三卷),人民出版社 1996 年版,第 432 页。
② 王辛刚:《百年以来中国共产党推进国家现代化的历史演进——基于概念史研究的论析》,《北京行政学院学报》,2021 年第 2 期。
③ 《毛泽东选集》(第二卷),人民出版社 1991 年版,第 511 页。
④ 《毛泽东选集》(第一卷),人民出版社 1991 年版,第 130~131 页。
⑤ 《毛泽东文集》(第三卷),人民出版社 1996 年版,第 411 页。

"工业化"看作民族独立的重要保证,认为:"要打倒日本帝国主义,必需有工业;要中国的民族独立有巩固的保障,就必需工业化。我们共产党是要努力于中国的工业化的。"①1949年,在新民主主义革命即将取得全国性胜利之际,为推动中国由落后的农业国变成先进的工业国,党将"现代化"聚焦在"工业化"上,主张促进"军事现代化"向"工业现代化"的转变,于党的七届二中全会上确定了现代化建设的总体战略:"在革命胜利以后,迅速地恢复和发展生产,对付国外的帝国主义,使中国稳步地由农业国转变为工业国,把中国建设成一个伟大的社会主义国家。"②即"两个转变",由农业国向工业国的转变,由新民主主义国家向社会主义国家的转变。这是以毛泽东同志为代表的中国共产党人基于近代中国落后挨打百年屈辱史的深切体悟和对现代化的深刻认知,为实现工农业现代化和最终建成现代化国家所明确的基本思路。新中国成立前夕,毛泽东进一步强调:"人民民主专政的国家,必须有步骤地解决国家工业化的问题。"③之后,"国家工业化""社会主义工业化"先后成为高频词汇,足见党对工业化的重视。

而这些话语内容背后的核心指向则是服务于建立一个独立、民主、和平、统一的国家。近代中国在西方列强侵略下

---

① 《毛泽东文集》(第三卷),人民出版社 1996 年版,第 146 页。
② 《毛泽东选集》(第四卷),人民出版社 1991 年版,第 1437 页。
③ 《毛泽东选集》(第四卷),人民出版社 1991 年版,第 1477 页。

被迫打开国门,经历了前所未有的悲惨境遇。无数仁人志士在黑暗中苦寻强国富民的药方,但实践表明,不是方案化作泡影,就是在错误的道路上撞得头破血流。而自从有了中国共产党,中国革命的面貌就焕然一新了,中国救亡图存才真正有了新出路。因此,中国共产党革命的根本目标追求就是实现现代化,中国共产党坚持马克思主义科学指导,在领导革命进程中注重将"现代化"概念话语和"革命"话语的建构相结合。中国共产党一经诞生,就提出了"消除内乱,打倒军阀,建设国内和平;推翻国际帝国主义的压迫,达到中华民族完全独立;统一中国为真正民主共和国"的民主主义革命运动的奋斗目标,并为此进行了艰苦卓绝的革命斗争。历经革命中的艰难险阻,党意识到要想救亡图存、赢得国家的独立和民族的解放就必须走现代化道路,强调民主革命的最终目的是"建立近代工业社会"。这就实现了"革命"话语与"现代化"话语互动融合。"现代化"话语体现了鲜明的革命性特质,"革命"话语蕴含明确的现代化目标指向。特别是在抗日战争的背景下,"现代化"的意义更加凸显。在马克思主义科学理论的指导下,将"现代化"概念广泛运用到革命话语中,为着摆脱帝国主义殖民主义的压迫,为着民族独立解放,中国共产党抛头颅、洒热血,前赴后继,最终带领人民彻底推翻了"三座大山",取得了新民主主义革命的胜利,中华民族获得了完全独立,实现了中国历史上最伟大最深刻的社会变革。1949年3月,毛泽东指出,我们"已经取得了或者即将取得使我们的农业和手工业逐步地向着现代化发展的可能性"①。此处"现代化"旨在说明新民主主义革命即将取得胜利,我国的社会性质已经由半殖民地半封建社会向新民主主义转变,并继而向社会主义转变,因而农业与手工业也有了实现社会主义性质的现代化的可能性。之后毛泽东在对工业中各种成分进行分析时就用了"现代性"一词而非"现代化",说明我们党这个时期现代化话语主要强调"现代性"技术因素在我国农业、军事、工业中的重要作用,服务于把我国建成为"独立民主和平统一富强的新中国"②的任务目标。概言之,新中国成立之前党的现代化话语,无论是强调军事现代化,还是工农业现代化,都是为实现民族独立而服务的。或者说,"民族独立"构成这一阶段现代化话语的显著标识。

二、以自主探索为鲜明特点的现代化话语

1949年中华人民共和国成立,开启了中国历史发展的新纪元,也为中国独立自主开创社会主义建设新篇章创造了前提。相应地,现代化话语也呈现新的样态和特点。

（一）实现国家工业化与建设社会主义的话语连接

毛泽东反复强调:"人民民主专政的国家,必须有步骤地

---

① 《毛泽东选集》(第四卷),人民出版社1991年版,第1430页。
② 《毛泽东文集》(第五卷),人民出版社1996年版,第348页。

解决国家工业化的问题。"①同时,我们党也清楚认识到,中国的革命事业必然分为两个阶段:首先,通过新民主主义革命推翻压迫中国的"三座大山",消除束缚中国发展的主要障碍和环境。其次,通过社会主义革命将旧中国封建制度彻底铲除,真正实现向社会主义的跨越,为现代化建设提供根本的制度前提。具体来说有以下几方面。

首先是建构适合中国现代化实际的社会主义制度架构。新中国成立后,经过对农业、手工业和资本主义工商业的社会主义改造,建立起社会主义基本制度,将现代化事业与社会主义制度联系起来,为中国现代化提供了制度基础。政治方面,建立了人民民主专政的国体,以及人民代表大会制度这一根本政治制度,中国共产党领导的多党合作和政治协商制度、民族区域自治制度等基本政治制度;经济方面,经过三年的经济恢复期,党于1953年6月提出了过渡时期总路线,即"要在一个相当长的时期内,基本上实现国家工业化和对农业、手工业、资本主义工商业的社会主义改造"②,旨在为中国式现代化道路扫除制度层面和社会结构上的障碍。同时,这一时期开展的全面、大规模的社会主义建设,为之后的现代化建设提供了物质基础。在文化方面,从制度规范的角度确立了马克思主义在整个国家建设中的指导地位,同时为促进文化艺术事业的发展,毛泽东在1956年提出艺术问题上

---

① 《毛泽东选集》(第四卷),人民出版社1991年版,第1477页。
② 《周恩来选集》(下),人民出版社1984年版,第104~105页。

的"百花齐放"、学术问题上的"百家争鸣",为新中国文化事业的发展奠定了基础。新中国成立到社会主义制度的确立,为中国式现代化发展奠定了根本政治前提与制度保障,使得中国的现代化由被动卷入,转变为在一个先进政党领导下的、主动发展的现代化,这也为党建构现代化话语提供了实践基础。

其次是实现国家工业化向社会主义工业化过渡。在国内百废待兴、百业待举而经济文化都十分落后,国际上资本主义阵营和社会主义阵营尖锐对峙的情况下,我们采取了外交上向苏联"一边倒"、经济上接受苏联援助、发展战略上向苏联学习的策略。但同时,我们始终坚持独立自主的原则,自力更生为主、争取外援为辅,凡能自己解决的绝不依赖外援。基于"我们的工业化,就是要使自己有一个独立的完整的工业体系。任何一个国家建设社会主义总要有一点独立的能力,更不用说像我们这样一个大国"①的认识,我们提出了建立独立完整的工业体系的方针。可以说,实现国家工业化,既是现代化的基础,更是保证国家独立的基础。因此,我们确定了优先发展重工业的重大战略步骤,强调正确处理重工业和轻工业、农业的关系。1953年6月,毛泽东首次作出了"基本上完成社会主义工业化"②的论断,这表明党的现代化建设实践、党的现代化话语体系建构完成了由新民主主义

---

① 《周恩来选集》(下),人民出版社1984年版,第232页。
② 《毛泽东文集》(第六卷),人民出版社1996年版,第280页。

向社会主义的性质转变。而有研究者运用词频分析软件对建党以来从《中国共产党宣言》到十九大报告等 5 个全国代表大会宣言、14 个领导人在全国代表大会上的报告进行参考点及覆盖率的分析,结果也显示,1949—1953 年"国家工业化"话语出现频次较高,1953—1954 年"社会主义工业化"话语出现频次较高,①印证了我们党现代化话语从国家工业化向社会主义工业化过渡的特点规律。

(二)"第二次结合"彰显独立自主的现代化话语特征

坚持把马克思主义普遍真理同中国具体实际相结合,是中国共产党建党以来所取得一切成就的最根本经验。新中国成立以来,我们党始终面临着如何在社会主义制度下建设现代化的重大历史任务,也始终坚持从实际出发思考社会主义中国建设现代化的道路问题。

在这一阶段,"四个现代化"是最具标志性的话语。1954年,周恩来在第一届全国人大一次会议上首次提出"建设起强大的现代化的工业、现代化的农业、现代化的交通运输业和现代化的国防"②的现代化目标。这可以说是"四个现代化"话语的雏形。1956 年 9 月,党的八大把上述"四个现代化"目标写进了党章,标志着"四个现代化"正式进入党的话

---

① 罗永宽、齐娟:《中国共产党现代化话语体系的百年建构与发展逻辑》,《中国特色社会主义研究》,2021 年第 1 期。
② 《周恩来选集》(下),人民出版社 1984 年版,第 132 页。

语体系之中。1957年毛泽东提出建设"现代科学文化"的概念后,"现代科学文化"同"现代工业""现代农业"一起出现在党的各类重要文献中,成为党的现代化话语的常见词汇。1959至1960年间,为提高对社会主义经济问题的认识,在研读苏联《政治经济学教科书》过程中,党内主要领导对"四个现代化"有了更为深刻的认识。毛泽东重新强调了"国防现代化",周恩来提出将"科学文化现代化"改为"科学技术现代化"。1963年,周恩来在上海市科学技术工作会上发表讲话,进一步明确科学技术现代化在社会主义建设中的关键作用。1964年12月,周恩来在第三届全国人大《政府工作报告》中将"交通运输业现代化"的目标调整为"科学技术现代化",并将"现代农业"置于"四个现代化"之首,明确提出要"把我国建设成为一个具有现代农业、现代工业、现代国防和现代科学技术的社会主义强国"[1]。至此,"四个现代化"的内容被正式确定为"现代农业、现代工业、现代国防和现代科学技术",并沿用至今,标志着我们党对现代化的认识不断加深,对实现现代化的专业度、广度与深度提出了新的要求。党的现代化话语体系初步确立。

而如果纵观这一阶段现代化话语的内核,能够看出,它有突出的以苏为鉴、独立自主的特点。新中国成立之初向苏联学习,是从当时实际出发作出的战略选择。苏联在建国之

---

[1]《周恩来选集》(下),人民出版社1984年版,第439页。

后所开创的经济文化落后国家向社会主义过渡的模式以及只用十多年时间就实现了由落后农业国向先进工业国的转变,对中国这样与其有相似国情的国家具有强烈的示范效应。同时,"因为我们不懂,完全没有经验,横竖自己不晓得,只好搬"①,也"缺乏独立自主的能力"②,因此,在进行社会主义改造的同时,优先发展重工业,把实现国家工业化作为国家今后一个时期的主要任务,与苏联模式基本一致,只是"枝叶不同"③。随着社会主义改造基本完成,"一五"计划全面展开,苏联模式固有的弊端逐渐暴露。1955年底,毛泽东就提出了"以苏为鉴"的问题。苏共二十大后,我们党更加清醒地认识到独立探索中国社会主义现代化道路的重要性和紧迫性。1956年4月,毛泽东在中央政治局扩大会议上指出:"现在是社会主义革命和建设时期,我们要进行第二次结合,找出在中国进行社会主义革命和建设的正确道路。"④1956年5月毛泽东在最高国务会议上作的《论十大关系》的报告,提出了"我们要学的是属于普遍真理的东西,并且学习一定要与中国实际相结合。"⑤这一根本性指导思想的提出,标志着中国共产党自主探索社会主义现代化建设道路的开端。从此

---

① 《毛泽东文集》(第七卷),人民出版社1999年版,第368页。
② 《毛泽东文集》(第八卷),人民出版社1999年版,第305页。
③ 《毛泽东文集》(第七卷),人民出版社1999年版,第371页。
④ 中共中央文献研究室:《十七大以来重要文献选编》(上),中央文献出版社2009年版,第254页。
⑤ 《毛泽东文集》(第七卷),人民出版社1999年版,第42页。

中国共产党真正开始了在马克思主义普遍真理指导下从中国实际出发建设社会主义现代化国家的伟大征程。毛泽东深刻指出:"最近苏联方面暴露了他们在建设社会主义过程中的一些缺点和错误,他们走过的弯路,你还想走?过去我们就是鉴于他们的经验教训,少走了一些弯路,现在当然更要引以为戒。"①1957年2月,毛泽东发表《关于正确处理人民内部矛盾的问题》,进一步深化了自主探索社会主义现代化建设道路的认识。在这篇报告中,毛泽东主要讲了十二个小标题,其中之一就是现代化的问题即"中国工业化的道路",他强调,"这里所讲的工业化道路的问题,主要是指重工业、轻工业和农业的发展关系问题。我国的经济建设是以重工业为中心,这一点必须肯定。但是同时必须充分注意发展农业和轻工业"。这显然是有"以苏为鉴"的意味。毛泽东客观指出,"为了使我国变为工业国,我们必须认真学习苏联的先进经验。苏联建设社会主义已经有四十年了,它的经验对于我们是十分宝贵的"。但毛泽东也强调:"一切国家的好经验我们都要学,不管是社会主义国家的,还是资本主义国家的,这一点是肯定的。但是主要的还是要学苏联。学习有两种态度。一种是教条主义的态度,不管我国情况,适用的和不适用的,一起搬来。这种态度不好。另一种态度,学习的时候用脑筋想一下,学那些和我国情况相适合的东西,即吸取

---

① 《毛泽东文集》(第七卷),人民出版社1999年版,第23页。

对我们有益的经验,我们需要的是这样一种态度。"①1958年6月,毛泽东在军委会议印发李富春第二个五年计划要点报告时批示,"自力更生为主,争取外援为辅,破除迷信,独立自主地干工业、干农业、干技术革命和文化革命"②。1960年3月,毛泽东在会见尼泊尔首相时指出:"我们这些国家,要以自力更生为主,争取外援为辅。对外援要争取,但哪个为主,要考虑。自力更生好办事,主动。"③自力更生才能实现道路选择的独立自主,掌握现代化的主动权。

现代化话语以苏为鉴、独立自主的特点也自然内蕴着对中国国情的深入把握。基于从中国实际出发独立自主探索中国社会主义现代化建设道路的认识,现代化话语带有明显的对中国特征的分析把握。一是艰巨性。人口众多是中国现代化的基本国情,这"是我们的本钱"④,因为人多力量大,好办事,能办成事,但也会带来沉重的负担。1957年3月,毛泽东在全国宣传工作会议上指出:"要使几亿人口的中国人生活得好,要把我们这个经济落后、文化落后的国家,建设成为富裕的、强盛的、具有高度文化的国家,这是一个很艰巨的任务。"⑤二是长期性。生产力水平极其落后是中国现代化的基本国情,要想在短期内改变落后面貌,事实上不可能。对

---

① 《毛泽东文集》(第七卷),人民出版社1999年版,第242页。
② 《毛泽东文集》(第七卷),人民出版社1999年版,第380页。
③ 《毛泽东文集》(第八卷),人民出版社1999年版,第158页。
④ 《毛泽东文集》(第七卷),人民出版社1999年版,第228页。
⑤ 《毛泽东文集》(第七卷),人民出版社1999年版,第275页。

于这一点,我们党有清醒的认识。毛泽东曾指出,"要建成为一个强大的高度社会主义工业化的国家,就需要有几十年的艰苦努力,比如说,要有五十年时间,即本世纪的整个下半世纪"①。1957年3月,毛泽东在江苏、安徽两省及南京军区党员干部会议上发表讲话时指出,把国家建设好大概需要100年,"要分几步来走:大概有十几年会稍微好一点;有个二三十年就更好一点;有个五十年可以勉强像个样子;有一百年那就了不起,就和现在大不相同了"②。后来,在扩大的中央工作会议上,毛泽东进一步明确:"要使生产力很大地发展起来,要赶上和超过世界上最先进的资本主义国家,没有一百多年的时间,我看是不行的。"③据此,针对20世纪内完成"四个现代化"的总目标,我们党在实施步骤上作了详细规划,提出"两步走"战略构想,即"第一步,建立一个独立的比较完整的工业体系和国民经济体系;第二步,全面实现农业、工业、国防和科学技术的现代化,使我国经济走在世界的前列"④。三是人民性。我国是马克思主义指导下的社会主义国家,人民立场是我们一切工作的根本立场。从"把帝国主义赶走,把封建势力推翻,人民获得解放,这才有可能逐步建

---

① 《毛泽东文集》(第六卷),人民出版社1999年版,第390页。
② 中共中央文献研究室:《毛泽东年谱(1949—1976)》(第三卷),中央文献出版社2013年版,第119~120页。
③ 《毛泽东文集》(第八卷),人民出版社1999年版,第302页。
④ 《周恩来选集》(下),人民出版社1984年版,第439页。

设现代化的工业和农业,现代化的文化和科学"①到"我们要建设一个高度现代化的工业国家。那时候,我们国家就繁荣富强了,人民过着幸福的美好的日子了"②,都鲜明体现了中国现代化的人民取向。

三、以改革开放为核心主题的现代化话语

党的十一届三中全会确立了实行改革开放的历史性决策,使得我国的现代化建设驶上了快车道。我们党在全面系统阐述中国国情基础上,围绕"什么是社会主义、怎样建设社会主义"这一基本问题建构起中国式现代化话语体系的初步框架。

(一) 改革开放背景下中国现代化话语体系的初步建构

20世纪中后期全球化蓬勃发展,无论是原料的贸易还是工业品的出口都已经全球化,使得殖民地已经失去了经济上的必要性,因而争夺殖民地的帝国主义战争时代也成为过去。如何提高生产效率、争取经济上的制高点,从而在和平条件下的综合国力竞争中取得优势,成为人类历史发展的新

---

① 中共中央文献研究室:《毛泽东年谱(1949—1976)》(第三卷),中央文献出版社2013年版,第24页。
② 中共中央文献研究室:《毛泽东年谱(1949—1976)》(第二卷),中央文献出版社2013年版,第373页。

趋势。党的十一届三中全会以来,我们党科学把握这一趋势,作出了和平与发展已成为时代主题的新判断。基于此,中国共产党关于现代化的本质特征、重要目标、战略步骤有了更为清晰明确的认识,相应的现代化话语体系也较为完整地建构起来。

在这一阶段,最具突破性的话语是提出了"中国式的现代化"这一核心概念。随着改革开放的逐渐深入,我们党愈加清楚地意识到中国与西方发达国家的巨大差距,在国际比较中对中国的现代化有了更进一步的清醒认识。1979年3月,邓小平在会见英中文化协会代表团时说:"我们的概念与西方不同,我姑且用个新说法,叫做中国式的四个现代化。"[①] 3月23日,他在政治局会议上将其明确概括为"中国式的现代化",同时强调:"到本世纪末,我们大概只能达到发达国家七十年代的水平,人均收入不可能很高。"[②] 在3月底召开的党的理论工作务虚会上,邓小平再次强调,"中国式的现代化,必须从中国的特点出发"[③],"至少有两个重要特点是必须看到的:一个是底子薄……第二条是人口多,耕地少"[④]。10月4日,邓小平在中共省、市、自治区委员会第一书记座谈会

[①] 中共中央文献研究室:《邓小平年谱》(第四卷),中央文献出版社2009年版,第496页。
[②] 中共中央文献研究室:《邓小平年谱》(第四卷),中央文献出版社2009年版,第497页。
[③]《邓小平文选》(第二卷),人民出版社1994年版,第164页。
[④]《邓小平文选》(第二卷),人民出版社1994年版,第163~164页。

上说:"我们开了大口,本世纪末实现四个现代化。后来改了个口,叫中国式的现代化,就是把标准放低一点。"①1980年6月,邓小平进一步指出:"我们讲的四个现代化是中国式的四个现代化。因为我们必须认识中国的现实,立足于中国的现实来进行四个现代化建设,也要根据现在中国的薄弱基础来决定我们实现四个现代化的目标。"②1982年在党的十二大开幕词中,邓小平提出:"我们的现代化建设,必须从中国的实际出发。……把马克思主义的普遍真理同我国的具体实际结合起来,走自己的道路,建设有中国特色的社会主义,这就是我们总结长期历史经验得出的基本结论。"③此后中国特色社会主义成为我们党全部理论和实践的主题,"中国式的现代化"也日益成为中国现代化建设的标志性称谓,也为中国现代化话语体系建构提供了核心概念。

在这一阶段中国式现代化话语体系建构中,"小康"成为支撑"中国式的现代化"的引领性话语。"小康"一词出自《诗经·大雅·民劳》的"民亦劳止,汔可小康。惠此中国,以绥四方"④,我们党在社会主义现代化建设中赋予了它新的时代内涵。1979年12月,邓小平在会见日本首相大平正芳时,首次使用"小康"概念来表述中国现代化建设的阶段性目标。

---

① 《邓小平文选》(第二卷),人民出版社1994年版,第194页。
② 中共中央文献研究室:《邓小平年谱》(第四卷),中央文献出版社2009年版,第644页。
③ 《邓小平文选》(第三卷),人民出版社1993年版,第2~3页。
④ 梁锡锋等:《诗经》,河南大学出版社2008年版,第325页。

他说,"我们的四个现代化的概念,不是像你们那样的现代化的概念,而是'小康之家'……要达到第三世界中比较富裕一点的国家的水平,比如国民生产总值人均一千美元"①。1981年4月,邓小平在会见日本访华团时又对小康作了阐述:"在本世纪末,我们只能达到一个小康社会,日子可以过……经过这一时期的摸索,看来达到一千美元也不容易,比如说八百、九百,就算八百,也算是一个小康生活了。"②1982年党的十二大明确提出"我国经济建设总的奋斗目标是,在不断提高经济效益的前提下,力争使全国工农业的年总产值翻两番,……整个国民经济的现代化过程将取得重大进展,城乡人民的收入将成倍增长,人民的物质文化生活可以达到小康水平"③。2002年党的十六大提出全面建设小康社会的奋斗目标,2012年党的十八大进一步提出"全面建成小康社会"并将其作为党的"两个一百年"奋斗目标之一,"小康"成为贯穿改革开放40多年的主题词和主线索。

特别值得一提的是,"三步走"战略也成为设计"中国式的现代化"进程的标识性话语。1981年11月,邓小平在会见美国客人时提出了新时期"两步走"的雏形:"到本世纪末人均国民生产总值达到一千美元……最低达到八百美元。在

---

① 《邓小平文选》(第二卷),人民出版社1994年版,第237页。
② 中共中央文献研究室:《邓小平年谱》(第五卷),中央文献出版社2009年版,第30页。
③ 中共中央文献研究室:《十二大以来重要文献选编》(上),人民出版社1986年版,第14页。

这个基础上,在下个世纪再花三十年到五十年时间,接近西方的水平。"①1984年10月,邓小平再次论述了经济社会发展的宏伟目标和根本政策,明确指出:"我们第一步是实现翻两番,需要二十年,还有第二步,需要三十年到五十年,恐怕是要五十年,接近发达国家的水平。两步加起来,正好五十年至七十年。"②1987年党的十三大明确提出"党的十一届三中全会以后,我国经济建设的战略部署大体分三步走。第一步,实现国民生产总值比一九八〇年翻一番,解决人民的温饱问题。这个任务已经基本实现。第二步,到本世纪末,使国民生产总值再增长一倍,人民生活达到小康水平。第三步,到下个世纪中叶,人均国民生产总值达到中等发达国家水平,人民生活比较富裕,基本实现现代化。然后,在这个基础上继续前进"③。1995年党的十四届五中全会《中共中央关于制定国民经济和社会发展"九五"计划和二〇一〇年远景目标的建议》提出"全面完成现代化建设的第二步战略部署,二〇〇〇年,在我国人口将比一九八〇年增长三亿左右的情况下,实现人均国民生产总值比一九八〇年翻两番;基本消除贫困现象,人民生活达到小康水平"④。1997年党的十五大

---

① 中共中央文献研究室:《邓小平年谱》(第五卷),中央文献出版社2009年版,第83页。
② 《邓小平文选》(第三卷),人民出版社1993年版,第79页。
③ 中共中央文献研究室:《十三大以来重要文献选编》(上),人民出版社1991年版,第16页。
④ 中共中央文献研究室:《十四大以来重要文献选编》(中),人民出版社1997年版,第1480页。

对"三步走"战略步骤的第三步作了具体规划:"展望下世纪,我们的目标是,第一个十年实现国民生产总值比二〇〇〇年翻一番,使人民的小康生活更加宽裕,形成比较完善的社会主义市场经济体制;再经过十年的努力,到建党一百年时,使国民经济更加发展,各项制度更加完善;到世纪中叶建国一百年时,基本实现现代化,建成富强民主文明的社会主义国家。"①

(二)社会主义本质论基础上现代化话语内涵的拓展

从中国实际出发建设中国特色社会主义现代化,是中国共产党在新中国成立后进行社会主义建设探索实践得出的基本结论。党的十三大明确提出"我国正处在社会主义的初级阶段"②,邓小平在此基础上对社会主义本质作了创新性概括,即"解放生产力,发展生产力,消灭剥削,消除两极分化,最终达到共同富裕"③。正是对这一中国特色社会主义基本理论问题的科学回答,使得改革开放后中国现代化话语的内涵不断丰富和拓展。

一是共同富裕构成了中国式现代化的本质性话语。"共同富裕"最早出现在《关于发展农业生产合作社的决议》中,该决议提出,"使农民能够逐步完全摆脱贫困的状况而取得

---

① 《江泽民文选》(第二卷),人民出版社2006年版,第4页。
② 中共中央文献研究室:《十三大以来重要文献选编》(上),人民出版社1991年版,第16页。
③ 《邓小平文选》(第三卷),人民出版社1993年版,第373页。

共同富裕和普遍繁荣的生活"①。改革开放以来,基于对生产力落后国家社会主义本质的科学认识,1984年11月,邓小平在会见外宾时说:"在社会主义制度下,可以让一部分地区先富裕起来,然后带动其他地区共同富裕。"②1986年9月接受美国记者采访时,他又明确提出:"社会主义原则,第一是发展生产,第二是共同致富。"③1990年12月,邓小平在同几位中央负责同志谈话时,从社会主义制度的角度对"共同富裕"做了定位:"社会主义最大的优越性就是共同富裕,这是体现社会主义本质的一个东西。"④1992年南方谈话中,邓小平将"共同富裕"作为社会主义本质内容加以确定。"共同富裕"内在地包含了生产力与生产关系两个维度,突破了以往过度注重所有制结构的窠臼,标志着中国共产党人对"什么是社会主义"问题的认识达到了新的高度。可以看出,"共同富裕"既是邓小平对社会主义本质的话语凝练,也是对中国式现代化属性特征的话语表达。

二是总体布局构成了中国式现代化的目标性话语。随着改革开放的逐步推进,适应时代发展和国情变化的要求,社会主义现代化建设总体布局逐步形成并发展起来。实行

---

① 中共中央文献研究室:《建国以来重要文献选编》(第四册),中央文献出版社1993年版,第662页。
② 中共中央文献研究室:《邓小平年谱》(第五卷),中央文献出版社2020年版,第312页。
③ 《邓小平文选》(第三卷),人民出版社1993年版,第172页。
④ 《邓小平文选》(第三卷),人民出版社1993年版,第364页。

改革开放以后,伴随经济的迅速发展和国门的打开,部分人的思想道德水平不同程度出现滑坡。我们党及时认识到了问题的严重性,党的十二大明确提出:"我们在建设高度物质文明的同时,一定要努力建设高度的社会主义精神文明。"① 党的十二届六中全会通过的《中共中央关于社会主义精神文明建设指导方针的决议》指出:"我国社会主义现代化建设的总体布局是:以经济建设为中心,坚定不移地进行经济体制改革,坚定不移地进行政治体制改革,坚定不移地加强精神文明建设。并且使这几个方面互相配合,互相促进。"② 党的十五大和十六大都是从经济、政治、文化这三方面对我国的社会主义现代化建设进行部署。随着改革开放的深入发展,一些深层次的矛盾和问题逐渐暴露。比如城乡经济发展不平衡、社会保障体系不完善,就业方式和分配方式的多样化导致群众各方面利益受损等问题,同时社会上也出现了一些新的社会阶层和新的社会组织,这些对党和政府的社会建设和管理能力都提出了更高的要求。由此党开始认识到加强社会建设在我国现代化建设中的重要性,提出了建构社会主义和谐社会的思想。党的十七大对经济、政治、文化、社会"四位一体"总体布局进行了全面阐述,并在新修改的《中国共产党党章》中加以确认,由此"四位一体"总体布局形成,相

---

① 中共中央文献研究室:《十二大以来重要文献选编》(上),人民出版社1986年版,第25页。
② 中共中央文献研究室:《十二大以来重要文献选编》(下),人民出版社1988年版,第1173~1174页。

应的,"在党章中把党的基本路线中的奋斗目标表述为把我国建设成为富强民主文明和谐的社会主义现代化国家"[1]。进入新世纪,资源利用率低、人均资源占有量少与资源消耗量大的矛盾成为制约我国社会主义现代化事业发展的重要矛盾之一。党的十七大首次将建设社会主义生态文明作为全面建设小康社会的新的目标和要求写入报告,"五位一体"总体布局的框架初见端倪。党的十八大将社会主义生态文明建设进行单独论述,明确将它纳入了社会主义现代化事业总体布局中,"五位一体"正式形成。现代化话语的目标意涵也同步拓展为建设一个"富强民主文明和谐美丽的社会主义现代化国家"。

三是"一个中心、两个基本点"构成了中国式现代化的战略性话语。党的十一届三中全会作出了把党的中心工作转移到经济建设上来、实行改革开放的历史性决策。之后,邓小平多次强调要紧紧扭住经济建设这个中心不动摇,深刻指出:"离开了经济建设这个中心,就有丧失物质基础的危险。其他一切任务都要服从这个中心,围绕这个中心,决不能干扰它,冲击它。"[2]1979年3月邓小平提出必须坚持社会主义道路,必须坚持人民民主专政,必须坚持共产党的领导,必须坚持马列主义、毛泽东思想,即四项基本原则,并将其作为立

---

[1] 中共中央文献研究室:《十七大以来重要文献选编》(上),中央文献出版社2009年版,第45页。
[2] 中共中央文献研究室:《三中全会以来重要文献选编》(上),人民出版社1982年版,第318页。

国之本写进党的基本路线,写进党章,写进宪法。1987年党的十三大制定了社会主义初级阶段党的基本路线,即"领导和团结全国各族人民,以经济建设为中心,坚持四项基本原则,坚持改革开放,自力更生,艰苦创业,为把我国建设成为富强、民主、文明的社会主义现代化国家而奋斗"①。1989年11月,邓小平在会见坦桑尼亚革命党主席尼雷尔时说:"十三大确定了'一个中心、两个基本点'的战略布局。我们十年前就是这样提出的,十三大用这个语言把它概括起来。这个战略布局我们一定要坚持下去,永远不改变。"②邓小平在南方谈话中,强调指出:"要坚持党的十一届三中全会以来的路线、方针、政策,关键是坚持'一个中心、两个基本点'……基本路线要管一百年,动摇不得。只有坚持这条路线,人民才会相信你,拥护你。"③"一个中心、两个基本点"作为基本路线和战略布局,点明了中国推进现代化建设的中心任务、政治保证和发展动力,构成了中国式现代化的战略性话语。

在深入推进改革开放的历史进程中,包括社会主义市场经济体制、"一国两制"、中国特色社会主义基本纲领、科教兴国、依法治国、"三个代表"、坚持"引进来"和"走出去"相结合、走新型工业化道路、统筹城乡经济社会发展、推进西部大开发、科学发展观、社会主义核心价值体系、中国特色农业现

---

① 中共中央文献研究室:《十三大以来重要文献选编》(上),人民出版社1991年版,第15页。
② 《邓小平文选》(第三卷),人民出版社1993年版,第345页。
③ 《邓小平文选》(第三卷),人民出版社1993年版,第370~371页。

代化道路等概念论断都充实和丰富了中国式现代化的话语内涵。

四、以民族复兴为目标指向的现代化话语

进入新时代,以习近平同志为主要代表的中国共产党人以"实现中华民族伟大复兴是近代以来中华民族最伟大的梦想"为目标引领,统筹世界百年未有之大变局和中华民族伟大复兴战略全局,坚持"两个结合",提出"以中国式现代化全面推进中华民族伟大复兴"这一中心任务,调整完善了社会主义现代化强国的奋斗目标,规划了推进中国式现代化的系统框架与战略步骤,使其成为实现中华民族伟大复兴的路线图,相应地,中国式现代化话语体系更加成熟定型。

(一)强调以人民为中心的现代化话语体系建构

中国共产党坚持以人民为中心,将人民在现代化过程中的参与感、获得感与幸福感作为落脚点,克服了以"资本"为中心、强调"资本增殖"的现代化逻辑。习近平指出:"人民是历史的创造者,是决定党和国家前途命运的根本力量。"[1]"五位一体""四个全面"克服了条块分割、地方主义、部门主义等长期积弊,着力解决了发展不充分不平衡等问题,重视现代

---

[1] 习近平:《在纪念中国人民抗日战争暨世界反法西斯战争胜利75周年座谈会上的讲话》,《人民日报》2020年9月4日,第2版。

化建设的全面性、系统性和协同性,是对马克思主义所主张的人的自由全面发展目标的追求。党的二十大报告强调:"一切脱离人民的理论都是苍白无力的,一切不为人民造福的理论都是没有生命力的。"①党的十八大以来,党和国家开展精准扶贫、精准脱贫,彻底消除绝对贫困,深刻证明了中国式现代化是把增进人民福祉、保障人民当家作主、促进人的全面发展作为价值追求的。党的十九届五中全会第一次提出了"高品质生活"的概念,明确强调要破除制约高品质生活的体制机制障碍,持续增强发展动力和活力,为新时代我国经济社会发展指明了奋斗目标。习近平总书记强调指出:"共同富裕是社会主义的本质要求,是中国式现代化的重要特征。"②党的十九届六中全会在概括党和国家的指导思想——习近平新时代中国特色社会主义思想"十个明确"中就明确了新时代我国社会主要矛盾是人民日益增长的美好生活需要和不平衡不充分的发展之间的矛盾,强调必须坚持以人民为中心的发展思想,发展全过程人民民主,推动人的全面发展,使全体人民共同富裕取得更为明显的实质性进展。

中国式现代化是中国共产党领导的社会主义现代化,凸显实现人的全面而自由发展的终极追求。人口规模巨大的

---

① 习近平:《高举中国特色社会主义伟大旗帜 为全面建设社会主义现代化国家而团结奋斗——在中国共产党第二十次全国代表大会上的报告》,人民出版社 2022 年版,第 19 页。
②《习近平著作选读》(第二卷),人民出版社 2023 年版,第 501 页。

现代化指明了中国式现代化在实现人的发展进程中的现实国情特征。从比较视野来看，欧洲、美国与东亚发达国家在推进现代化过程中的人口规模远远小于中国，这意味着中国的现代化无法找到可以完全复制的路径，同时中国也将面临更为艰巨复杂的局面。中国共产党始终坚持实事求是，既不好高骛远也不因循守旧，以人民为中心共商共建共享，在现代化的过程中变庞大人口数量为充分人才力量，在全面小康的路上不落下一人，从国情出发实现特定历史条件下的全体人民的全面发展。

全体人民共同富裕、物质文明和精神文明相协调、人与自然和谐共生的现代化，指明了中国式现代化在实现人的发展进程中的多重维度。全体人民共同富裕，解决了现代化进程中出现的社会不公平问题，竭力避免西方国家现代化进程中出现的极端收入分配差距，在现代化的推进中兼顾经济增长水平和社会公平正义，实现了共享发展，为人的全面发展提供了基础和保障。物质文明和精神文明相协调是人的需求层次不断跃升的要求，也是人的解放任务的内在要求，它意味着人的解放与自由全面发展以物质性生产为基础，同时不止于物质性生产的单向度，也提出对于精神需求的高层次追求。人与自然和谐共生是人的解放之外部环境的要求，西方现代化进程是一部自然环境破坏史，付出了以浪费资源破坏环境换取发展的巨大代价，中国式现代化在吸取西方现代化经验教训的基础上竭力避免现代化进程对自然环境的破坏,为人的发展营造良好的外部环境。走和平发展道路的现代化指明了中国式现代化在实现人的发展进程中的方式,相反,西方早发现代化国家走的是一条侵略扩张的路线,通过转移国内危机、掠夺别国财富的方式推进自身的现代化进程,是一些人压迫另一些人的现代化。中国式现代化奉行和平、发展、合作、共赢的理念,以自身的现代化成就推动世界发展,向世界各国贡献更多的中国经验和中国方案,为世界上其他国家探索现代化道路提供借鉴。走和平发展道路的现代化着眼于人类社会的发展,永远站在历史正确的一边,站在人类文明进步的一边。

(二)强调以国家治理现代化为目标的现代化话语体系建构

党的十八大以来,面对纷繁复杂的国际形势和艰巨繁重的国内改革发展稳定任务,2013年党的十八届三中全会提出:"全面建成小康社会,进而建成富强民主文明和谐的社会主义现代化国家、实现中华民族伟大复兴的中国梦,必须在新的历史起点上全面深化改革。"[①]会议还提出:"全面深化改革的总目标是完善和发展中国特色社会主义制度,推进国家治理体系和治理能力现代化。"[②]党的十九届四中全会要求

[①] 中共中央文献研究室:《十八大以来重要文献选编》(上),中央文献出版社2014年版,第511~512页。
[②] 中共中央文献研究室:《十八大以来重要文献选编》(上),中央文献出版社2014年版,第512页。

"坚持改革创新,突出坚持和完善支撑中国特色社会主义制度的根本制度、基本制度、重要制度,着力固根基、扬优势、补短板、强弱项,构建系统完备、科学规范、运行有效的制度体系,加强系统治理、依法治理、综合治理、源头治理,把我国制度优势更好转化为国家治理效能,为实现'两个一百年'奋斗目标、实现中华民族伟大复兴的中国梦提供有力保证"①,从制度现代化层面对党的现代化具体目标话语进行了创新,将国家治理体系和治理能力现代化与中国特色社会主义制度及其执行能力有机联系,为中国式现代化话语体系增添了新的内容。党的二十届三中全会又强调指出,进一步全面深化改革的总目标包括"继续完善和发展中国特色社会主义制度,推进国家治理体系和治理能力现代化"②,要求"到二〇三五年,全面建成高水平社会主义市场经济体制,中国特色社会主义制度更加完善,基本实现国家治理体系和治理能力现代化,基本实现社会主义现代化,为到本世纪中叶全面建成社会主义现代化强国奠定坚实基础"③。这其实就进一步强化了以国家治理现代化为目标的现代化话语体系建构。

新时代之所以强调以国家治理现代化为目标的现代化

---

① 中共中央党史和文献研究院:《十九大以来重要文献选编》(中),中央文献出版社2021年版,第272页。
②《中共中央关于进一步全面深化改革　推进中国式现代化的决定》,人民出版社2024年版,第4页。
③《中共中央关于进一步全面深化改革　推进中国式现代化的决定》,人民出版社2024年版,第4页。

话语,是因为新时代社会主要矛盾的变化在宣告"新时代"这个发展方位的同时,也标志着中国特色社会主义实践进入"后半程"的发展方位。这两个"发展方位"的关系,正如有的研究者指出的,"不仅时间上是重合的,而且内涵上也是叠加的,发展指向都是中华民族的伟大复兴",并且,"由于新时代与'后半程'是交织在一起的,因此,两者的发展前景也是叠加的,是新时代与'后半程'的合奏"①。而中国特色社会主义实践的"后半程"主要是从发展任务的角度来说,在习近平看来,"从形成更加成熟更加定型的制度看,我国社会主义实践的前半程已经走过了,前半程我们的主要历史任务是建立社会主义基本制度……后半程,我们的主要历史任务是完善和发展中国特色社会主义制度,为党和国家事业发展、为人民幸福安康、为社会和谐稳定、为国家长治久安提供一整套更完备、更稳定、更管用的制度体系"②。也就是说,在建设社会主义现代化强国的伟大进程中,"后半程"对制度更加成熟、更加定型的目标要求主要解决的是"制度现代化"或者说是"国家治理现代化"的问题。也许正是从这个意义来说,我们一般认为,"发展社会主义民主政治,是推进国家治理体系和

---

① 虞崇胜:《新时代与"后半程":精准把握中国未来发展的双重方位》,《武汉大学学报(哲学社会科学版)》,2018年第1期。
② 中共中央文献研究室:《习近平关于全面深化改革论述摘编》,中央文献出版社2014年版,第27页。

治理能力现代化的题中应有之义"①。正如有的研究者指出的那样,"政治民主化的世界趋势赋予了国家治理的民主化内涵",而"国家治理现代化实质就是政治的现代化,其中蕴含着治理的民主化,这正是对我国政治生活民主化要求的主动回应"②。

(三)强调以凝聚文明共识为目标的现代化话语体系建构

中国共产党摒弃了西方以资本为中心的现代化、两极分化的现代化、物质主义膨胀的现代化、对外扩张掠夺的现代化老路,提出了涵盖经济、政治、文化、社会、生态五个方面的全面型现代化建设方案,建构出"和平""发展""合作""共赢"等非零和博弈的标识性概念,形成了一套符合中国发展实际且有利于后发现代化国家借鉴的新话语范式,体现出更高层级的人类文明进步语境。中国式现代化话语依靠顺应时代发展的价值理念彰显其吸引力。我国坚持对话协商、共建共享、合作共赢、交流互鉴、绿色低碳,弘扬和平、发展、公平、正义、民主、自由的全人类共同价值,顺应和平、发展、合作、共赢的历史潮流,不断推动构建人类命运共同体,为解决国际

---

① 习近平:《在庆祝全国人民代表大会成立六十周年大会上的讲话》,《求是》,2019年第18期。
② 虞崇胜、唐皇凤:《第五个现代化:国家治理体系和治理能力现代化》,湖北人民出版社2015年版,第38~39页。

社会的和平赤字、发展赤字、安全赤字、治理赤字提供新的话语和思路,凝聚着国际社会的广泛共识。中国式现代化话语塑造了负责任大国形象和勤劳勇敢的民族形象。中国式现代化话语建构了摒弃西方对外扩张的老路、依靠全国各族人民共建共享不断实现现代化的新式图景,讲述了以现代化成果积极推动全球经济复苏、参与全球治理的中国行动。

总之,历史的进程向我们表明,中国式现代化是我们强国建设、民族复兴的康庄大道,是新时代中国共产党人面向社会主义现代化国家奋斗目标提出的科学话语概念体系。将中华民族伟大复兴的历史追求与中国式现代化话语相结合,使中国式现代化话语更具有大历史观视角下的厚重历史沉淀,也使中华民族伟大复兴有了现实的理论依托和话语呈现。

第二章　中国式现代化话语体系的建构逻辑

话语生成后,要形成富含理论、思想和文化的话语体系,需要遵循一定的建构逻辑。中国式现代化是拒斥"西方中心论"的内涵逻辑及叙事逻辑,为人类实现现代化贡献的超越性的理论及话语,目标是重塑资本现代性框架下的现代化差序格局,因此建构中国式现代化话语体系,首先体现的是"解构"的逻辑。在"破"的同时,中国式现代化话语开拓出场,不断探寻自主的、有中国特色的"立"之原则,并发展出包含统领性的建构目标、原创性和标识性的话语概念、反映核心内容的主体理论,以及能够融通中外的叙事框架等话语要素,从而形成了中国式现代化话语体系的建构逻辑。

一、西方现代化话语定势的解构

建构中国式现代化话语体系的第一步是解构西方现代化话语,对其话语神话实现祛魅。如果不清除既有的话语定势和其背后的思维惯性,西方话语所充斥的成见将成为一种残余,始终影响中国式现代化话语体系的主动建构进程。不可否认,当前西方现代化话语仍然占据着主流和主导的地位。人类的现代化进程肇始于西方,凭借着现代化的先发优势,西方一直掌控着关于现代化核心理论和概念的定义权、重要议题的创设权、价值评判的裁夺权,将三权分立、普世价值观、公民社会、资本权力等概念构筑形成了一套话语霸权,并以"唯一正确的道路"向广大发展中国家推广,意图构筑一个"同质化"的世界,并赋予这套话语体系超脱历史限域的最高合理性和无限普遍性,从而禁锢着世界对现代化场景的多元想象和开创探索。西方现代化话语具有鲜明的独占性、绝对性、支配性,产生了政治战略化、霸权化、意识形态化等话语效能,本质上代表着资本主义体系的利益和诉求,是世界资本主义体系的上层建筑和意识形态的典型表达。① 因此要对西方现代化话语进行解构,要明晰这套话语背后的运行逻辑,揭示话语背后的理论悖论和霸权支撑。

(一)西方现代化话语的外造神话

从历史起源上看,"现代化"这一话语肇始于西方,1585年的《牛津英语词典》已经出现了"现代化"一词,西方现代化的话语优势始于 1500 年以来现代化的实践优势,随着工业

---

① 贺耀敏:《中国话语体系的建构》,中国人民大学出版社 2021 年版,第 87 页。

革命的号角首先在西方吹响,欧美国家先行踏上了现代化发展的快车道,在市场经济、军事科技、民主法制、文化传播等各方面取得了一定的先机。虽然西方现代化拥有了先行的优势地位,但从本质上讲,其属于一种区域性的经验话语总结。但由于缺乏与之发展程度相当的"他者"的比较、竞争和刺激,尤其是在西方的"先进"和东方的"落后"的深刻对比中,"西方中心主义""西方文明优越论"被创造出来,这种区域性的知识体系被塑造为现代化的模板、公式和准则。"似乎西方人掌握着科学地理解和解释历史的方法,而其他民族仍然是神话地、宗教地、情绪地理解自己和他人的历史经验"[1]。"西方中心主义"内蕴着"二元对立"的对抗性思维,加之宗教思想的深刻影响,催生了其对异质意识形态的偏见。之后,历经数百年的发展和扩张,这一打造的区域性话语成为一种普适性的精神产品走向世界,塑造出西方现代化的话语霸权。这一神话伴随着资本主义全球化的扩张赢得并带动了庞大的追随者和理念信众,成为其长盛不衰的秘密所在,非西方国家业已"习惯于扮演概念、理论、方法的消费者和进口者"[2]。实际上,从大历史观的视角去分析,我们能够认识到西方话语在解释现代化历史进程时,"是按照自己的欲望、追求和理想去勾画人类社会的发展轨迹"[3],因而"必然

---

[1] 韩震:《历史解释与话语霸权的消解》,《哲学动态》2002年第5期。
[2] 王绍光:《祛魅与超越》,中信出版社2010年版,第18页。
[3] 韩震:《历史解释与话语霸权的消解》,《哲学动态》2002年第5期。

会把我们的意志、追求和希冀投射到世界中"①,是"意识形态的制作形式"②,是以所谓的"历史事实"来掩盖其意识形态本质。

(二) 西方现代化话语的理论缺陷

西方现代化话语存在着哲学逻辑层面的根本缺陷,从本质上说,它是一种唯心主义的世界观和认识论。西方现代化话语的认识论原点为"抽象的人",即认识和看待世界是以"理论"和"抽象概念"为出发点,"把世界看作一个旁观的场景,一系列有待解释的意指符号,而不是有待实践解决的具体问题"③。也就是说,西方现代化话语将现代化活动中的实践者与实践环境相分离,也即忽视"现实的人"的丰富属性和历史发展的客观规律,把人视为处于某种虚幻的离群索居和固定不变状态中的人,进而将自身发展经验塑造为脱离客观环境限制的绝对真理,用以规训世界,对人类社会进行"普世化"改造。西方现代化话语背离了经济基础与上层建筑的辩证关系原理。马克思主义的基本观点是,思想价值、政治制度等上层建筑本质上是由经济基础决定的,虽然上层建筑对经济有重要反作用,但因果关系的顺序不能倒置,不能将特

---

① 韩震:《历史解释与话语霸权的消解》,《哲学动态》2002年第5期。
② 韩震、董立河:《历史学研究的语言学转向:西方后现代化历史哲学研究》,北京师范大学出版社2007年版,第258页。
③ [法]布迪厄、华康德:《实践与反思:反思社会学导引》,李猛、李康译,中央编译出版社2004年版,第42页。

定历史条件下经济基础决定的政治制度,归结为经济社会状况发生变化的根本原因。美国为首的西方在向发展中国家推广其现代化经验时,常用的理论话术是"民主富强论",即因为实施了所谓的自由民主制度才生成了现代化建设水平,罔顾其早期通过血腥的资本原始积累构筑的经济基础和先发优势,是对经济基础和上层建筑关系原理的违背。西方现代化话语混淆了普遍性和特殊性的辩证关系。西方话语为垄断对现代化的标准定义权,将自身经验"公式化"和"概念化",将本国发展历程进行分段并确立各个阶段的特征,成为同他国进行机械对比的标准,而他国发展过程中的偏差必须进行改进和完善的模板就是西方现代化这一"唯一正确"的模板。

(三) 西方现代化话语的资本支撑

话语即权力,强大的话语权背后往往是国家权力的强力支撑。强大的资本与强大国力的联合,足以支撑起强大的话语权威。在世界现代化的进程中,西方国家凭借资本的力量"迫使一切民族——如果它们不想灭亡的话——采用资产阶级的生产方式;它迫使它们在自己那里推行所谓的文明……按照自己的面貌为自己创造出一个世界"[1]。因而,西方现代化依据理性制定具有最高控制力量的"世界标准",如现代性

---

[1]《马克思恩格斯文集》(第二卷),人民出版社2009年版,第35~36页。

标准、人权标准、文明标准、价值标准,背后实质是其经济、政治、科技、军事、文化霸权的体现,说到底,是资本力量统治的体现。资本统治在世界范围内成为一种霸权的原因在于:西方现代化的立足点是以个人利益、经济利润与个人自由为原则的市民社会,市民社会以资本增值为目的的等价交换原则为前提,这使资本进一步成为一种社会关系,即资本成为统治主体对人和社会进行统治的社会关系。为了维护资本占有劳动并控制社会,甚至控制世界的地位,就需要从理论上把资本作为终极的实在、最高的本质、最后的本源,即成为社会中具有最高统一性的"一",以确立资本这个"一"对"多"的最高统治地位,这种"一"以其非此即彼的本性,塑造着绝对的、永恒的、静止的形而上学思维方式。① 资本力量的统治,自然生长出拜金主义、功利主义、工具理性,膨胀了人的理性和人的主体性,导致了理性的"任性"和"傲慢",从而使现代化具有了意识形态功能,使资本和科学技术异化为主宰社会和世界的意识形态。这也构成了西方现代化背后最根本的支撑性霸权力量。

(四)西方现代化话语的运行逻辑

西方现代化话语的生成过程,本质上是为塑造一个同质化的话语世界和现实世界,通过有意识的概念生产、话语包

---

① 韩庆祥:《中国式现代化开创人类文明新形态》,浙江人民出版社 2024 年版,第 38~39 页。

装、话语推广和策略调节等环节,将其转化为"普世性"的价值观念、行为方式,甚至是制度模式,进而获得对现代化定义权、解释权的权威性和合理性。西方话语运行逻辑的起点是概念生产,整个西方走向现代化的历史,是"以整合概念为基础的历史"①,他们"将一系列特定的概念、意义、时序投射到过去"②,不仅生产出"自由""社会契约""权力制衡""公民社会""三权分立"等资本主义核心概念,还炮制出"极权主义""东方专制主义""文明冲突""历史终结"等攻击性概念,还进一步扭曲了"民主""文明""进步""平等"等共通性概念本义,从而把人类的现代化历史全部纳入其构设的话语叙事体系。在话语包装方面,他们向全球灌输"没有一种全球伦理,便没有更好的全球秩序"③,把西方"地域性"的现代化说成世界"普遍性",强调西方现代化模式的唯一性、标准化和普遍性,认为西方的工业、市场与自由、民主是世界上最进步的,西方的民族、国家是世界上最先进、最文明、最优秀的,④将非西方社会置于现代化世界的"边缘",抹杀其社会制度、文化传统、发展道路走向现代化的可能性和合理性,进而达到对非西方

---

① [德]塞巴斯蒂安·康拉德:《全球史是什么》,杜宪兵译,中信出版社 2018 年版,第 5 页。
② [德]塞巴斯蒂安·康拉德:《全球史是什么》,杜宪兵译,中信出版社 2018 年版,第 141 页。
③ [瑞士]孔汉思、库舍尔:《全球伦理——世界宗教议会宣言》,何光沪译,四川人民出版社 1997 年版,第 12 页。
④ 韩庆祥:《中国式现代化开创人类文明新形态》,浙江人民出版社 2024 年版,第 35 页。

国家政治制度、经济命脉、发展模式、意识形态的控制。在话语推广环节,他们通过对全球媒体和话语平台的掌控权,使人们生活在经过其媒体信息筛选、加工和建构的"拟态环境"中,并通过"议程设置"掩盖事实真相,引导人们落入其创设的话语陷阱,进行认知和思想的规训和重塑。随着西方发展模式在一些非西方国家遭遇的"水土不服",其话语霸权式微态势显现。为此,西方国家进行了一系列的话语策略调整,其国际话语传播也呈现主体多元化、渠道数智化、传播隐蔽化的新特点,继续在非西方国家建构整体性的话语霸权。

二、中国式现代化话语的出场

从源头上看,马克思和恩格斯在批判资本主义内在缺陷中形成了关于现代化的话语体系,即围绕生产力与生产关系的矛盾运动而建构的无产阶级革命的叙事话语,呈现"社会革命"与"现代化"一体融合的话语体征。[①] 在中国近代,"现代化"这一话语的出场,是资本主义现代化入侵和裹挟下,"主体失落"的一种被动探索。从器物到制度再到文化构成了近代中国对现代化的认知过程,"师夷长技以制夷""中学为体、西学为用""全盘西化"等成为近代中国思想界对现代化探讨的典型话语,新文化运动的"民主与科学""打倒孔家

---

① 代玉启:《"中国式现代化"话语的三重维度及其系统构建》,《求索》,2023年第1期。

店"虽启蒙民众理性,但并未摆脱西方宪法理论的思想统摄。直至俄国十月社会主义革命的胜利,启迪中国知识分子开始反思西方现代化的弊端,用无产阶级的宇宙观作为观察国家命运的工具,正式开启了社会主义现代化的话语出场。

（一）中国共产党话语建构的主体自觉

政党是推进现代化最有效的能动主体。中国式现代化是在把握历史主动基础上推进的现代化,是一种历史主体自觉推动的现代化,极大超越了西方现代化的自发形成。① 中国共产党作为中国式现代化话语建构的主体,不断探寻中国式现代化的实践路径、把握中国式现代化的建设规律、提炼中国式现代化的本质特征,不断形成着对中国式现代化的新理解、新认识,不仅体现出极高的思想自觉、意识自觉和行动自觉,还在实践中不断丰富和建构着中国式现代化的话语宝库。中国共产党在现代化建设的实践探索中的主体自觉,一方面体现在不仅延续了近代以来"救亡图存"的话语叙事,而且承担了"国家重建"的历史重任;另一方面不仅始终坚持"社会主义"的"魂"和"中华优秀传统文化"的"根",还自觉将阶段性的中心任务、发展理念、价值理想等要素注入话语系统,并随着历史语境的变化不断地编码重塑。

中国共产党的诞生标志着中国社会主义现代化的诞生

---

① 戴木才:《论中国式现代化的创造性发展》,《哲学研究》,2023年第12期。

有了真正的领导主体。中国共产党人开始对现代化话语的积极探索,启发于马克思主义的理论信仰以及苏联的"电气化"实践。早在1923年10月,恽代英在《中国可以不工业化乎?》中指出,"中国亦必化为工业国然后乃可以自存"①。1926年3月,瞿秋白在《世界劳工运动现状》中提出,"中国应当实行'经济上的现代化'"②。当然,20世纪20年代,知识界也呈现将"现代化"等同于"西方化"的认知倾向,不少人表达出"现代"是对"传统"的否定与对立的态度,陈序经、胡适等人也提出了"全盘西化论",这些论调未能摆脱对其他现代化模式尤其是西方现代化的复制和移植,实质仍然是作为被侵略、被剥削的对象,一种无意识地对先发现代化冲击的被动性回应。直到1933年《申报月刊》的《现代化问题特辑》带动的思想大讨论,将以"工业化"和"生产力发展"为特征的现代化与社会主义制度为目标的政治革命关联起来,生成了"社会主义的现代化"的话语,但因中国共产党的执政主体地位尚未确立,无法真正展开现代化的主体实践。全面抗战时期,毛泽东在中共七大明确了党的革命目标是"使中国由农业国变为工业国"③,但是由于长期处于革命斗争环境中,党对现代化和工业化的理解更多聚焦国防军事领域。

新中国成立之后的社会主义革命和建设时期,"现代化"

---

① 《恽代英全集》(第五卷),人民出版社2014年版,第130页。
② 《瞿秋白文集:政治理论编》(第八卷),人民出版社2013年版,第297页。
③ 《毛泽东选集》(第三卷),人民出版社1991年版,第1081页。

真正有了"社会主义"的明确身份标识,中国共产党开始领导中国全领域地推进现代化建设,同时,在对"以苏为鉴"的深刻反思中,认识到"走自己的路"的重要性和必要性。1956年,毛主席在听取35个部门报告的基础上做了《论十大关系》的报告,阐释了关于正确处理重工业和轻工业、农业等在内的关于现代化建设一系列重大关系的看法。从某种程度上来看,《论十大关系》释放着对苏联模式剥离的信号,标志着中国共产党开始独立自主地探索中国的社会主义现代化建设道路。党的八大指出,党在目前的任务是"实现国家的社会主义工业化,把我国建成为一个社会主义的工业强国"①。随着工业化的发展,党逐渐意识到工业化无法覆盖国民经济体系全部内容,1964年,周总理在第三届全国人大一次会议上的政府工作报告中提出了包含现代农业、现代工业、现代国防和现代科学技术的"四个现代化"的社会主义现代化强国建设目标,②社会主义建设时期"工业化"成为现代化建设的核心话语。

党的十一届三中全会以来,随着我们党工作中心转向"经济建设",以及改革开放伟大历史进程的开启,现代化的话语在"四个现代化"的基础上不断地深化、拓展、创新。比如,党的十二大强调"把我国建设成为高度文明、高度民主的

---

① 中共中央文献研究室:《建国以来重要文献选编》(第九册),中央文献出版社1994年版,第150页。
②《周恩来选集》(下),人民出版社1984年版,第132页。

社会主义国家","民主法制""精神文明建设"等被纳入现代化的话语体系。再如,邓小平在诸多主场外交中创新性地提出了"中国式的现代化"①的概念并用富有中国传统文化特色的"小康之家"来形象描述,以区别于西方高水平的现代化。"小康"成为连接中国现实国情与现代化的重要中介话语,而后从"全面建设小康社会"到"全面建成小康社会",直至中国特色社会主义新时代,我们党正式提出"中国式现代化"这一概念。中国式现代化话语的正式出场,彰显出中国共产党人基于中国具体国情,自觉规避西方话语对现代化的定义束缚,以高度的历史主动精神探索出适合中国国情的现代化道路。

(二)实现现代化强国目标的现实呼唤

实现民族复兴、强国建设是中国共产党探索现代化建设的内在使命。现代化话语与民族复兴话语的紧密相连,构成了近代以来中国历史演进的核心主题。② 鸦片战争以来,近代中国面临着国家蒙辱、人民蒙难、文明蒙垢的重大危机,有着五千年文明史的"天朝上国"沦落为帝国主义眼中的"东亚病夫"。从"师夷长技以制夷"的洋务运动,到改良图强的戊戌变法,再到实现共和的辛亥革命,立志救亡图存、追求国家

---

① 《邓小平文选》(第三卷),人民出版社1993年版,第29页。
② 王海军:《"中国式现代化"话语叙事的学理探源(1919~1949)》,《马克思主义研究》,2024年第3期。

富强、实现民族复兴成为近代中国现代化探索的叙事主题，中国的现代化与民族复兴自此开始了漫长的话语交汇与历史合流。

新民主主义革命时期，毛泽东曾将民族独立、人民解放作为实现民族复兴、强国建设的先决条件，即"使中华民族来一个大翻身，由半殖民地变为真正的独立国，使中国人民来一个大解放"①。由此，以民族复兴为主线成为推进国家现代化事业的核心认知。在社会主义革命和建设时期，民族复兴的话语以"中华民族各民族的团结统一"为主题的话语叙事，即"我们社会主义国家，是要所有的兄弟民族地区、区域自治的地区都现代化……这是我们这个民族大家庭真正平等友爱的气概"②。党的十一届三中全会以后，我们集中力量搞四个现代化，着眼于振兴中华民族。③党的十三大首次在党的全国代表大会上提出了"中华民族伟大复兴"的概念，强国目标与现代化话语在改革开放新时期实现了历史性交汇。

中国特色社会主义进入新时代，习近平总书记将"为中国人民谋幸福，为中华民族谋复兴"的"中国梦"标定为我们的强国目标。党的二十大更是明确指出："从现在起，中国共产党的中心任务就是团结带领全国各族人民全面建成社会

---

① 《毛泽东选集》（第四卷），人民出版社1991年版，第1375页。
② 《周恩来选集》（下卷），人民出版社1984年版，第266页。
③ 《邓小平文选》（第三卷），人民出版社1993年版，第357页。

主义现代化强国、实现第二个百年奋斗目标,以中国式现代化全面推进中华民族伟大复兴。"①党的二十届三中全会也指明,当前和今后一个时期是以中国式现代化全面推进强国建设、民族复兴伟业的关键时期。可以说,民族复兴、强国建设和中国式现代化同脉同源,民族复兴、强国建设的目标是中国式现代化的核心主题,而中国式现代化是民族复兴、强国建设的实践主线。尤其是进入中国特色社会主义新时代,二者在互动中构成了中国式现代化话语体系的一体两面。"中国式现代化"话语的生成与强国目标的时代呼唤和时代要求密切相关。

(三) 中国现代化人间奇迹的实践支撑

马克思主义唯物史观认为,"占统治地位的思想不过是占统治地位的物质关系在观念上的表现,不过是以思想的形式表现出来的占统治地位的物质关系"②。中国式现代化话语作为中国式现代化实践的理论形态和话语表达,是一种观念性的存在。这种存在形式决定了中国式现代化话语体系的出场,必须要以中国式现代化实践为基础。回望历史,人类社会发展历程无不在反复证明一个铁律:没有强大的综合国力作为支撑,任何国家、任何民族都无法获得国际话语优

---

① 习近平:《高举中国特色社会主义伟大旗帜 为全面建设社会主义现代化国家而团结奋斗——在中国共产党第二十次全国代表大会上的报告》,人民出版社 2022 年版,第 21 页。
② 《马克思恩格斯文集》(第一卷),人民出版社 2009 年版,第 550~551 页。

势,构建完整话语体系更将沦为天方夜谭。

百余年来,中国共产党带领人民实现了中华民族从站起来到富起来再到强起来的伟大飞跃,首次在经济文化落后的国家初步解决了什么是现代化、如何建设现代化、建设什么样的现代化强国、如何建设现代化强国的重大课题。创造了现代化发展的基本物质条件,更赋予了中国式现代化话语出场以具体的历史内容和场景想象。新民主主义革命时期,我们党团结带领人民,浴血奋战、百折不挠,经过北伐战争、土地革命战争、抗日战争、解放战争,推翻帝国主义、封建主义、官僚资本主义三座大山,建立了人民当家作主的中华人民共和国,实现了民族独立、人民解放,为实现现代化创造了根本社会条件。社会主义革命和建设时期,我们党团结带领人民进行社会主义革命,消灭了在中国延续几千年的封建制度,确立社会主义基本制度,实现了中华民族有史以来最为广泛而深刻的社会变革,建立起独立的比较完整的工业体系和国民经济体系,社会主义革命和建设取得了独创性理论成果和巨大成就,为现代化建设奠定根本政治前提和宝贵经验、理论准备、物质基础。改革开放和社会主义建设新时期,我们党做出把党和国家工作中心转移到经济建设上来、实行改革开放的历史性决策,大力推进实践基础上的理论创新、制度创新、文化创新以及其他各方面创新,实行社会主义市场经济体制,实现了从生产力相对落后的状况到经济总量跃居世界第二的历史性突破,实现了人民生活从温饱不足到总体小康、奔向全面小康的历史性跨越，为中国式现代化提供了充满新的活力的体制保证和快速发展的物质条件。

党的十八大以来，以习近平同志为主要代表的中国共产党人，不断探索中国现代化建设道路和规律，对于现代化的理论认识不断深化，战略上不断成熟，实践上不断丰富，提出一系列新思想新观点新论断，推动我国社会主义现代化建设事业取得历史性成就、发生历史性变革。我们用几十年时间走完了发达国家几百年走过的工业化历程，并且取得了经济快速发展和社会长期稳定的"双奇迹"。尤其是近10年，我国GDP突破100万亿元大关，2024年超过134万亿元，稳居世界第二大经济体。我国常住人口城镇化率提升至67%，近1亿农村贫困人口全部脱贫，对世界经济增长贡献率多年在30%左右。此外，载人航天、探月探火、深海深地探测、超级计算机、量子信息、核电技术、北斗组网、大国重器不断"上新"，充分彰显我国科技的硬核实力。

除上述中国式现代化在实践进程中取得的物质成就、发展成就为构建中国式现代化话语体系提供了现实基础之外，中国共产党在推进中国式现代化的历史进程中，始终坚持在实践基础上的理论创新，为中国式现代化的话语出场做足了理论准备和话语准备。百余年来，中国共产党观大势、谋全局、抓根本，不断推进党的创新理论的体系化、学理化，坚持"两个结合"、坚持人民至上、坚持自信自立、坚持守正创新、坚持问题导向、坚持系统观念，坚持胸怀天下，不断开辟马克思主义中国化时代化新境界。尤其是党的十八大以来，面对世界百年未有之大变局和中华民族伟大复兴战略全局，迫切需要从理论和实践上系统回答新时代坚持和发展什么样的中国特色社会主义、怎样坚持和发展中国特色社会主义，建设什么样的社会主义现代化强国、怎样建设社会主义现代化强国，建设什么样的长期执政的马克思主义政党、怎样建设长期执政的马克思主义政党等重大时代课题，以习近平同志为核心的党中央坚持马克思主义中国化时代化，坚持辩证唯物主义和历史唯物主义，立足中国发展实际，不断深化对党的执政规律、社会主义建设规律、人类社会发展规律的认识，形成了习近平新时代中国特色社会主义思想，为中国式现代化话语奠定了理论基石。

（四）世界现代化道路模式的借鉴超越

一个话语体系越立足世界形势、越从全人类出发，就越能够契合人类发展需要，越能够获得国际社会认可。中国式现代化话语的出场，也深受世界现代化一般规律的影响。以人类文明多样性为现实背景理解与构建中国式现代化话语体系，不仅为中国式现代化的构建过程提供应有的理论资源，更切中了人类文明发展指引的基本方向。正如有的学者所指出的那样，"以文明为单位而不是以国家为单位来观看历史，将国家视为文明生命中一些从属和短暂的政治现象,因为国家会在文明之中出现又消失"①,正是把文明作为历史基本单位,人类文明的多样性才能源源不断地为中国式现代化话语体系输送理论养分。

当前世界范围内关于现代化的发展理论有经典现代化模式、依附理论模式、发展型国家模式、世界体系论模式等不同的理论范式。实践层面上也有西欧模式、北美模式、苏联模式、拉美模式、东亚模式等。从这些理论和实践模式可知,经济市场化、生产工业化、政治的民主化、社会生活的城市化、技术的信息智能化、生产要素的全球化等都成为各国现代化发展的重要变量。尽管世界各国现代化的模式都因内置于自己特殊的历史条件和基本国情,而具有历史局限性。但作为世界现代化的中国方案,中国式现代化必然从各国现代化中汲取了有益的思想和经验。比如在体制机制方面,要建立符合现代生产特征的市场经济体制;在经济持续增长战略方面,要重视不断升级转型的工业化道路;在创新驱动方面,要开展自主的技术创新革命;在生产要素方面,要注重提升资本、人才、市场的国际化水平;在国别与区域合作方面,要不断推动国家和区域的经济一体化等。② 尤其是对于"人的现代化"的认识,尽管资本逻辑带来的异化问题,始终使得人在"主体人"和"工具人"间摇摆,全球性的"精神危机"也与

---

① [英]汤因比:《文明经受考验》,王毅译,上海人民出版社 2016 年版,第 185 页。
② 邱佛海、吴定海:《世界现代化的发展经验、一般规律与中国方案》,《深圳社会科学》2024 年第 2 期。

资本主义"物质主义膨胀"的趋势高度关联,但从总体上来看,人的现代化在向着从摆脱"人的依赖性"到"物的依赖性"再到"人的自由全面发展"的趋势发展,这给了中国式现代化以深刻的启迪和充足的信心,也为中国式现代化的话语出场提供了思想资源。

三、中国式现代化话语体系的建构原则

习近平总书记指出:"马克思主义理论的科学性和革命性源于辩证唯物主义和历史唯物主义的科学世界观和方法论"①,并反复强调了科学世界观和方法论对于实践的重要意义。建构中国式现代化话语体系,说到底是将中国式现代化的实践优势转化为话语优势,并进一步服务于中国式现代化的理论创新和现实推进。这种实践优势向话语优势转变的话语体系建构过程,同样离不开科学世界观和方法论的指导,必须坚持用科学理论引领话语方向,用价值取向站稳话语立场,用中华文化彰显话语自信。也唯有准确把握这一原则要求,才能顺利建构更有效力的中国式现代化话语体系。

(一)坚持科学理论指导,引领话语方向

恩格斯曾深刻指出:"一个民族要想站在科学的最高峰,

---

① 习近平:《论党的宣传思想工作》,中央文献出版社 2020 年版,第 307 页。

就一刻也不能没有理论思维。"①习近平总书记在纪念马克思诞辰 200 周年大会上对恩格斯这一重要思想再次予以重申,并进一步强调:"中华民族要实现伟大复兴,也同样一刻不能没有理论思维。"②中国式现代化作为马克思主义理论同中国现代化建设实践相结合的产物,其话语体系建构必须始终以这一科学理论为指导,这是中国式现代化取得伟大成就的宝贵经验,也是建构中国式现代化话语体系的必然要求。

一方面,只有坚持以马克思主义理论为指导,才能确保中国式现代化话语体系的正确方向。中国式现代化是党领导的社会主义现代化,是与资本主义现代化有着本质区别的现代化模式。为此,习近平总书记强调,"要守好中国式现代化的本和源、根和魂"③,"确保中国式现代化的正确方向"。④习近平总书记这一重要指示精神,不仅对中国式现代化的具体实践提出明确要求,同时也为建构中国式现代化话语体系提供了根本遵循。而要守好中国式现代化话语体系的方向之正,就必须坚持以马克思主义理论为指导,坚持用马克思主义基本原理、基本概念把握中国式现代化的话语叙事,阐释中国式现代化的话语内核,确保中国式现代化话语体系建

---

① 《马克思恩格斯文集》(第三卷),人民出版社 2009 年版,第 437 页。
② 《习近平著作选读》(第二卷),人民出版社 2023 年版,第 161 页。
③ 习近平:《以中国式现代化全面推进强国建设、民族复兴伟业》,《求是》,2025 年第 1 期。
④ 习近平:《以中国式现代化全面推进强国建设、民族复兴伟业》,《求是》,2025 年第 1 期。

构始终沿着社会主义方向不断前进。

另一方面,只有坚持以马克思主义理论为指导,才能确保中国式现代化话语体系的科学方向。任何事物的发展,既需要正确的方向指引,也需要科学的方向牵引。正确方向能确保事物走得更远,科学方向能确保事物行得更稳,二者密切相连、缺一不可。中国式现代化作为中国共产党的中心任务,其话语体系的建构亦需如此。我们唯有在确保社会主义方向的同时,充分汲取马克思主义现代化理论等精华和智慧,坚持用辩证唯物主义和历史唯物主义指引中国式现代化话语表达,才能彰显马克思主义的立场观点方法,科学呈现中国式现代化的过去现在未来,进而引领中国式现代化话语体系的科学建构。

(二)明晰根本价值取向,站稳话语立场

作为价值哲学的一个重要范畴,价值取向是指一定社会主体或组织在处理问题时所持有的价值观念和价值立场。由概念可以看出,价值取向和价值立场密切相连、相互影响,其中,价值立场是核心基础,价值取向是具体体现,二者共同影响或指导社会主体和组织的决策与行为。中国式现代化作为中国共产党领导推进的一项中心任务,其话语体系建构必须明晰价值取向,站稳话语立场,真正弄清中国式现代化"为了谁""代表谁"的问题。

中国式现代化是以人民为主体的现代化,其话语体系必须站稳人民立场。习近平总书记指出:"人民立场是中国共产党的根本政治立场,是马克思主义政党区别于其他政党的显著标志。"①中国共产党的领导是中国式现代化的最大优势和根本特征,这也内在决定了中国式现代化话语体系的建构必须站稳人民这一根本立场,始终坚持以人民为中心,积极将"满足人民需要""坚持人民至上"等话语融入中国式现代化话语体系建构之中,切实在话语表达中体现人民智慧、凝聚人民力量,增强人民群众对中国式现代化的情感认同。

中国式现代化是具有中国特色的现代化,其话语体系必须站稳中国立场。中国式现代化既有人类社会现代化的一般特征,也有独属中华民族的鲜明特色。这种特色源于中国国情,源于中国特色社会主义现代化建设实践。中国式现代化话语体系作为中国式现代化的话语表达,必须站稳中国立场、认清中国特色,并在建构过程中坚持以中国问题为逻辑起点,以中国样本为话语对象,积极打造具有中国特色的原创性现代化话语概念和话语范畴。

中国式现代化是胸怀天下的现代化,其话语体系必须站稳人类立场。与奉行"资本至上"的西方式现代化不同,中国式现代化始终坚持以天下为己任,聚焦全人类的发展进步,是一个代表"绝大多数人的,为绝大多数人谋利益的独立的运动"。中国式现代化的这种鲜明特质也决定了其话语体系

---

① 习近平:《在庆祝中国共产党成立 95 周年大会上的讲话》,《求是》,2021 年第 8 期。

建构，不能局限于中国问题，而是要始终坚持胸怀天下的世界观，站稳人类立场，关注国际社会共同难题，关怀人类社会前途命运，不断建构起体现全人类共同利益的话语表达体系。

（三）凸显中华文化特色，彰显话语自信

文化之于国家、之于民族，既是凝聚力量的纽带，也是推进实践的土壤。几千年来，华夏儿女在漫长的历史实践中艰苦奋斗、繁衍生息，孕育形成了底蕴深厚、博大精深的中华文化。这种文化不仅是一根深化民族认同的纽带，紧紧连接着各族儿女，同时也是一方涵养文明发展的沃土，支撑着中华民族数千年的辉煌成就。尤其是中国共产党成立以来，中国共产党人坚持将马克思主义基本原理同中华优秀传统文化相结合，团结带领全国各族人民取得了社会主义革命、建设、改革的伟大成就，创造性开辟了中国式现代化道路，极大增强了中国人民的道路自信、理论自信、制度自信、文化自信。中国式现代化道路的开辟、"四个自信"的取得，来源于党和人民的艰苦奋斗，更来源于对中华文化的弘扬和坚守。新时代，建构更有效力的中国式现代化话语体系必须认真汲取这一宝贵经验，严格遵循"第二个结合"原则要求，积极推动中华优秀传统文化创造性转化与创新性发展，切实将文化自信转化为话语自信。

一方面，要在推动中华优秀传统文化创造性转化中增强话语自信。中华优秀传统文化是时代的产物，也是中华五千年历史的缩影。这种缩影既包含着中华文明历史演进的进步因素,也包含着不同时期的历史局限。因此,建构中国式现代化话语体系首先就要区分中华传统文化中的精华与糟粕,并根据新时代的特点和要求,对那些目前仍有借鉴意义的文化资源和话语资源予以创造性转化和融合性吸收,使其成为话语体系建构的民族底色。

另一方面,要在推动中华优秀传统文化创新性发展中增强话语自信。人类文明发展史反复证明,文明只有在不断创新中才能永葆活力。中华优秀传统文化之所以能够绵延数千年而不中断,其主要原因还在于自身的不断创新、不断发展。新时代,建构更有效力的中国式现代化话语体系,既要注重在创造性转化中汲取中华文化中的话语资源,同时也要将时代的新发展和人类文明的新成果补充、拓展到中华传统文化话语资源中去,实现其创新性发展。也唯有此,才能使中国式现代化话语体系更显中国风格,更具话语自信。

四、中国式现代化话语体系的建构要素

一套理论话语,能够称之为体系,需要一系列的要素、结构、内容加以支撑。中国式现代化话语体系,至少应该包括统领整个话语体系的建构目标、有原创性和标识性的话语概念、反映核心内容的主体理论,以及能够融通中外的叙事框架等。其中,话语目标反映中国式现代化话语体系的聚焦主

题和演进方向，主体理论规定着中国式现代化话语体系的主要内容与核心要义，概念范畴反映构成中国式现代化话语体系的标识要素和基本单元，叙事框架则决定着中国式现代化话语体系的传播特色和认同广度。

（一）明晰中国式现代化话语体系的建构目标

党的二十大报告深刻指出，要"一切从实际出发，着眼解决新时代改革开放和社会主义现代化建设的实际问题，不断回答中国之问、世界之问、人民之问、时代之问，作出符合中国实际和时代要求的正确回答，得出符合客观规律的科学认识，形成与时俱进的理论成果，更好指导中国实践"[1]。这一重要论断为构建中国自主的知识体系、话语体系，包括我们要建构的中国式现代化话语体系明确了建设目标，提供了基本遵循。

中国式现代化话语体系要持续回答好"中国之问"。近代以来中华民族遭受前所未有的劫难，如何实现中华民族伟大复兴，如何建成富强、民主、文明、和谐、美丽的社会主义现代化强国这一"中国之问"是无数仁人志士苦苦求索的目标。习近平总书记指出，"中国式现代化，是我们为如何唤醒'睡狮'、实现民族复兴这个重大历史课题所给出的答案"[2]。未

---

[1] 习近平：《高举中国特色社会主义伟大旗帜　为全面建设社会主义现代化国家而团结奋斗——在中国共产党第二十次全国代表大会上的报告》，人民出版社2022年版，第17页。
[2] 习近平：《以中国式现代化全面推进强国建设、民族复兴伟业》，《求是》，2025年第1期。

来,中国式现代化还将继续锚定这一目标,持续回答好一个"人口规模巨大""全体人民共同富裕""物质文明和精神文明相协调""人与自然和谐共生""走和平发展"的现代化如何建成、如何发展的重大问题。

中国式现代化话语体系要持续回答好"世界之问"。2017年,习近平总书记在联合国总部演讲时曾提到"世界怎么了、我们怎么办?这是整个世界都在思考的问题,也是我一直在思考的问题"[1]。面对"建设一个什么样的世界、如何建设这个世界"这一"世界之问",中国式现代化鲜明提出走"和平发展的现代化之路"、致力于构建"人类命运共同体"和"构建新型大国关系",推动建设一个"持久和平、普遍安全、合作共赢、共同繁荣、开放包容、清洁美丽"的世界。未来,中国式现代化还将继续打破"现代化=西方化"的迷思,以独特的世界观、价值观、历史观、文明观、民主观、生态观不断为人类更好社会制度的探索提供中国智慧、贡献中国方案。

中国式现代化话语体系要持续回答好"人民之问"。始终把人民群众对美好生活的向往作为我们的奋斗目标,是中国共产党党性和人民性高度统一的集中体现。中国式现代化始终聚焦"发展为了谁、发展依靠谁、发展成果由谁共享"这一"人民之问",坚持把以人民为中心的发展思想作为中国式现代化推进中的重大原则加以把握,聚焦人民群众的"烦

---

[1] 《习近平著作选读》(第一卷),人民出版社2023年版,第561页。

心事、操心事、揪心事"解难释惑,坚持"问计于民、寻策于民",不断发掘人民群众中蕴含的智慧和经验,坚持让最广大的人民群众共享改革发展的成果。未来,中国式现代化还将继续问答好这一"人民之问",促进社会公平正义,扎实推进共同富裕,让人民群众获得感、幸福感、安全感更加充实、更有保障、更可持续。

中国式现代化话语体系要持续回答好"时代之问"。当前,世界百年未有之大变局和中华民族伟大复兴战略全局相互交织,人类社会走到了前所未有的复杂关口。面对"如何把握时代大势、站在人类社会发展前沿,开创人类文明新形态"这一"时代之问",中国式现代化以其无可辩驳的发展成就驳斥了"历史终结论""中国崩溃论",使得科学社会主义在曲折中奋起,使世界范围内社会主义和资本主义两种意识形态、两种社会制度的历史演进及其较量发生了有利于马克思主义、社会主义的重大转变。未来,中国式现代化必将继续探索对共产党执政规律、社会主义建设规律、人类社会发展规律的认识,不断开创超越性的人类文明新形态。

(二)打造原创性特色话语概念和话语范畴

恩格斯曾深刻指出:"一门科学提出的每一种新见解都包含这门科学的术语的革命。"[1]中国式现代化话语体系内在

---

[1]《马克思恩格斯文集》(第五卷),人民出版社2009年版,第32页。

地要求打造原创性、标识性的话语概念和话语范畴。新时代以来,我们已经概括形成了关于中国式现代化鲜明特色、本质要求和重大原则等宏观范畴,同时也形成了高质量发展、现代经济体系、全过程人民民主、建设美丽中国、新型城镇化、乡村振兴、人类命运共同体等政治、经济、社会、民生、外交等各个领域极具中国特色的话语概念和范畴。但从总体上来看,这些话语概念和范畴也在一定程度上缺乏系统性和整体性。

打造以"中国式现代化"为核心的系列新概念、新范畴是建构中国式现代化话语体系的基本单元。未来,在打造标识性概念和范畴的过程中要注意:一方面,要以"中国式现代化"为核心形成结构完整的中国特色话语概念范畴体系。要持续围绕"中国式现代化"这一核心理念和中心支点,不断生发宏观和微观各领域的新概念,将党中央提出的各类创新性概念范畴予以有机整合,特别注重各类概念、范畴间的逻辑关联。当然这些概念可以是原创性的概念,也可以不断改造原有概念,赋予其新的内涵,增强其解释效力,特别可以从"第二个结合"中不断汲取丰富的文化资源。另一方面,要建构政治话语、学术话语和大众话语相统一的表达体系。政治话语主要依托党和政府做出的相关讲话、报告、文件、政策等,标志着中国式现代化的前进方向和发展方略,具有权威性、严谨性和感召力。学术话语是学界关于中国式现代化的学理研究和抽象学术表达,是为深度揭示中国式现代化的历史脉络、理论本质和实践原则提供支撑的话语。而大众话语是对中国式现代化通俗、形象、接地气的表达,只有把政治话语和学术话语转化为大众愿意听、能听懂的话语才是真正有力量的表达。

(三)丰富具有深刻性和延展性的理论主体

就功能作用而言,标识性话语内容具有"吸引人"的作用,而体系性的话语结构才具有"说服人"的效果。因此,在创新发展中国式现代化话语体系中,仅依靠零星化、分散化的标识性概念来创新话语是不够的,必须以打造紧密相连的有机理论体系作为支撑。话语是理论的外在呈现,而理论是话语的内容和中心。党的二十大报告阐述了中国式现代化的中国特色、本质要求和重大原则,意味着我们已经"初步构建中国式现代化的理论体系"[①]。这三个方面既各有侧重又相互支撑,是对中国式现代化的最高顶层设计,深刻揭示了中国式现代化的理论内涵。

其中,中国式现代化的中国特色构成了理论体系的现实基础,侧重回答"是什么"的问题。中国式现代化的科学内涵包含着中国式现代化的基本国情和鲜明的特色。人口规模巨大的现代化是我们要面对的首要基本国情,14亿多人口的现代化决定了我国现代化没有先例可循,其推进方式必然具

---

① 习近平:《以中国式现代化全面推进强国建设、民族复兴伟业》,《求是》,2025年第1期。

有自己的特色。全体人民共同富裕的现代化是我们与西方现代化的最大区别和显著优势，是摆脱少数人的现代化，避免资本逻辑运行必然带来的两极分化的现代化。物质文明和精神文明相协调的现代化，是有效避免西方现代化物质主义膨胀带来的人的异化，在追求物质文明发展的同时，重视精神滋养和文化浸润的现代化。人与自然和谐共生的现代化，是有效避免西方现代化对自然的征服和掠夺，纠正环境污染、资源枯竭，追求绿色生态和永续发展的现代化。走和平发展道路的现代化，是摆脱西方现代化血腥的原始资本积累老路，摆脱殖民掠夺、国强必霸的老路，开创和平发展的全新现代化之路。

中国式现代化的本质要求是理论体系的深层逻辑，侧重回答"干什么"的问题。本质要求是中国式现代化底层的规律性要求。坚持中国共产党的领导，坚持中国特色社会主义，是中国式现代化首要的统领性、方向性的要求。同时，中国式现代化本身是经济、政治、文化、社会、生态"五位一体"的现代化，因此实现高质量发展、发展全过程人民民主、推动全体人民共同富裕、提升人民的精神世界、促进人与自然和谐共生则有效对应了"五位一体"的具体要求。而推动构建人类命运共同体、创造人类文明新形态，则反映了中国式现代化最终极的世界胸怀和人类追求。

中国式现代化的重大原则是理论体系的实践要求，侧重回答"怎么干"的问题。确保中国式现代化的正确方向，必须坚持党的全面领导。作为社会主义的现代化，本质是维护公平正义的现代化，而坚持以人民为中心的发展思想，才能做到现代化为了人民、依靠人民、成果由人民共享。增强和激活中国式现代化的深层动力，必须坚持深化改革开放，破除各方面体制机制的痼疾和障碍，把我国制度优势转化为中国式现代化的实践优势。战胜中国式现代化的各种困难风险，必须坚持发扬斗争精神。发扬斗争精神是开创未来的基本要求，唯有不断增强继续进行新的伟大斗争的勇气和胆魄，才能不断开创中国式现代化的新境界。

（四）建立融通中外的中国特色叙事框架

话语背后是认知体系。建构中国式现代化话语体系，需要一整套行之有效的话语体系与融通中外的叙事框架。习近平总书记强调："国际舆论格局依然是西强我弱，但这个格局不是不可改变、不可扭转的，关键看我们如何做工作。"①当前，要建构能融通中外的叙事框架，让我们中国式现代化的理论能够在国内国际的传播中被更多的认可，要重视信息流进流出的"逆差"、改变中国真实形象和西方主观印象的"反差"、弥合软实力和硬实力的"落差"。尤其在话语叙事上：一是要注重和平叙事，积极倡导人类命运共同体理念，推动世界和平发展，不断为关乎人类前途命运的世界之问、时代之

---

① 习近平：《论党的宣传思想工作》，中央文献出版社2020年版，第120页。

问、历史之问提供中国智慧与中国方案,并以此成为中国和平叙事的出发点。二是要注重发展叙事,积极推动"一带一路"等重大国际倡议,主动与其他国家共同分享新的发展机遇,并有力、精准回击西方媒体所谓"一带一路"是新殖民主义,造成相关国家债务负担("债务陷阱")等对华战略议题,切实驳斥谬误,以正视听。三是要注重国情叙事,坚持从国情出发,把马克思主义基本原理同中国具体实际相结合,同中华优秀传统文化相结合,尤其是要聚焦中国式现代化这一具体实践,聚焦党在新时代的中心任务,并以此为话语源泉,不断创新话语叙事。四是要注重文化叙事,深刻认清文化是一个国家安身立命之本、是一个民族持续发展的动力源泉,深入挖掘并充分展现中华优秀传统文化和中国特色社会主义先进文化的精髓,自觉从"文化自知"走向"文化自信"和"文化自觉",并以此作为中国文化叙事的"根"与"魂"。

总之,中国式现代化话语体系建设过程,是一个话语作用于客体对象的实践过程。话语内容只有被客体对象所理解、接受和认同,话语体系才算发挥了实际性作用。而在现实话语体系建设中,只有符合客体需求的思想内容才会被广泛接受和认可。因此,创新中国式现代化话语体系,既要关注国内实情,也要关注受众客体,积极开发具有学术共识和国际认同的话语内容。具体而言,一是要开发能够反映不同国家、不同民族受众客体现实生活的话语内容,充分把握广大受众客体的现实需求和基本特征,基本了解不同受众客体的生活状况、成长环境、生产实际。二是要开发能够反映不同国家、不同民族受众客体思想实际的话语内容，重点考察不同受众客体的教育背景、文化传统和人际交往关系，深刻把握不同受众客体的思想状况和思维差异。三是要开发能够反映不同国家、不同民族受众客体发展需求的话语内容，确保对不同话语受众客体的现实需求有基本把握，进而明晰其背后更深层次的价值立场。也唯有此，才能把中国特色社会主义满足受众客体的可能性与优越性充分挖掘出来，才能有的放矢地破除中国话语的抽象形而上学样态和纯粹理论学术障碍，构筑起集总体性、共识性、普遍性于一体的中国式现代化话语体系。

第三章　中国式现代化话语体系的文明内核

以中国式现代化推动人类文明新形态的创造,是我们在新时代的文化使命。为实现这一使命,习近平总书记从"坚定文化自信""秉持开放包容""坚持守正创新"等方面论述了担当这一使命的实践要求,强调要创新新话语,"立足中华民族伟大历史实践和当代实践,用中国道理总结好中国经验,把中国经验提升为中国理论"[①]等。这不仅为做好宣传思想文化工作提供了根本遵循,也为我们建构自主的话语体系提供了重要指导。循着这种逻辑,能够看出,建构中国式现代化话语体系,必须标识其话语的文明内核,才能彰显话语的深层次力量。中国式现代化,这一不同于西方现代化模式的新图景和全新的人类文明形态,"深深植根于中华优秀传统文化,体现科学社会主义的先进本质,借鉴吸收一切人类优

---

① 习近平:《在文化传承发展座谈会上的讲话》,《求是》,2023年第17期。

秀文明成果,代表人类文明进步的发展方向"①。其中,"科学社会主义""中华优秀传统文化""人类优秀文明成果"等关键词和表述,既有体现中国特色、中国自主的典型语料,也有彰显大历史观和世界视野的互动性话语。这揭示了作为新型知识体系的中国式现代化话语体系在自主建构过程中东西方范式交锋、历史和未来交融的显著特征,也彰显了中国式现代化话语体系的底层力量、关键要素和话语内核。以这几个关键词为基本依托和遵循,本章尝试去探索中国式现代化话语体系的文明内核。

一、中国式现代化话语体系体现科学社会主义的先进本质

习近平指出,"坚持以马克思主义为指导,是当代中国哲学社会科学区别于其他哲学社会科学的根本标志"②,因此,哲学社会科学建设必须坚持以马克思主义为指导,坚持为人民服务、为社会主义服务方向。这其实就标定了中国理论和中国话语的"社会主义"性质。2023年2月7日,习近平总书记在学习贯彻党的二十大精神研讨班开班式的讲话再次印

---

① 习近平:《以中国式现代化全面推进强国建设、民族复兴伟业》,《求是》,2025年第1期。
② 习近平:《在哲学社会科学工作座谈会上的讲话》,《人民日报》2016年5月19日,第2版。

证了这一点,他指出:"概括提出并深入阐述中国式现代化理论,是党的二十大的一个重大理论创新,是科学社会主义的最新重大成果。"①进一步聚焦,可以说中国式现代化话语体系,内蕴科学社会主义的基本原则,正开拓谱写科学社会主义的新篇章,破解着科学社会主义发展的难题困境。这一话语体系,丰富拓展了科学社会主义的思想宝库和话语宝库,在科学社会主义话语发展中,具有典型意义。

(一) 内蕴科学社会主义的基本原则

中国式现代化话语体系是中国共产党人将科学社会主义基本原理与中国现代化具体实践相结合而生成的,属于社会主义现代化理论谱系和话语谱系,科学社会主义的基本原则、价值追求、重要特征等都会嵌入到中国式现代化话语体系之中。

"中国式现代化是中国共产党领导的社会主义现代化"这一"定性的话",体现了科学社会主义对马克思主义先进政党的领导力要求。先进的无产阶级政党的建立、领导,是社会主义运动成败的关键。恩格斯曾明确指出:"无产阶级要在决定关头强大到足以取得胜利,就必须(马克思和我从1847年以来就坚持这种立场)组成一个不同于其它所有政党

---

① 习近平:《以中国式现代化全面推进强国建设、民族复兴伟业》,《求是》,2025年第1期。

并与它们对立的特殊政党,一个自觉的阶级政党。"[1]无产阶级是"掌握着未来的阶级",共产党是以工人阶级为基础的政党,是工人阶级的先锋队,并且"在实践方面,共产党人是各国工人政党中最坚决的、始终起推动作用的部分;在理论方面,他们胜过其余无产阶级群众的地方在于他们了解无产阶级运动的条件、进程和一般结果"[2]。马克思主义政党先进性的本质和很大的优点就在于,"有一个新的科学的世界观作为理论的基础"[3],即以辩证唯物主义和历史唯物主义为指导来正确认识和把握人类社会的发展规律。中国式现代化是我们党领导全国各族人民在长期探索和实践中历经千辛万苦、付出巨大代价取得的重大成果。党的领导直接关系中国式现代化的根本方向、前途命运、最终成败,决定中国式现代化的根本性质。坚持中国共产党领导是中国式现代化的本质要求,是中国式现代化最鲜明的特征和最突出的优势,是推进中国式现代化必须坚持的首要原则。早在改革初期,邓小平就强调,"中国由共产党领导,中国的社会主义现代化建设事业由共产党领导,这个原则是不能动摇的;动摇了中国就要倒退到分裂和混乱,就不可能实现现代化"[4]。此后,中国式现代化的实践也充分表明,"要把十二亿多人的思想统

---

[1]《马克思恩格斯文集》(第十卷),人民出版社2009年版,第578页。
[2]《马克思恩格斯文集》(第二卷),人民出版社2009年版,第44页。
[3]《马克思恩格斯文集》(第二卷),人民出版社2009年版,第599页。
[4]《邓小平文选》(第二卷),人民出版社1994年版,第267~268页。

一起来、力量凝聚起来,向着社会主义现代化建设的共同目标前进,必须有中国共产党这个核心力量,必须有中国共产党的坚强领导。否则,一盘散沙、四分五裂,不仅建设搞不起来,而且必然陷入混乱的深渊"[1]。历史和实践已经证明并将继续证明,只有坚持中国共产党领导,才能确保中国式现代化是社会主义现代化,才能确保中国式现代化锚定奋斗目标行稳致远、激发建设中国式现代化的强劲动力、凝聚建设中国式现代化的磅礴力量。

"中国式现代化是全体人民共同富裕的现代化"这一"彰显特色"的话,体现了科学社会主义通达未来社会的显著比较优势。马克思和恩格斯认为,资本主义私有制导致社会两极分化,只有消灭私有制,建立公有制,"把资本变为公共的、属于社会全体成员的财产"[2],才能消除两极分化,实现共同富裕,即"生产资料由社会占有……通过社会化生产,不仅可能保证一切社会成员有富足的和一天比一天充裕的物质生活,而且还可能保证他们的体力和智力获得充分的自由的发展和运用"[3]。在《共产主义原理》中,恩格斯提出了12条具体措施以消除资本主义社会中的阶级差别现象;在《共产党宣言》中,马克思和恩格斯提出了10条具体措施以消除资本主义社会的不平等现象。他们设想,在未来社会中,生产将

---

[1]《江泽民文选》(第三卷),人民出版社2006年版,第223~224页。
[2]《马克思恩格斯文集》(第二卷),人民出版社2009年版,第46页。
[3]《马克思恩格斯文集》(第三卷),人民出版社2009年版,第563~564页。

以所有人的富裕为目的,"所有人共同享受大家创造出来的福利"①。党的二十大报告强调共同富裕是中国特色社会主义的本质要求,提出着力促进全体人民共同富裕,坚决防止两极分化。习近平总书记也强调指出,中国式现代化是全体人民"共同富裕的现代化"②。中国式现代化的这一重要特征,是由社会主义的本质与生产的根本目的决定的。它意味着中国式现代化"坚持发展为了人民、发展依靠人民、发展成果由人民共享",从而在做好做大"蛋糕"的同时进一步分好"蛋糕","让现代化建设成果更多更公平惠及全体人民,坚决防止两极分化"③。简而言之,中国式现代化主张全体人民"平等"分配(也即"共享")现代化建设成果。而这一点也构成了中国式现代化"区别于西方现代化的显著标志"④,实现了对西式现代化模式的超越,后者的弊端突出体现为它"是以资本为中心而不是以人民为中心,追求资本利益最大化而不是服务绝大多数人的利益,导致贫富差距大、两极分化严重"⑤。

---

① 《马克思恩格斯文集》(第一卷),人民出版社2009年版,第689页。
② 习近平:《中国式现代化是强国建设、民族复兴的康庄大道》,《求是》,2023年第16期。
③ 习近平:《中国式现代化是强国建设、民族复兴的康庄大道》,《求是》,2023年第16期。
④ 习近平:《中国式现代化是强国建设、民族复兴的康庄大道》,《求是》,2023年第16期。
⑤ 习近平:《中国式现代化是强国建设、民族复兴的康庄大道》,《求是》,2023年第16期。

"现代化的本质是人的现代化"这一"揭示本质"的判断,体现了科学社会主义人的自由全面发展的根本价值旨归。关于人类社会的发展形态,马克思提出的"三形态"理论,在一定意义上揭示了人类社会发展史是一部不断追求人的解放和实现人的自由而全面发展的历史。人的依赖性关系是前资本主义社会时期的人与人之间的关系,"人的生产能力只是在狭小的范围内和孤立的地点上发展着"[1];资本主义社会时期,人类社会发展形态演变为"以物的依赖性为基础的人的独立性"[2],人的社会关系转化为物的社会关系,个人受抽象统治。马克思和恩格斯批判了资本主义社会,提出了科学社会主义的价值目标——实现人类的解放、实现人的自由而全面的发展,社会发展的根本旨归是为了人的自由全面发展,即"建立在个人全面发展和他们共同的、社会的生产能力成为从属于他们的社会财富这一基础上的自由个性"[3]。在《共产党宣言》中,马克思和恩格斯指出,共产主义是"这样一个联合体,在那里,每个人的自由发展是一切人的自由发展的条件"[4]。在《资本论》中,马克思进一步指出,共产主义是"一个更高级的、以每一个个人的全面而自由的发展为基本原则的社会形式"[5]。总之,"过去的一切运动都是少数人的,

---

[1]《马克思恩格斯文集》(第八卷),人民出版社2009年版,第52页。
[2]《马克思恩格斯文集》(第八卷),人民出版社2009年版,第52页。
[3]《马克思恩格斯文集》(第八卷),人民出版社2009年版,第52页。
[4]《马克思恩格斯文集》(第八卷),人民出版社2009年版,第52页。
[5]《马克思恩格斯文集》(第二卷),人民出版社2009年版,第53页。

或者为少数人谋利益的运动。无产阶级的运动是绝大多数人的,为绝大多数人谋利益的独立的运动"①。中国共产党领导的社会主义现代化,把马克思主义经典作家的美好设想逐渐变为现实。中国式现代化是以人民为中心的现代化,体现了科学社会主义的人民立场和价值目标。习近平总书记"现代化的本质是人的现代化"②,强调要坚守人民至上理念,突出现代化方向的人民性。这突出体现在两个方面:一是现代化主体的全面性。基于我们党深刻认识到中国式现代化是亿万人民自己的事业,人民是中国式现代化的主体,因此,我们强调中国式现代化是"人口规模巨大的现代化",也就是"中国14亿多人口整体迈入现代化"③,是"全体人民"的现代化,是"一个也不能少"的现代化。二是现代化维度的全面性。实现人自由而全面的发展,是中国式现代化蕴含的独特价值观的最高体现,是对资本主义现代化致使人抽象化、异化的资本逻辑的超越。中国式现代化是全面发展、全面进步的现代化,不仅体现在物质层面上,还要体现在精神层面上,是包括物质丰裕、精神富足、制度公正、社会和谐、环境宜居等诸多要素在内的完整生活系统。

---

① 《马克思恩格斯文集》(第二卷),人民出版社2009年版,第42页。
② 中共中央文献研究室:《十八大以来重要文献选编》(上),中央文献出版社2014年版,第594页。
③ 习近平:《中国式现代化是强国建设、民族复兴的康庄大道》,《求是》,2023年第16期。

(二) 续写科学社会主义的创新篇章

中国式现代化话语体系建构,不仅从科学社会主义的基本原则中汲取营养和资源,而且还提出了一系列具有原创性的新思想新观点新论断,并以具有中国特色的创新表达丰富和发展了科学社会主义的话语宝库。

丰富和发展了社会主义本质论的理论和话语。在社会主义发展的历史长河中,"什么是社会主义"的问题,马克思主义经典作家作出了高度原则性的论述和回答。改革开放以来,中国共产党人不断思考和深化对这一问题的认识,提出一系列理论观点和创新话语,代表性的有"社会主义的本质,是解放生产力,发展生产力,消灭剥削,消除两极分化,最终达到共同富裕"[1],促进人的全面发展体现"社会主义现代化建设的本质"[2],"社会和谐是中国特色社会主义的本质属性"[3],等等。党的十八大以来,我们党进一步深化对社会主义本质的认识,在提出"全面依法治国是中国特色社会主义的本质要求和重要保障"[4],"共享是中国特色社会主义的本

---

[1] 《邓小平文选》(第三卷),人民出版社1993年版,第373页。
[2] 《江泽民文选》(第三卷),人民出版社2006年版,第539页。
[3] 《胡锦涛文选》(第三卷),人民出版社2016年版,第624页。
[4] 习近平:《决胜全面建成小康社会 夺取新时代中国特色社会主义伟大胜利——在中国共产党第十九次全国代表大会上的报告》,人民出版社2017年版,第22页。

质要求"①,"公平正义是中国特色社会主义的内在要求"②等重要论断的同时,强调"中国特色社会主义最本质的特征是中国共产党领导"③,并且将"坚持中国共产党领导"明确为中国式现代化首要的本质要求,将"坚持和加强党的全面领导"确立为推进中国式现代化必须首先遵循的重大原则。尤其值得一提的是,党的二十大报告还提出了包括"坚持中国共产党领导""坚持中国特色社会主义""发展全过程人民民主"等在内的中国式现代化的"本质要求"的丰富内容,从而形成了系统的社会主义本质理论体系,丰富和发展了社会主义本质论的理论和话语。

深化和发展了社会主义建设的理论和话语。马克思、恩格斯没有具体谈到社会主义建设问题,在社会主义建设问题上,中国共产党人在中国式现代化的探索过程中不断深化理论认识,不断升级话语表达,从"一个中心"到"两个文明",从"两个文明"到"三位一体",再到"四位一体",最终形成了"五位一体"总体布局理论。这一理论话语体现了社会主义发展的全面性原则,体现了全面现代化的基本要求。中国式现代化强调"实现高质量发展""发展全过程人民民主""丰富人民

---

① 习近平:《全党必须完整、准确、全面贯彻新发展理念》,《求是》,2022年第16期。
② 中共中央文献研究室:《十八大以来重要文献选编》(上),中央文献出版社2014年版,第78页。
③ 习近平:《论坚持党对一切工作的领导》,中央文献出版社2019年版,第59页。

精神世界""实现全体人民共同富裕""促进人与自然和谐共生",是一种包括物质文明、政治文明、精神文明、社会文明、生态文明在内的"五位一体"的人类文明新形态,大大拓展了社会主义建设理论,也极大丰富了世界现代化理论和话语。

创新和发展了社会主义发展动力的理论和话语。科学社会主义内蕴着唯物史观的基本原理,强调生产力是社会主义发展的最终决定力量,生产力和生产关系、经济基础和上层建筑的矛盾运动构成历史进步的根本动力。中国式现代化强调"以全面深化改革推动中国式现代化",主张通过改革"固根基、扬优势、补短板、强弱项",才能"继续完善和发展中国特色社会主义制度,推进国家治理体系和治理能力现代化"[①]。中国式现代化强调对内"全面建成高水平社会主义市场经济体制",对外"全面建成更高水平开放型经济的新体制"。力求处理好经济与社会、政府与市场、效率与公平、活力与秩序、发展与安全的关系,从而不断增强社会主义现代化建设的动力和活力,这是对社会主义发展动力话语和理论的深化和发展。

明确和发展了社会主义发展阶段的理论和话语。马克思在《哥达纲领批判》中提出共产主义"两个阶段"的思想,并将其表述为"共产主义社会第一阶段"和"共产主义社会高级

[①]《中共中央关于进一步全面深化改革　推进中国式现代化的决定》,人民出版社 2024 年版,第 4 页。

阶段"①。列宁在《国家与革命》中,将前者明确为"社会主义社会"②。毛泽东在此基础上将社会主义发展阶段进一步划分为"不发达的社会主义"和"比较发达的社会主义"。1987年党的十三大提出并系统阐述了社会主义初级阶段理论,明确我国处于社会主义初级阶段。基于对社会主义初级阶段的判断,我们党科学谋划并推进了社会主义现代化建设,在"三步走"和"新三步走"战略的基础上,提出分"两步走"到本世纪中叶全面建成社会主义现代化强国的战略安排。"两步走"战略安排既是对社会主义初级阶段理论的坚持和运用,也是对马克思主义经典作家关于社会主义发展阶段理论的深化和发展。

提出和求解"两制共存难题"的中国话语和中国方案。科学社会主义的"两个决不会"原理、跨越"卡夫丁峡谷"构想以及"一国或数国首先胜利论",都蕴含着关于"两制共存"的理论判断。而且从现实来看,十月革命之后,世界一直处于"一球两制"时代,社会主义与资本主义的共存已成为一个不争的事实。中国式现代化是"走和平发展道路的现代化",倡导新型发展观、文明观、安全观、义利观,遵循"全人类共同价值",提出"构建人类命运共同体",为开创人类普遍交往史上"两制和谐共存"的国际政治范式提供了新方案,为全球化时代处理"两制矛盾",优化"两制关系",促进世界发展贡献了

---

① 《马克思恩格斯文集》(第三卷),人民出版社 2009 年版,第 435 页。
② 《列宁全集》(第三十一卷),人民出版社 2017 年版,第 90 页。

中国话语和中国智慧。

二、中国式现代化话语体系深深植根于中华优秀传统文化

建构中国自主的知识体系、话语体系,"自主"非常关键,就是要在知识体系中凸显中国的主体性地位,彰显中国的独特性。中国式现代化的独特性,从某种意义上来说,是从中华优秀传统文化中成长起来,经由"两个结合"的淬炼,在推进民族复兴的历史进程中被赋予了更多的时代性和现代性的文化形态。因而,中华优秀传统文化是中国式现代化的文化沃土,中国式现代化是中华优秀传统文化的历史赓续。中国式现代化话语体系,是中国式现代化理论和实践的话语承载,必然吸收转化了中华优秀传统文化的精髓,蕴含着现代化的文明底蕴,用极具中国特色的表达形式贯通了中华文明的历史传统、当下实践和未来理想。

(一)中华优秀传统文化是中国式现代化话语体系的文化沃土

习近平总书记多次指出,中国式现代化"深深植根于中华优秀传统文化"。这一重要论述不仅充分揭示了中国式现代化与中华优秀传统文化之间的内在渊源,也展现出中国式现代化话语体系与中华优秀传统文化的逻辑同一性。

"伟大复兴的中国梦"是中华民族孜孜以求的奋斗目标。在中华民族灿烂悠久的历史文明中,儒家文化作为中华优秀传统文化中的重要内容,构成了中国人"家国一体"情感认知结构中的精神支柱,其"正心、诚意、格物、致知、修身、齐家、治国、平天下"的阶梯式修身养性之路,鲜明地展现由"家"及"国"至"天下"的一体化融合之路,成就了中华儿女历尽沧桑、矢志不渝、团结一心、爱国担当的使命职责,一句"天下兴亡,匹夫有责"道尽了从古至今每一个中国人内心最热切的民族复兴之梦。中国共产党带领人民推进中国式现代化的话语叙事,从"温饱"到"小康""总体小康",到"全面建成小康社会",再到未来"基本实现现代化"和"全面建成现代化",正是对中华优秀传统文化中的"小康梦""大同梦"的现实写照。而习近平总书记在党的二十大报告中强调指出的"从现在起,中国共产党的中心任务就是团结带领全国各族人民全面建成社会主义现代化强国、实现第二个百年奋斗目标,以中国式现代化全面推进中华民族伟大复兴"①的振奋人心、激荡世界的时代誓言,不仅深深地传递出近代以来无数中国共产党人渴望民族国家独立富强的理想信念,更是几千年来中华儿女心怀家国大义、敢于拼搏奋进、坚定不移代代相传的崇高梦想,因而也就能释放出汇集全体中华儿女献身中国式现

---

① 习近平:《高举中国特色社会主义伟大旗帜 为全面建设社会主义现代化国家而团结奋斗——在中国共产党第二十次全国代表大会上的报告》,人民出版社2022年版,第21页。

代化和中华民族伟大复兴的磅礴力量。

"以人民为中心"是对中华文明重民爱民传统的继承发扬。在中华文明深厚悠久的历史中,包括重民、安民、爱民等在内的民本理念与主张对后世影响深远,从"民惟邦本,本固邦宁"到"民为贵,社稷次之,君为轻",再到"水舟之喻""得民心者得天下"等,形成了一系列思想谱系,成为中华民族文化宝库中的重要精神资源。虽然"民"的词源内涵在历史演变的长河中,不能完全等同于新中国成立以来的"人民"之内涵,但这并不影响中国共产党人对这一重民爱民传统精髓奥妙的把握、应用、发展和创新。可以说,我们党的百年历史,就是一部践行党的初心使命的历史,就是一部党与人民心连心、同呼吸、共命运的历史。历史充分证明,"江山就是人民,人民就是江山,人心向背关系党的生死存亡"[①]这一重要论断可视为新时代中国共产党人对党性和人民性辩证统一关系的全新诠释。在庆祝中国共产党成立100周年大会的讲话中,习近平总书记再次强调:"江山就是人民,人民就是江山,打江山、守江山,守的是人民的心。"[②]可以说,这一论断也蕴含了新时代中国共产党在唯物史观方面极其丰富的思想内涵和精神意蕴。聚焦到中国式现代化,它"坚持把人民对美好生活的向往作为奋斗目标,坚持以人民为中心的发展思想,着力保障和改善民生,着力解决人民急难愁盼问题,让中

[①]《习近平著作选读》(第二卷),人民出版社2023年版,第421页。
[②]《习近平著作选读》(第二卷),人民出版社2023年版,第482页。

国式现代化建设成果更多更公平地惠及全体人民"①,强调要"常怀忧民、爱民、惠民之心"②来解决好民生问题,其实就是中华优秀传统文化中"重民""爱民"的民本思想的继承发扬和生动实践。与此相关,笔者认为,作为中国式现代化的本质要求,发展全过程人民民主也是中华优秀传统文化中民本思想的现代形态,习近平就指出,"从民本到民主,……从富民厚生到共同富裕,中华文明别开生面,实现了从传统到现代的跨越,发展出中华文明的现代形态"③。

"人与自然和谐共生"源于中华文明"天人合一"的思维理念。中华文明历来崇尚"天人合一""道法自然"的思维理念,秉持着"天道"与"人道"相合、"万物一体"的精神主张,追求人与自然和谐共生,这与西方古希腊以来不断追问世界本原并以此探寻出人与世界相分、主体与客体相别的思维理念,有着根本的不同。因此,在中华民族的文化传统和观念视野中,宇宙与自然、人与物、身与心往往是直接同一的,在道家文化中二者的同一性是通过"道"之自然本性以"德"的功用形式来显现,而在儒家则是通过"诚"来实现这种直接同一性,"诚者,天之道;诚之者,人之道"。无论道家还是儒家,都表明这种同一性是天然地存在,承认它是一种最高的精神

---

① 习近平:《以中国式现代化全面推进强国建设、民族复兴伟业》,《求是》,2025年第1期。
② 中共中央党史和文献研究院:《习近平关于尊重和保障人权论述摘编》,中央文献出版社2021年版,第38页。
③ 习近平:《在文化传承发展座谈会上的讲话》,《求是》,2023年第17期。

境界,只有"致中和",才能实现"天地位焉,万物育焉"。也正是承接于古代中国人与自然和谐共生的思维传统,习近平总书记反复强调"绿水青山就是金山银山",正是站在对人类文明负责的高度,尊重自然、顺应自然、保护自然,将生态文明理念和建设主张写入《中华人民共和国宪法》,在治国理政体系中牢固确立起人与自然生命统一体的理念主张。同样,未来要建成的社会主义现代化强国的重要特征之一就是"美丽",这表明中国式现代化是"人与自然和谐共生的现代化",并且这一点也构成了中国式现代化的"鲜明特点"[1],它实际上也是对中华优秀传统文化中"天人合一"思维的生动实践。

（二）中国式现代化话语体系的重要使命是建设新的文化生命体

2023年6月习近平总书记在中国国家版本馆和中国历史研究院的考察调研中强调指出,"两个结合"的结果是互相成就,"造就了一个有机统一的新的文化生命体……'第二个结合'让马克思主义成为中国的,中华优秀传统文化成为现代的,让经由'结合'而形成的新文化成为中国式现代化的文化形态"[2]。这一重要论述充分表达了,通过"两个结合"形成"中国式现代化的新文化形态",建设"新的文化生命

---

[1] 习近平:《以中国式现代化全面推进强国建设、民族复兴伟业》,《求是》,2025年第1期。
[2] 习近平:《在文化传承发展座谈会上的讲话》,《求是》,2023年第17期。

体",是建构中国式现代化话语体系在新时代的重要历史使命。

建设"新的文化生命体",要赓续文化传承发展的精神命脉。思想文化是一个国家、一个民族的灵魂,国家民族的强盛与文化繁荣兴盛密不可分。文化作为一个民族国家灵魂所在的精神高地,与国运国脉紧密相连。党的十八大以来,习近平总书记提出诸多关于文化传承发展的重大论断,传递出党中央从国家战略全局高度,推动社会主义文化大繁荣大发展,实现文化强国建设的决心和信念。从"三个自信"到"四个自信"、从"一个结合"到"两个结合",这一战略发展规划上的观念变迁,凸显出中国共产党人对于文化建设作用规律的科学认知和深刻把握,更有力体现中华优秀传统文化的独特魅力和价值意义。应该说,历史悠久、博大精深的中华优秀传统文化沉淀着中华民族最深沉的精神追求,蕴含着中国人民最认同的价值理念,潜移默化影响着中国人的思想方式和行为方式,是中华民族生生不息、发展壮大的丰厚滋养,如果抛弃了这个文化传统和精神支柱,就等于丢掉了文脉传承,割断了中华民族的精神命脉。同时,以中华优秀传统文化为根基的中华文明,是世界四大文明古国中唯一没有中断并延续发展至今的文明类型,这充分说明中华文明在世界文明史上有着独特魅力和恒久生命力。美国学者奥格登就认为,"虽然现代化强力撞击了中国之门,但中国传统文化却保持了惊人的连贯性和独立性……直到今天,中国传统文化中多数的价值与信念都还持久不衰"①。因此,习近平总书记指出:"独特的文化传统,独特的历史命运,独特的基本国情,注定了我们必然要走适合自己特点的发展道路。"②无论是源远流长的历史连续性、守正创新的进取精神,抑或是民族统一性、包容性与和平性,这些突出的中华文明特性,造就了中华民族独一无二的鲜明个性和精神品性,也从根本上决定了中华文明在世界文明舞台上的地位和作用。

建设"新的文化生命体",要实现物质文明和精神文明协调发展下的价值引领。在社会主义现代化建设新时期,邓小平就非常重视物质文明和精神文明的协调发展问题,多次强调要"两手抓,两手都要硬"。在他看来,"贫穷不是社会主义"③,社会主义应该在物质和精神方面都比资本主义显示出更大的制度优越性,"两个文明建设都要超过他们,这才是有中国特色的社会主义"④。习近平总书记同样高扬"中国特色社会主义是物质文明和精神文明全面发展的社会主义"⑤思想理念,强调:"我们要建设的社会主义现代化强国,不仅要在物质上强,更要在精神上强。精神上强,才是更持久、更深

---

① [美]苏珊·奥格登等:《比较政治学——变化世界中的国家和理论》,华夏出版社2001年版,第322页。
② 习近平:《加强文化遗产保护传承 弘扬中华优秀传统文化》,《求是》,2024年第8期。
③ 《邓小平文选》(第三卷),人民出版社1993年版,第378页。
④ 《邓小平文选》(第三卷),人民出版社1993年版,第378页。
⑤ 习近平:《在深圳经济特区建立40周年庆祝大会上的讲话》,《人民日报》2020年1月15日,第2版。

沉、更有力量的。"①在他看来,"我们始终强调,两个文明都搞好才是中国特色社会主义"②。相反,如果精神上跟不上,风气坏了,即使经济成功了也会在另一方面变质,进而出现各种严重的社会问题。习近平指出,"现在社会上出现的种种问题病根都在这里"③,并且,"这方面的问题如果得不到有效解决,改革开放和社会主义现代化建设就难以顺利推进"④。因此,党的二十大报告再次强调,"物质富足、精神富有是社会主义现代化的根本要求"⑤。在推进我国社会主义现代化建设、为其提供强大的精神动力和智力支持中,"精神富有"一方面体现在中华民族强大的凝聚力和向心力,另一方面体现在中华民族开放包容的感召力和"以文化人"的吸引力,中华民族谦逊仁善的美德品性和海纳百川的广阔胸襟让中华儿女面对外来文化和多元思想也多了一份宽容和友善。要实现"精神富有",就要传承中华优秀传统文化,牢固树立社会主义核心价值观,大力弘扬爱国主义的民族精神和改革创新的时代精神,建设好以中华优秀传统文化、革命文化和社会主义先进文化为主要结构形态的中国特色社会主义文化

---

① 习近平:《在纪念五四运动100周年大会上的讲话》,《人民日报》2019年5月1日,第2版。
② 习近平:《在文艺工作座谈会上的讲话》,《求是》,2024年第20期。
③ 习近平:《在文艺工作座谈会上的讲话》,《求是》,2024年第20期。
④ 习近平:《在文艺工作座谈会上的讲话》,《求是》,2024年第20期。
⑤ 习近平:《高举中国特色社会主义伟大旗帜 为全面建设社会主义现代化国家而团结奋斗——在中国共产党第二十次全国代表大会上的报告》,人民出版社2022年版,第22页。

强国,永远朝气蓬勃、自信自强地迈向未来。

建设"新的文化生命体",要践行"两个结合"的根本要求。2021年7月,习近平总书记在庆祝中国共产党成立100周年大会上的讲话中首次提出"两个结合"问题。"两个结合"是百年党史奋斗历程中赢得胜利的宝贵历史经验,也是在五千多年中华文明深厚基础上开辟和发展中国特色社会主义的必由之路。在文化传承发展座谈会上,习近平总书记从五大方面强调了"两个结合"的丰富内涵和深刻意义,更从思想解放的高度诠释"第二个结合"的时代价值。文因时而兴,乘势而变,古今中外思想文化往往担负着时代变革的先声。近现代中国历史上,每一次思想大解放和大讨论在社会生活中都引发人们认知观念和价值追求上的强烈变化,不断指引着中国革命和社会主义建设正确的前进步伐和发展方向。五四运动新旧思想文化的交锋争辩中马克思主义登上历史舞台,延安时期整风运动掀起了马克思主义基本原理与中国革命具体实践相结合的思想解放和统一,改革开放初期关于"实践是检验真理标准问题"的思想大讨论,牢固树立了一切从实际出发、实事求是的正确路线。可以说,思想解放是推动中国特色社会主义道路、理论、制度发展的强力助燃器。"第二个结合"的提出,体现出中国共产党对文化建设规律认知与把握的日益成熟,更重要的是,马克思主义基本原理在中国化时代化大众化的历史进程中与中华优秀传统文化的彼此契合和相互成就,已经浑然形成了一个新的生命有机体，马克思主义由此成为中国的，更加具有民族性，而中华优秀传统文化则化为现代的，更加具有时代性。这种"中国式"特色的根源和突出表现，说到底正来自马克思主义与中华优秀传统文化的不断结合与创新发展，古代中国和现代中国在这种结合中获得连接和新生，历史自信、文化自信融为一体造就中国式现代化新文化形态。因此，大力推动"两个结合"尤其是"第二个结合"，不仅能着力推进新征程上马克思主义的中国化时代化、铸就社会主义文化新辉煌，而且更打开了探索面向未来的理论和制度创新的新视界，在更广阔的文化空间中建设中国式现代化新文化形态，并使之最终发展成为人类文明新形态。

三、中国式现代化话语体系吸收借鉴一切人类文明成果

建构中国式现代化话语体系，并不意味着去发明、生造一套概念体系，必须深入中国的社会现实，重构中国与世界的关系，吸收一切有益的学术成果，从而获得学术上的自我主张。也就是说，中国式现代化话语体系的形成和发展，并非在封闭体系中自说自话可以形成，必须在交流互鉴中不断吸取学界研究的创新成果才可取得理论和话语突破。正如习近平总书记所指出的，我们不能"排斥其他国家的学术研究成果"，"对人类创造的有益的理论观点和学术成果，我们

应该吸收借鉴",从而"在比较、对照、批判、吸收、升华的基础上,使民族性更加符合当代中国和当今世界的发展要求"①。中国式现代化话语体系建构也是如此,虽然它以"中国式现代化实践"为出发点,但立足于"全人类的进步事业",不仅全景展现世界历史视域下的中国式现代化实践,而且在中国具体国情的特殊性中发掘对世界普遍性问题的认识。这样的立足点必然要求我们要坚持大历史观和世界视野,吸收借鉴一切人类文明成果,才能更好地把我们的制度优势、发展优势转化为理论优势和话语优势。

(一) 东西博弈的长期性是中国式现代化话语体系构建的重要动力

当今世界仍处在"马克思所指明的时代",尽管西方现代文明在发展中面临诸多方案赤字,但资本逻辑主导的西方现代文明仍以普遍之姿在世界范围内铺陈,西方现代化无论在理论、话语,还是实践层面均占据着主导的强势地位,且社会主义取代资本主义本身就具有长期性和复杂性,"无论哪一个社会形态,在它所能容纳的全部生产力发挥出来以前,是决不会灭亡的;而新的更高的生产关系,在它的物质存在条件在旧社会的胎胞里成熟以前,是决不会出现的"②。因而,

---

① 习近平:《在哲学社会科学工作座谈会上的讲话》,《人民日报》2016年5月19日,第2版。
② 《马克思恩格斯文集》(第二卷),人民出版社2009年版,第592页。

中国式现代化话语体系的建构一定是在包含东西方旧范式在内的一切范式不断向前发展的共同基础上的,我们需做好接受在相当长的时间内,新老范式互相影响的准备,这种此消彼长的复杂过程,将是中国式现代化话语体系作为新知识体系阶段性标志生发的必然特征。① 在这个历史过程中,中国式现代化话语体系,必须在与西方现代化的对话和博弈中获取成长的动能、汲取现实力量、丰富对抗经验。

积极吸收借鉴一切文明成果,为现代化建设提供多元的文化滋养,是中国式现代化实践中的科学经验。一个国家要实现现代化,必须在经济、科技、文化和社会各个方面实现全面发展。改革开放以来,中国之所以能用几十年时间走过西方发达国家几百年的工业化历程,且取得经济增长和社会稳定的"两大奇迹",很重要的原因是对西方先进文明成果的吸收借鉴。马克思在分析俄国农民公社的案例时,曾提出跨越"卡夫丁峡谷"的设想,其重要的前提条件是"和控制着世界市场的西方生产同时存在,使俄国可以不通过资本主义制度的卡夫丁峡谷,而把资本主义制度的一切肯定的成就用到公社中来"②。所以,非西方国家实现现代化的重要前提,就是充分占有资本主义所取得的一切肯定性文明成果。

从另一个方面说,中国式现代化话语体系的建构意识也

---

① 吴海江等:《中国式现代化与建构中国自主知识体系》,上海人民出版社 2024 年版,第 77 页。
② 《马克思恩格斯全集》(第十九卷),人民出版社 1963 年版,第 435~436 页。

反映出非西方文明对西方文明的反思和审视,背后是世界格局力量的变化。尤其是中国式现代化话语力求推动的多元文明体系也彰显出西方中心主义的世界历史性衰退,西方文明发展过程中日益显露的"假文明、真霸权",在过去被当作普遍的历史铁律而今不断被消解,资本主义制度内在的结构性矛盾以更加惨烈的方式暴露,这种矛盾不仅本质上内在于资本的无限增殖与人民日益增长的美好生活的对立,也外化于世界各国的共同发展中,由此也呼唤着能够超越西方中心主义的系统理论叙事和话语体系的诞生。也就是说,由世界格局变动所揭示的人类文明发展趋势来看,多元发展的现代性途径是未来社会发展和文明进步的历史趋势,中国自主知识体系的建立也是在文明自觉过程中将历史文化、现代化发展和文明前进紧密结合而生的应有之义。①

(二) 人类文明的多样性是中国式现代化话语体系构建的思想资源

习近平总书记指出:"文明具有多样性,就如同自然界物种的多样性一样,一同构成我们这个星球的生命本源。"②也就是说,多样性是人类社会的基本特征,也是人类进步的不竭动力。创造性的丧失是导致文明衰败的重要原因,而文明

---

① 吴海江等:《中国式现代化与建构中国自主知识体系》,上海人民出版社2024年版,第84~85页。
② 习近平:《共同开创中阿关系的美好未来——在阿拉伯国家联盟总部的演讲》,《人民日报》2016年1月22日,第3版。

的多样性为其未来发展提供着最基本的可能,因为"不同文明的接触,以往常常成为人类进步里程碑"①。一方面,人类文明的普遍性与共性正是在不断的交往互动中形成的,而包含冲突、互鉴、对话等形式在内的交往互动是不可忽略的历史过程。另一方面,对具有世界历史意义的文明普遍交往的推动并不意味着文明自身民族特征的式微,相反,民族性会在对话、交流、融合中呈现独特的催化作用,彰显特色鲜明的价值意蕴。正所谓"文明因交流而多彩,文明因互鉴而丰富。文明交流互鉴,是推动人类文明进步和世界和平发展的重要动力"②。中华文明在历史走向中就具备多元融汇的显著特征,在不同民族和文明的汇聚交融中铸就血脉,又在思想文化的繁荣演进中得以继承。正如习近平总书记在文化传承发展座谈会上的讲话中指出的:"中华文化认同超越地域乡土、血缘世系、宗教信仰等,把内部差异极大的广土巨族整合成多元一体的中华民族。越包容,就越是得到认同和维护,就越会绵延不断。"③这种包容性,决定了中华文明多元并存的和谐格局,也决定了中华文化对世界文明兼收并蓄的开放胸怀。

以人类文明多样性为背景建构中国式现代化话语体系,不仅为其发展提供了思想资源,也切中了人类文明发展的基

---

① [英]罗素:《中国问题》,秦悦译,学林出版社1996年版,第146页。
② 习近平:《文明交流互鉴是推动人类文明进步和世界和平发展的重要动力》,《求是》,2019年第9期。
③ 习近平:《在文化传承发展座谈会上的讲话》,《求是》,2023年第17期。

本方向。马克思主义本身就是超越东西方文明二元对立的逻辑,站在人类文明整体性发展的客观立场上,以实现全人类的解放和自由全面发展为根本旨归的。马克思曾深刻分析了人类文明"三阶段"的演进逻辑:"人的依赖关系(起初完全是自然发生的),是最初的社会形式,在这种形式下,人的生产能力只是在狭小的范围内和孤立的地点上发展着。以物的依赖性为基础的人的独立性,是第二大形式,在这种形式下,才形成普遍的社会物质变换、全面的关系、多方面的需要以及全面的能力的体系。建立在个人全面发展和他们共同的、社会的生产能力成为从属于他们的社会财富这一基础上的自由个性,是第三个阶段。"[①]可见,越是打破各民族原始闭关自守的状态,越是通过交往促进生产力的发展,越能够使人的关系的全面性和丰富性得以发展。越是向文明的高级阶段攀爬,越是以全人类的整体关怀为价值导向。中国式现代化话语体系蕴含着对西方现代化的人的异化的深刻反思和批判,"人的自由全面发展"的终极目标,将催化形成一种复合性多领域统筹化的发展观,体现出"合力发展导向型"的特质,由此形成均衡化、系统化、整体化的知识体系。因此,中国式现代化话语体系吸收借鉴一切人类文明成果,切实体现了立足全人类事业发展、以人的自由全面发展为指向的发展观。

[①]《马克思恩格斯文集》(第八卷),人民出版社 2009 年版,第 52 页。

(三)世界问题的中国观是中国式现代化话语体系建构的基本立足

中华优秀传统文化的"天下观"和马克思主义的国际主义精神赋予了中国式现代化的世界眼光、天下胸怀、人类情怀。中国式现代化话语体系倡导的"和平、发展、公平、正义、民主、自由"的全人类共同价值,是其观瞻世界问题给出的中国思考和中国理念。人类文明在发展过程中面对的诸多共性问题和个性化问题一样,是建构中国式现代化话语体系的丰富理论来源,解决问题的过程同样也是话语体系丰富和建构的过程。我们要解决的不仅仅是生来就具备世界历史意义的中国问题,也是用中国的视角去看待的世界问题。

也就是说,中国式现代化话语体系,虽然吸收借鉴西方现代化的宝贵经验,但与单纯的模仿不同,中国式现代化是积极的自我主张。解决好民族性问题,就有更强能力去解决世界性问题;把中国实践总结好,就有更强能力为解决世界性问题提供思路和办法。共产主义只有作为世界历史性的存在才有可能成为现实,而当下,历史向世界历史转变的趋势更加凸显,中国式现代化顺应历史大势,以"人类命运共同体"的话语主张取代相互隔膜、相互排斥、相互斗争。面对国际政治、经济、安全、生态、公共卫生等挑战,各国需要超越狭隘的国家利益,摒弃冷战思维,共同应对全球挑战,探寻战胜困难的正确路径。作为世界第二大经济体,中国对世界经济的增长贡献率多年超过30％，成为世界经济增长的主要推动力，中国深刻认识到国力增强所带来的重大责任，不仅通过提供"一带一路"倡议等全球治理公共产品助力构建更为广泛的利益共同体，还积极贡献"人类命运共同体"的软实力话语，倡导"持久和平、普遍安全、共同繁荣、开放包容、清洁美丽"的世界发展新图景，提出"三大倡议"，有效回应世界各国人民求和平、谋发展、促合作的普遍诉求，指明解决全球性问题的根本途径。

总之，中国式现代化话语体系要充分利用世界一切文明成果，使自身在外生性与内生性的结合过程中，在充足的理论储备与实践积淀下真正生长出自主的生命力和可塑性，唯此，才能达成中国式现代化话语体系中"自主"的题中之义。

第四章　中国式现代化话语体系的叙事特色

党的十八大以来，我们党坚持把马克思主义基本原理同中国具体实际相结合、同中华优秀传统文化相结合，取得了重大理论创新成果，提出了许多具有原创性、时代性的概念和理论，为"加快构建中国话语和中国叙事体系，讲好中国故事、传播好中国声音"[1]提供了坚实的底蕴支撑和丰厚的理论滋养，中国式现代化就是其中最具代表性的成果之一。特别是"以中国式现代化全面推进强国建设、民族复兴伟业，是新时代新征程党和国家的中心任务，是新时代最大的政治"[2]，这一基本定位意味着中国式现代化话语体系应该成为当前我国加快构建中国话语和中国叙事体系的重点内容。而"党

---

[1] 习近平：《高举中国特色社会主义伟大旗帜　为全面建设社会主义现代化国家而团结奋斗——在中国共产党第二十次全国代表大会上的报告》，人民出版社2022年版，第46页。
[2] 习近平：《在全国政协新年茶话会上的讲话》，《人民日报》2023年12月30日，第2版。

的二十大报告深刻阐述了中国式现代化的中国特色、本质要求和重大原则,是对推进中国式现代化的最高顶层设计"①,也是对中国式现代化话语体系的系统建构,并且"总体上初步建构起中国式现代化的新的理论体系和话语体系"②。审视中国式现代化话语体系,能够发现,它呈现一种鲜明的复合叙事特点,是价值叙事、功能叙事、时空叙事和比较叙事等多维度、多线索叙事逻辑的复合。与这些维度一一对应,中国式现代化话语体系又具化为目的性话语与工具性话语的复合、引领性话语与凝聚性话语的复合、历时性话语与共时性话语的复合以及普遍性话语与特殊性话语的复合,并进而指向正当性建构、认同性培塑、合理性诠释和优越性彰显等目标意涵。而对中国式现代化话语体系建构这些特点规律的深入探索和挖掘,有助于我们提升对中国式现代化话语体系的叙事本领,讲好中国式现代化故事,增强中国式现代化话语权。

一、目的性话语与工具性话语的复合:中国式现代化的价值叙事与正当性建构

话语体系是有其内在结构形态的,它往往"由一系列相

---

① 习近平:《以中国式现代化全面推进强国建设、民族复兴伟业》,《求是》,2025年第1期。
② 韩庆祥:《中国式现代化的理论体系和话语体系——兼论中国式现代化是如何成功创造和建构起来的》,《哲学研究》,2023年第8期。

对固定的概念、范畴、表述、理论等构成,其中概念、范畴在整个话语体系中居于基础性地位"①,但归根结底作为一种意识形态的东西,总有特定的、具体的价值性要素嵌入其内、贯穿始终,这些价值承载着对未来美好社会的承诺,解释和守护着政权统治或治理的合法性,进行着正当性建构。也就是说,价值性要素构成话语体系的基本内核,"任何话语体系皆有其价值性所在"②。而"价值被分为两类:第一类称为工具价值,第二类称为目的价值"③。相应地,话语体系中的价值性要素或者价值叙事就可以区分为目的性价值话语和工具性价值话语。前者一般以社会历史观和方法论为核心,④往往表现为通过对特定的政治立场、根本追求甚至是终极关怀的强调来宣示正当性;后者往往表现为对价值的有效性、实用性等工具性作用的强调,即注重通过实际绩效的话语叙事来宣示正当性。如果只有目的性价值话语的宣示而无工具性价值话语的支撑,就会削弱话语体系对正当性论证和建构的有力性。也就是说,正当性的来源至少有两个方面,即目的性价值话语和工具性价值话语,其中"前者的实现离不开

---

① 解超:《中国式现代化话语体系的建构路径》,《光明日报》2023年11月17日,第11版。
② 吴汉全:《话语体系初论》,人民出版社2020年版,第43页。
③ [美]戴维·E.阿普特:《现代化的政治》,陈尧译,上海人民出版社2011年版,第63页。
④ 吴汉全:《话语体系初论》,人民出版社2020年版,第43页。

意识形态论证,后者的实现则主要依靠政治绩效"①。

如果聚焦中国式现代化话语体系的价值叙事,一个鲜明特点是它体现着目的性话语与工具性话语的复合,并在二者的统一中建构中国式现代化的正当性。"中国式现代化是中国共产党领导的社会主义现代化"②这一定性、管总、管根本的判断意味着,"人民性"构成了中国式现代化话语体系的根本政治立场,也是中国式现代化价值叙事中目的性话语的集中表达:首先,关于中国式现代化基本理念的价值叙事,强调"我们要坚守人民至上理念,突出现代化方向的人民性"③。甚至在有的研究者看来,坚持人民至上是中国式现代化话语体系的"核心理念"④。其次,关于中国式现代化目标归宿的价值叙事,主张"我们坚持把实现人民对美好生活的向往作为现代化建设的出发点和落脚点"⑤,要实现"让现代化建设成果更多更公平惠及全体人民"⑥目标。再次,关于中国式现

---

① 贾鹏飞:《论中国式现代化的意识形态话语创新》,《广西大学学报(哲学社会科学版)》,2022年第6期。
② 习近平:《以中国式现代化全面推进强国建设、民族复兴伟业》,《求是》,2025年第1期。
③ 习近平:《必须坚持人民至上》,《求是》,2024年第7期。
④ 韩庆祥:《中国式现代化的理论体系和话语体系——兼论中国式现代化是如何成功创造和建构起来的》,《哲学研究》,2023年第8期。
⑤ 习近平:《高举中国特色社会主义伟大旗帜 为全面建设社会主义现代化国家而团结奋斗——在中国共产党第二十次全国代表大会上的报告》,人民出版社2022年版,第22页。
⑥ 习近平:《以中国式现代化全面推进强国建设、民族复兴伟业》,《求是》,2025年第1期。

代化本质要求的价值叙事,强调"实现高质量发展""发展全过程人民民主""丰富人民精神世界""实现全体人民共同富裕""促进人与自然和谐共生"等内容,是中国式现代化追求"人的全面发展"这一目的性价值的生动话语表达。最后,关于中国式现代化重大原则的价值叙事,强调"坚持以人民为中心的发展思想"[①],认为"中国式现代化是以人民为中心的现代化"[②],"现代化道路最终能否走得通、行得稳,关键要看是否坚持以人民为中心"[③]。可以说,正是以"人民性""人民至上""以人民为中心"等为主要内容的目的性价值话语,构成了中国式现代化话语体系与西方现代化话语体系的显著区别,而后者的最大弊端"就是以资本为中心而不是以人民为中心"[④]。

与此同时,中国式现代化话语体系也必须包含着工具性话语的表达,宣示其有效性、管用性。显然,一种话语叙事,"如果它不符合人们的利益和经验,就决不会成为这些人的意识形态"[⑤]。这就在于"利益对于人们的思想和行为至关重

---

① 习近平:《必须坚持人民至上》,《求是》,2024年第7期。
② 习近平:《汇聚两国人民力量 推进中美友好事业——在美国友好团体联合欢迎宴会上的演讲》,《人民日报》2023年11月17日,第2版。
③ 习近平:《必须坚持人民至上》,《求是》,2024年第7期。
④ 习近平:《中国式现代化是强国建设、民族复兴的康庄大道》,《求是》,2023年第16期。
⑤ [捷]奥塔·希克:《第三条道路——马克思列宁主义理论与现代工业社会》,张斌译,人民出版社1982年版,第355页。

要,是人们的态度、目标和意愿的核心部分"①,可以说,"任何话语体系的利益所在是毋庸讳言的客观所在"②。马克思早就指出,"'思想'一旦离开'利益',就一定会使自己出丑",因此,群众最终要质疑和抛弃这种"没有体现关于他们的现实'利益'的思想"③。列宁也强调,"如果党的劝告同人民自身的生活经验所教给他们的东西不相一致的话,千百万人是决不会听从这种劝告的"④。

中国式现代化话语体系中的工具性话语表达,主要表现在通过对中国式现代化的有效性、管用性及其"现实绩效"的充分阐释来建构中国式现代化的正当性。首先,从中国式现代化之于中华民族伟大复兴的工具性价值来看,这种有效性、管用性的话语叙事主要体现在,强调中国式现代化"为全面建成社会主义现代化强国、实现中华民族伟大复兴指明了一条康庄大道",并认为,实践已经充分证明,"中国式现代化走得通、行得稳,是强国建设、民族复兴的唯一正确道路"⑤。其次,从中国式现代化之于经济社会发展的工具性价值来看,这种有效性、管用性的话语叙事主要体现在中国式现代

---

① [美]狄恩·普鲁特、金盛熙:《社会冲突——升级、僵局及解决》(第3版),王凡妹译,人民邮电出版社2013年版,第19页。
② 吴汉全:《话语体系初论》,人民出版社2020年版,第203页。
③ 《马克思恩格斯文集》(第一卷),人民出版社2009年版,第287页。
④ 《列宁全集》(第三十卷),人民出版社1985年版,第147页。
⑤ 习近平:《中国式现代化是强国建设、民族复兴的康庄大道》,《求是》,2023年第16期。

化创造的堪称奇迹的"绩效"上,最具代表性的话语叙事就是"新中国成立特别是改革开放以来,我们用几十年时间走完西方发达国家几百年走过的工业化历程,创造了经济快速发展和社会长期稳定的奇迹,为中华民族伟大复兴开辟了广阔前景"①。与此相关,在强调"两大奇迹"的话语叙事的同时,还特别注重另一"人间奇迹"对中国式现代化工具性价值的彰显,即"脱贫奇迹","我国脱贫攻坚战取得了全面胜利,现行标准下9899万农村贫困人口全部脱贫,……完成了消除绝对贫困的艰巨任务,创造了又一个彪炳史册的人间奇迹"②。关于这一点,最具冲击力的话语叙事就是中国式现代化使得"忍饥挨饿、缺吃少穿、生活困顿这些几千年来困扰我国人民的问题总体上一去不复返了"③。再次,从中国式现代化之于世界现代化道路探索的工具性价值来看,注重中国式现代化世界意义的话语叙事,强调"中国式现代化为人类实现现代化提供了新的选择"④,强调"14亿多中国人民迈向现

---

① 习近平:《中国式现代化是强国建设、民族复兴的康庄大道》,《求是》,2023年第16期。
② 习近平:《在全国脱贫攻坚总结表彰大会上的讲话》,《人民日报》2021年2月26日,第2版。
③ 习近平:《在庆祝改革开放40周年大会上的讲话》,《人民日报》2018年12月19日,第2版。
④ 习近平:《高举中国特色社会主义伟大旗帜 为全面建设社会主义现代化国家而团结奋斗——在中国共产党第二十次全国代表大会上的报告》,人民出版社2022年版,第16页。

代化是中国带给世界的巨大机遇"①,以及中国式现代化"既造福中国人民、又促进世界共同发展"②的双重效用。这样,"人们就不仅可以认识到中国式现代化对于中国的意义,还可以认识到中国式现代化对于世界的意义"③。中国式现代化的价值叙事体现了工具性话语与目的性话语的复合,二者相辅相成、相得益彰,共同构成中国式现代化正当性的来源。

二、引领性话语与凝聚性话语的复合:中国式现代化的功能叙事与认同性培塑

话语实质上是"一种调控权力之流的规则系统"④,它关系社会共同体追求的政治目标和价值。从这个意义上来说,"话语天然地是政治的"⑤。并且,政治话语在一个社会的话语体系中处于决定性和主导性的地位,它传递着特殊的政治意义和政治价值,形塑着人民对国家、民族、政权、制度等的情感、认知、理解乃至认同,进而也往往被定位为"建构国家

---

① 习近平:《汇聚两国人民力量 推进中美友好事业——在美国友好团体联合欢迎宴会上的演讲》,《人民日报》2023年11月17日,第2版。
② 习近平:《携手同行现代化之路——在中国共产党与世界政党高层对话会上的主旨讲话》,《人民日报》2023年3月16日,第2版。
③ 李君如:《论中国式现代化的话语体系的构建》,《理论视野》,2024年第1期。
④ 艾莉森·利·布朗:《福柯》,聂保平译,中华书局2002年版,第38页。
⑤ 查尔斯·J·福克斯,休·T·米勒:《后现代公共行政话语指向》,楚艳红、曹沁颖、吴巧林译,中国人民大学出版社2002年版,第10页。

认同的有效媒介"①。而话语体系具有鲜明的意识形态性,它本质上就是"主导社会意识形态的政治话语"②,因此,话语体系的传播就是向社会成员输入意识形态、培塑认同的过程。进而意识形态建设对"凝聚力"和"引领力"的内在要求,也意味着话语体系的引领性与凝聚性影响甚至决定着认同性培塑的成效。其中,"引领性是话语体系目的性的重要表征",或者说,它是"与话语体系所代表的阶级的目的和利益相联系的"。因而,引领性话语的意识形态特征十分显著,它引导人们按照设定的路径认识事物,特别强调"主题的设置、价值观的引领、思想的普世化,善于制造'居高临下'的价值场景及其思想引力场"③。凝聚性是话语体系建构的本质追求,通过凝聚性话语来激发情感、统一思想、汇聚共识、增强认同、整合力量。相比较而言,凝聚性话语的意识形态特征没有引领性话语那么突出,但"引领性"能够成为服务于"凝聚性"实现的助推器,"凝聚性"也有助于提升"引领性"的实效性。

作为意识形态工作的重要组成部分,与社会主义意识形

---

① 参见殷冬水、范京京:《"人民"话语与国家认同——当代中国国家认同话语建构的政治学分析》,《吉林大学社会科学学报》,2021年第2期;徐琳、官文婧:《"中国式现代化"政治话语与国家认同建设》,《中南民族大学学报(人文社会科学版)》,2023年第9期。
② 钟天娥:《中国特色社会主义话语体系:本质属性、价值功能与构建路径》,《理论探索》,2018年第3期。
③ 吴汉全:《话语体系初论》,人民出版社2020年版,第30~31页。

态建设对"强大凝聚力和引领力"的功能期待①相一致,党的二十大报告提出的以中国式现代化的中国特色、本质要求和重大原则等为核心内容的中国式现代化话语体系,就表现出引领性话语与凝聚性话语共同出场、相得益彰的复合叙事的鲜明特点,并在发挥话语体系的引领力与凝聚力的功能叙事中培塑人们的坚定认同性。中国式现代化话语体系中的引领性话语,重在指明中国式现代化的正确方向。这种话语叙事至少呈现如下三种类型:一是在直接灌输中引领。这种类型往往从"是什么"的角度灌输中国式现代化理论的知识体系和必须遵循的刚性要求。最具有代表性的就是对中国式现代化"定性的话""管总、管根本的"②话语叙事,党的二十大报告中就只有直截了当的一句话,即"中国式现代化,是中国共产党领导的社会主义现代化",而没有任何其他的诠释。对中国式现代化本质要求的话语叙事也是如此,依托党的二十大报告的载体,直接从"坚持中国共产党领导""坚持中国特色社会主义"等九个方面对广大党员干部和群众等进行宣传而无更多诠释。而对中国式现代化重大原则的话语叙事,

---

① 我们的宣传思想文化工作多次强调"建设具有强大凝聚力和引领力的社会主义意识形态"的目标要求其实就说明了这一点。参见习近平:《高举中国特色社会主义伟大旗帜　为全面建设社会主义现代化国家而团结奋斗——在中国共产党第二十次全国代表大会上的报告》,人民出版社 2022 年版,第 43 页。
② 习近平:《中国式现代化是中国共产党领导的社会主义现代化》,《求是》2023年第 11 期。

则是从"坚持和加强党的全面领导""坚持中国特色社会主义道路"等五个方面进行描述,虽然每一个方面都有较为详尽的阐释,但它仍然只是对这五个方面具体"是什么"的阐释,而无更多"为什么要这样"的解释说理。二是在诠释说理中引领。这种类型往往在"是什么"的基础上还要从"为什么"的角度对中国式现代化相关问题作进一步解释、说明和论证,进而澄清迷雾,解开思想扣子。这是最为常见的话语叙事方式。对中国式现代化的中国特色的概括和描述就是如此,关于"中国特色"的话语叙事,不仅从"中国式现代化是人口规模巨大的现代化"等五个方面概括这种"中国特色"是什么,而且还用大量的篇幅诠释"为什么是这样"[①]。通过诠释说理,就可以让人们理解中国式现代化道路的特殊性、形态的合理性、功能的优越性,进而统一思想、凝聚共识、增强认同。同样,关于中国式现代化的实践要求的话语叙事,也是如此,习近平总书记强调"推进中国式现代化是一个系统工程,需要统筹兼顾、系统谋划、整体推进"[②],不仅从"顶层设计与实践探索的关系"等六个方面指出了必须正确处理好的一系列重大关系,还详尽阐释了其中的道理和缘由。三是在辩护比较中引领。与第二种类型相关,在诠释说理的话语中,还会呈现的话语特点是"辩护",通常的话语策略就是"比

[①] 参见习近平:《中国式现代化是强国建设、民族复兴的康庄大道》,《求是》,2023年第16期。
[②] 习近平:《以中国式现代化全面推进强国建设、民族复兴伟业》,《求是》,2025年第1期。

较",在"辩护"中"比较",在"比较"中"辩护"。在强调"党在中国式现代化建设中的领导地位"的话语叙事中,在简单明了指出"党的领导直接关系中国式现代化的根本方向、前途命运、最终成败"①的基础上,我们还着重从党的领导决定中国式现代化的根本性质、锚定奋斗目标行稳致远、激发建设中国式现代化的强劲动力、凝聚建设中国式现代化的磅礴力量等四个方面进行有力地说理和"辩护",而在"辩护"中还贯穿着"历史比较"。同样,在对"中国特色"五个方面的"辩护"中,基于同西式现代化的同台竞争,因此,每一点都贯穿着与西式现代化的"比较",冀以形成"不能走西式现代化道路"的认知。关于这一点,早在改革初期,邓小平强调的"中国要搞现代化,绝不能搞自由化,绝不能走西方资本主义道路"②就是这样的叙事特点和逻辑。

中国式现代化话语体系中的凝聚性话语,重在动员中国式现代化的主体力量。审视这一话语能够发现,它至少有三个突出的特点:一是凝聚对象的全面性。也就是说,这一话语叙事力图实现对中国式现代化主体力量进行"全覆盖"的动员,类似的话语往往强调,实现以中国式现代化全面推进

---

① 习近平:《中国式现代化是中国共产党领导的社会主义现代化》,《求是》,2023年第11期。
② 《邓小平文选》(第三卷),人民出版社1993年版,第123页。

中华民族伟大复兴的中心任务"需要全国上下团结奋斗"①，其中的论证逻辑主要是"中国式现代化是全体人民的共同事业……必须坚持全体人民共同参与、共同建设、共同享有"②。对广大党员干部群众，强调的是"心往一处想、劲往一处使"③。对于各党派、各团体、各族各界各方面人士，要"积极建言资政，广泛凝聚共识，助力中国式现代化建设"④，同时，还要"动员激励广大成员和所联系群众为推进中国式现代化而团结奋斗"⑤。甚至凝聚对象还扩展到全体中华儿女，强调"中国式现代化需要全体中华儿女和衷共济、共襄盛举"⑥等。二是凝聚载体的多样性。中国式现代化话语体系的凝聚性话语借以进行凝聚的载体是多样的，最常见的就是中国共产党擘画的以中国式现代化全面推进中华民族伟大复兴的宏

---

① 《习近平同党外人士座谈并共迎新春时强调　以更加奋发有为的精神状态履职尽责　在凝心聚力服务大局上发挥更大作用》，《人民日报》2023年1月17日，第1版。
② 习近平：《必须坚持人民至上》，《求是》，2024年第7期。
③ 《中共中央政治局召开专题民主生活会强调　巩固拓展主题教育成果　为强国建设民族复兴伟业汇聚强大力量》，《人民日报》2023年12月23日，第1版。
④ 《习近平在看望参加政协会议的民革科技界环境资源界委员时强调　积极建言资政广泛凝聚共识　助力中国式现代化建设》，《人民日报》2024年3月7日，第1版。
⑤ 《习近平同党外人士座谈并共迎新春时强调　以更加奋发有为的精神状态履职尽责　在凝心聚力服务大局上发挥更大作用》，《人民日报》2023年1月17日，第1版。
⑥ 习近平：《在纪念毛泽东同志诞辰130周年座谈会上的讲话》，《人民日报》2023年12月27日，第2版。

伟蓝图、奋斗目标,它能够提供强大的社会心理基础和精神动力以及凝聚全体人民共同团结奋斗的共识和载体。习近平就强调,要"善于用党的奋斗目标鼓舞人、激励人、感召人",从而"满腔热忱地投入到中国式现代化建设中来"①。总之,"中国式现代化目标话语为中国人民提供共同奋斗目标,具有强大的感召力和凝聚力,能够凝聚各主体力量的现代化目标共识"②。此外,中国式现代化话语体系中对中国式现代化具体行动计划的具体描述以及对关乎人民美好生活的经济、政治、文化等各维度现代化的具体承诺、对中国式现代化取得的辉煌成就和比较优势的具体呈现等,也都是凝聚中国式现代化主体力量的重要载体。三是凝聚方式的丰富性。第二点关于凝聚载体的概括,其实都是通过对具体目标、计划、图景等进行展示的方式来进行凝聚。除此之外,通过讲述历史来进行凝聚,这既是对中国式现代化道路历史合理性的描述,其实也是对近代以来中华民族屈辱历史的回顾。透过这种方式,往往能够激起全体中华儿女的感情共鸣,在世界坐标中标记和确认自己的国民身份,从而通过回应人民的复兴梦想维护群体尊严、激发人民的责任感和使命感,深化对"以中国式现代化全面推进中华民族伟大复兴是中国的中

---

① 《中共中央政治局召开专题民主生活会强调　巩固拓展主题教育成果　为强国建设民族复兴伟业汇聚强大力量》,《人民日报》2023 年 12 月 23 日,第 1 版。
② 齐道新:《中国式现代化话语体系的构成样态与功能指向》,《探索》,2023 年第 2 期。

心任务"等政治认知的理解和体悟。还有,就是通过对领袖人物的纪念活动来进行凝聚,它借助于人们对领袖爱戴的朴素情感,来讲述中国式现代化的主张,在纪念毛泽东同志诞辰130周年座谈会上的讲话,习近平就把毛主席定位为"中国社会主义现代化建设事业的伟大奠基者"①,进而阐述中国式现代化的主张。

三、历时性话语与共时性话语的复合:中国式现代化的时空叙事与合理性诠释

历史是孕育新思想和新话语的高地,历史记录着话语生成的合理性和生命力的源泉和基因。话语体系绝非一蹴而就的,其生发、成长和成熟是在时空展开的过程中通过解决阶段性的理论与实践问题渐进形成的,既有对前序时空中思想成果的继承和汲取,呈现"历时性"特点,又有对现阶段时代问题的反映、揭示、思考和解答,表现出"共时性"特点。同样,关于现代化的话语体系也是如此,"经典现代性"叙事是对18世纪工业革命以来西方国家现代化进程即传统社会向现代社会转型的理论阐释,②而此前的"启蒙现代性"叙事与

---

① 习近平:《在纪念毛泽东同志诞辰130周年座谈会上的讲话》,《人民日报》2023年12月27日,第2版。
② 韩庆祥:《中国式现代化的理论体系和话语体系——兼论中国式现代化是如何成功创造和建构起来的》,《哲学研究》,2023年第8期。

之后的"反思现代性"叙事,①则共同勾勒了西方现代化话语体系的叙事逻辑理路与鲜明特点。

中国式现代化话语体系是在革命、建设、改革和新时代等不同时期围绕现代化是什么、现代化在中国如何实现、中国的现代化与西方现代化的关系如何等问题的探索与实践中形成的。通过对中国式现代化话语叙事的历史梳理可知:一方面,尽管中国式现代化话语体系主体成于新时代以来的理论和实践,即"以质的创新性突破且成功推进拓展中国式现代化'主体本身'的历史起点,是新时代这十年"②,尤其是党的二十大报告对中国式现代化的系统阐释,是对接强国时代这一历史方位的话语凝结,是现代化发展到新时代新阶段的话语表达,从而呈现"共时性"叙事特点。但另一方面,在革命、建设、改革时期,党领导人民开展现代化探索实践过程中取得的理论思考、总结和创新成果,则毫无疑义地构成了中国式现代化话语体系生成不可逾越的"历史资源",是中国式现代化话语体系的"历时性"叙事之维。正因为如此,可以说"历时与共时构成中国式现代化的时空叙事"③,中国式现代化话语体系彰显了历时性话语与共时性话语的复合,并在

---

① 也有学者把这几个阶段概括为"作为启蒙话语的现代化""作为资本话语的现代化"和"作为发展话语的现代化"。参见李嘉莉:《中国式现代化:何以从本土叙事转向世界话语》,《马克思主义研究》,2023年第4期。
② 韩庆祥:《中国式现代化的理论体系和话语体系——兼论中国式现代化是如何成功创造和建构起来的》,《哲学研究》,2023年第8期。
③ 金伟、高振:《中国式现代化的话语叙事分析》,《湖湘论坛》,2023年第3期。

这种时空叙事中讲述中国式现代化的合理性。

中国式现代化话语体系的"历时性"叙事之维,是形塑中国式现代化话语体系形态和特点的重要基础,诠释着中国式现代化道路的"历史合理性"。正如有的研究者所指出的那样,"话语作为一种思想的表达,可以在思想本身发展的历程当中找到依据,而思想本身的变化又是来自现实的实践活动。因此,对于现代化的话语体系的生成最终应该从现代化历史中去寻找依据"[①]。而中国式现代化的发展实践是渐进性的,中国式现代化话语体系也必然是生长型的。透视中国式现代化话语体系的"历时性"叙事特点,至少有三条叙事线索:一是以现代化的中心主题的演进为线索的话语叙事,它往往与近代以来中国社会发展进程和阶段相一致。二是以现代化的具体目标的变迁为线索的话语叙事,它往往与现代化的战略步骤相一致,表征现代化具体目标的关键词诸如"温饱""小康""总体小康""全面小康"等。三是以现代化的主要维度的拓展为线索的话语叙事,它往往与中国特色社会主义事业的布局相一致,表征现代化主要维度的关键词诸如"四个现代化""以经济建设为中心""两手抓,两手都要硬""三个文明协调发展"、"四位一体"布局、"'五位一体'总体布局"等。

最具有代表性的是第一条线索,可以说,新民主主义革

---

① 李嘉莉:《中国式现代化:何以从本土叙事转向世界话语》,《马克思主义研究》,2023年第4期。

命时期,民族救亡、人民解放成为最重要的时代主题,各类政治实验在中国政治舞台的失败充分昭示:中国要实现现代化,必须在民族独立的基础上,探索一条不同于西方资本主义现代化的道路。基于此,我们党所要走的现代化道路是通过社会革命的手段与方式以"造成统一的民主的和平局面,造成由农业国变为工业国的先决条件,造成由人剥削人的社会向着社会主义社会发展的可能性"①,可见,这一时期现代化话语有着明确的目标指向即"民族独立"。此外,在革命战争的语境下,"军事现代化"也成为这一时期的话语重心,1938年,毛泽东在《论持久战》中指出,"革新军制离不了现代化"②。周恩来在《怎样进行持久战》一文中,使用了"现代化的军事工业""装备的现代化""军队现代化"等说法。可见,革命战争时期,现代化的话语体系是以"民族独立""国家主权""社会革命""军事现代化"等构筑的"建国"话语体系。社会主义革命和建设时期,通过"三大改造"确立了社会主义基本制度,也为社会主义现代化开辟了现实道路和广阔前景。这一时期接续新民主主义革命时期的现代化追求和各国现代化的共性规律,党探索社会主义现代化的目标重心是"工业化"。1956年毛泽东在其发表的《论十大关系》讲话中指出,"重工业是我国建设的重点","我们现在的问题,就是还要适当地调整重工业和农业、轻工业的投资比例,更多地发

---

① 《毛泽东选集》(第四卷),人民出版社1991年版,第1375页。
② 《毛泽东选集》(第二卷),人民出版社1991年版,第511页。

展农业、轻工业"①。在中共八大开幕式上,毛泽东再次向全党提出,"要把一个落后的农业的中国改变成为一个先进的工业化的中国"②。并且,在这个问题上,还特别强调吸取苏联工业化的教训,"过去我们就是鉴于他们的经验教训,少走了一些弯路,现在当然更要引以为戒"③。1964年,周总理在第三届全国人大一次会议中提出了包含现代农业、现代工业、现代国防和现代科学技术的"四个现代化"的社会主义现代化强国建设目标。④ 自此,"四个现代化"进入中国的现代化话语体系。这一时期,"以苏为鉴""独立自主""自力更生""四个现代化""现代化科学技术"等构筑了中国式现代化的"建设"话语体系。改革开放和社会主义现代化建设时期,党的十一届三中全会实现了党和国家工作中心的战略转移,中国共产党在改革开放的历史大潮中开启了追赶现代化的新征程。这一时期中国的现代化话语体系中深刻体现了"觉醒"中带着"清醒"的思维特质,不仅牢牢扭住"社会主义本质"等重大问题,注重从社会主义制度层面诠释"现代化",将"中国式的现代化"与"党的领导""公有制主体地位""共同富裕"等社会主义重要制度相结合,增强这一话语的政治属性和制度属性,还从"社会主义初级阶段"基本国情出发,制定

---

① 毛泽东文集(第七卷),人民出版社1999年版,第24页。
② 毛泽东文集(第七卷),人民出版社1999年版,第117页。
③ 毛泽东文集(第七卷),人民出版社1999年版,第23页。
④ 《周恩来选集》(下),人民出版社1984年版,第132页。

了从"温饱"到"小康"再到"基本实现现代化"的"三步走"的现代化建设战略安排。在"小康"与"基本实现现代化"之间还设置了"总体小康""全面小康"等阶段性目标,设置了"建设社会主义政治文明""构建社会主义和谐社会"等目标。这一时期,"小康""共同富裕""社会主义市场经济体制""有中国特色的社会主义""中国式的现代化""富强、民主、文明、和谐"等话语丰富构筑了中国式现代化"改革"话语体系。

中国式现代化话语体系的"共时性"叙事之维,则构筑了中国式现代化话语体系的主体并呈现其总体样态,诠释着中国式现代化话语体系生成与发展的"现实合理性"。进入新时代,党和国家事业发生历史性变革、取得历史性成就,中国式现代化话语体系"在直接碰到的、既定的、从过去承继下来的条件下创造"①,在承接"建国""建设""改革"话语的基础上,进一步丰满拓展,形成了"以中国式现代化全面推进中华民族伟大复兴"的"强国"话语主体体系。这一主体体系,深刻体现了"中国式现代化"和"民族复兴"之间"内在因果的本质联系",不仅深刻回应"建设怎样的社会主义现代化强国、如何建设社会主义现代化强国"的时代之问,其构筑的以中国特色、本质要求、重大原则、方法论指导为基础的中国式现代化理论体系,以及更加关注"中国共产党领导的社会主义

---

① 《马克思恩格斯文集》(第二卷),人民出版社 2009 年版,第 470~471 页。

现代化""坚持和完善中国特色社会主义制度""推进国家治理体系和治理能力现代化"等体现出对新时代中国实现现代化的国情、条件、领导力量、现实基础、难度和贡献的深刻认知。更进一步,中国式现代化话语体系实现了由"世界有我"到"世界向我"的创新突破,实现了从侧重于国内实现高质量的社会主义现代化,向为发展中国家走向现代化提供新的途径,为人类实现现代化提供新的选择,为解决人类问题贡献中国智慧和中国方案的创新突破。① 这一时期,中国式现代化的话语体系内核不断深化拓展,明晰生产发展、政治民主、精神富足、生活富裕、天人和谐、世界大同的全方位发展目标,体现出发展性、人民性、协调性、开放性等特质并指向人的解放和自由全面发展的核心命题。不仅如此,在同西式现代化话语并存乃至同台竞争的"时空"背景下,中国式现代化话语体系"共时性"叙事,无疑也体现出很强的与后者相比较的"对象感"。也就是说,中国式现代化话语体系的"共时性"话语,总是透射出鲜明的与西方现代化相比较的色彩,无论是关于中国式现代化的本质要求、中国特色还是重大原则,都是如此。尤其值得一提的是,关于中西现代化模式对比的论述,即"西方发达国家是一个'串联式'的发展过程,工业化、城镇化、农业现代化、信息化顺序发展,发展到目前水平用了二百多年时间。我们要后来居上,把'失去的二百年'找

---

① 韩庆祥:《中国式现代化的理论体系和话语体系——兼论中国式现代化是如何成功创造和建构起来的》,《哲学研究》,2023 年第 8 期。

回来,决定了我国发展必然是一个'并联式'的过程,工业化、信息化、城镇化、农业现代化是叠加发展的"①,就是对中国式现代化话语体系"共时性"之维的经典论述。

四、普遍性话语与特殊性话语的复合：中国式现代化的比较叙事与优越性彰显

话语体系不仅具有阐释功能、价值功能、引领功能等,而且还具有基本的传播功能,因为"只建构不传播的话语无法发挥引领作用"②,进而也就无法生成有力的话语权。长期以来,美西方国家凭借其先发优势和经济军事实力支撑,把持国际话语权,使当前国际传播成为美西方国家价值观念、发展模式、意识形态的国家化,从而强力形塑出"西方中心主义"的话语格局。进而,在这种话语格局下的现代化叙事就被简单粗暴地表达为"西方模式是现代化的唯一正确道路""他国现代化都应向西方现代化靠拢"等,也即以偷换概念的方式将"现代化"等同于"西方化"。因此,党的二十大提出的"加强国际传播能力建设,全面提升国际传播效能,形成同我

---

① 中共中央文献研究室:《习近平关于社会主义经济建设论述摘编》,中央文献出版社 2017 年版,第 159 页。
② 艾四林、陈钿莹:《中国式现代化话语体系建构的三重维度》,《山东大学学报(哲学社会科学版)》,2023 年第 2 期。

国综合国力和国际地位相匹配的国际话语权"①就显得极为迫切而必要。

总的来说,一种话语体系,只有找到一般性的意义,才能形成在世界范围内得到更多国家理解和认同的普遍共识,也即体现出"普遍性";而同时,又必须结合具体实际而嵌入自己的特点和特色,才能形成富有强大生机和活力的比较优势,也即彰显出"特殊性"。循着这种逻辑和规律,中国式现代化话语体系的建构要想冲破西方霸权、增强话语认同、提升话语传播效力,就必须形成普遍性和特殊性相结合的话语结构,在比较叙事中彰显中国式现代化的优越性。习近平强调指出,"一个国家走向现代化,既要遵循现代化一般规律,更要符合本国实际,具有本国特色。中国式现代化既有各国现代化的共同特征,更有基于自己国情的鲜明特色"②,这里的"既要""更要""既有""更有""中国式""现代化"等关键词,就在揭示"中国式现代化的双重属性及其成因"③的同时,也构成了中国式现代化话语体系的复合叙事特点的精炼概括。进一步来说,"中国式现代化,深深植根于中华优秀传统文化,体现科学社会主义的先进本质,借鉴吸收一切人类优秀

---

① 习近平:《高举中国特色社会主义伟大旗帜 为全面建设社会主义现代化国家而团结奋斗——在中国共产党第二十次全国代表大会上的报告》,人民出版社2022年版,第46页。
② 习近平:《中国式现代化是强国建设、民族复兴的康庄大道》,《求是》,2023年第16期。
③ 李君如:《论中国式现代化的话语体系的构建》,《理论视野》,2024年第1期。

文明成果,代表人类文明进步的发展方向"①,其实又揭示出塑造这种复合叙事特点的话语结构的根本来源。可见,"中国式现代化是社会主义和现代化的普遍性同基于国情的特殊的两个结合"②,其语料来源既有人类共同文明成果的"普遍性"话语,又有"中华优秀传统文化""科学社会主义""中国的国情和实践"的"特殊性"话语,从而实现了二者的辩证统一、相互补充,彰显了超越西方现代化话语的比较优势。

一方面,普遍性话语构成了中国式现代化话语体系的共识之基。中国式现代化是世界现代化体系的重要构成,而不是站在它对立面的其他现代化,是遵循各国现代化共性一般规律的。现代化是人类社会发展的必然趋势,而现代化的一个重要特征便是各个国家的经济在很大程度上逐渐融为一体,③因为"过去那种地方的和民族的自给自足和闭关自守状态,被各民族的各方面的互相往来和各方面的互相依赖所代替了。物质的生产是如此,精神的生产也是如此"④。现代化不能只从一国自身历史的"纵向"中去寻找参照和借鉴,否则自身潜能被激活的机会和条件相对来说十分有限,会缺少一种有益的超越精神。在中国式现代化的逻辑中,虽然"发展

---

① 习近平:《以中国式现代化全面推进强国建设、民族复兴伟业》,《求是》,2025年第1期。
② 陈锡喜:《论中国式现代化的理论建构及对人类文明的贡献》,《贵州省党校学报》,2023年第1期。
③ 吴忠民:《中国现代化新论》,商务印书馆2023年版,第234页。
④ 《马克思恩格斯文集》(第二卷),人民出版社2009年版,第35页。

的最基本的生长力量存在于民族的内部……外在的因素一旦经过内化的处理,'外在'的意义已不存在,而成为该民族内在的一个有机组成部分"①。因此,中国式现代化话语始终秉持开放的心态、开阔的眼界,借鉴古今中外,立足全球化和现代化的宏观大局,坚持在理性批判基础上借鉴西方现代化话语中符合科学精神的理论、观点和方法并进行积极有效的内化和转化,例如,西方生态现代化理论提出生态保护与经济发展耦合的观点;多元现代化理论认为现代化的展现方式各不相同;反思现代化理论分解传统现代化,提出新的现代化的风险社会等,都成为中国式现代化建设实践中的有益养料。再如,中国式现代化和世界现代化都强调生产力在现代化过程中的关键作用,尤其强调工业在整个现代化进程中的极大推动作用,因为"现代大工业既是现代社会的本质特征,更是现代社会赖以存在和发展的基本物质生产基础"②。还如,世界现代化理论强调现代化是从传统社会结构类型向现代社会结构类型的转变,因而是一个整体性的结构变革,中国式现代化形成的"五位一体"总体布局以及建设富强、民主、文明、和谐、美丽的社会主义现代化强国的目标,就符合世界现代化的这一普遍规律;此外,世界现代化中重视科学技术的龙头带动作用与中国式现代化的"科学技术是第一生

---

① 吴忠民:《发展的意蕴》,《社会科学研究》,1991年第5期。
② 吴忠民:《中国现代化新论》,商务印书馆2023年版,第206页。

产力、第一竞争力"①、科技创新"是发展新质生产力的核心要素"②,世界现代化的产业体系不断地升级化与中国式现代化构筑的"高质量产业体系",世界现代化进程中政治民主化的目标设定与中国式现代化追求的"国家治理体系与治理能力现代化""发展全过程人民民主",世界现代化追求的高城镇化与中国式现代化推进的"新型城镇化"等等。这些论述,既是对中国式现代化体现的一般规律性的呈现,也是中国式现代化普遍性话语的概括和表达。

另一方面,特殊性话语构成了中国式现代化话语体系的优势之源。习近平强调:"要加快构建中国话语和中国叙事体系,用中国理论阐释中国实践,用中国实践升华中国理论,打造融通中外的新概念、新范畴、新表述,更加充分、更加鲜明地展现中国故事及其背后的思想力量和精神力量。"③这其实也对中国式现代化特殊性话语建构提供了指导和遵循。一般来说,现代化道路的多样性根本在于各个国家面对现代化时所处的"前置语境"不同,即理论基础、历史文化、现实国情构筑的底蕴之差异。

在中国式现代化话语体系中,马克思主义构筑了其根本话语立场和学理依据,也是话语体系持久力的根本支撑。马

---

① 习近平:《加快构建新发展格局　把握未来发展主动权》,《求是》,2023年第8期。
② 习近平:《发展新质生产力是推动高质量发展的内在要求和重要着力点》,《求是》,2024年第11期。
③ 《习近平谈治国理政》(第四卷),外文出版社2022年版,第317页。

克思主义作为现代社会发展经验的科学抽象,其"以人民为中心"的鲜明立场、科学的世界观和方法论以及"实事求是、与时俱进"的理论特质是中国走上现代化道路的理论根源。马克思主义的人民性,充分体现人的本质必然代替资本增殖成为社会发展的最终目的,构成了中国式现代化话语对西方现代化资本中心逻辑超越性的重要依据。马克思主义的基本原理,成为中国式现代化实践的重要指导。比如,立足生产力和生产关系的辩证关系原理,我们实现了社会主义与市场经济的结合,创造性地建立和发展了社会主义市场经济体制。马克思主义对资本现代性的批判、对资本主义社会的根本矛盾的揭示、对现代性背后机制的辨析、对现代化道路多样性的论证,都成为中国式现代化建设的重要遵循,也使得构筑其上的中国式话语体系的真理性和科学性得以彰显。

中华优秀传统文化提供了中国式现代化特殊性话语的丰富养料与自信根源。一般来说,"任何具有生命力的话语体系必须具有深厚的文化底蕴,才能成为民族文化的外在表达形式和思想传输系统,才能根深叶茂、绵延不断、继长增高"[①]。而"中华优秀传统文化是中华民族的突出优势,是我们最深厚的文化软实力"[②]。因此,中华优秀传统文化是中国式现代化发展的深层动力,为中国式现代化话语体系的构建提供了丰厚养料。甚至可以说,中国式现代化话语体系就是

[①] 吴汉全:《话语体系初论》,人民出版社2020年版,第207页。
[②]《习近平谈治国理政》(第一卷),外文出版社2018年版,第155页。

中华先贤治理良方、政治智慧以及对未来社会美好畅想的发展性表达。中华优秀传统文化陶冶了中国式现代化话语体系气度,习近平强调的"中国式现代化是赓续古老文明的现代化,而不是消灭古老文明的现代化;是从中华大地长出来的现代化,不是照搬照抄其他国家的现代化;是文明更新的结果,不是文明断裂的产物"以及"中国式现代化是中华民族的旧邦新命,必将推动中华文明重焕荣光"[1]等重要论述,都揭示出中华优秀传统文化所赋予中国式现代化特殊性话语的深厚底蕴。如果进一步分析,能够发现中华优秀传统文化中的天下为公、民为邦本、天人合一、讲信修睦、亲仁善邻、"己所不欲、勿施于人""美人之美、美美与共"等价值理念与中国式现代化的"中国特色"以及中国式现代化特殊话语生成之间的密切关联。

此外,中国式现代化所植根的具体国情也是形塑中国式现代化特殊性话语的重要因素。我们党带领人民在一百多年的奋斗历程中,完成了从站起来到富起来再到强起来的历史性飞跃,创造了举世瞩目的现代化建设成就,尤其是新时代以来的伟大变革,极大推动了中国式现代化事业的发展。在这个过程中,我们能够看到中国式现代化特殊话语的形成与具体国情之间存在密切的关系。比如我们是在"地广人多、情况复杂的大国"[2]建设现代化,因而,现代化话语总是与

---

[1] 习近平:《在文化传承发展座谈会上的讲话》,《求是》,2023年第17期。
[2]《毛泽东文集》(第七卷),人民出版社1999年版,第114页。

这样的特点密切关联,比如"人口规模巨大的现代化"是中国式现代化的显著特征,话语呈现的合理性逻辑则是"人口规模不同,现代化的任务就不同,其艰巨性、复杂性就不同,发展途径和推进方式也必然具有自己的特点"①。与此相关,基于"中国穷了几千年,是时候了,不能再等了""再耽误不得了"的深深的忧患和危机意识,形成了一种赶超型的现代化模式,相应的话语表达也呈现与此相适应的特点。早在1956年党的八大预备会议上,毛泽东就深刻指出,"你有那么多人,你有那么一块大地方,资源那么丰富,又听说搞了社会主义,据说是有优越性,结果你搞了五六十年还不能超过美国,你像个什么样子呢?那就要从地球上开除你的球籍!"②邓小平也强调再不改革开放就要被开除"球籍"。直到"五六十年"后的今天,中国共产党仍然怀着被开除"球籍"的深深忧虑,塑造了中国式现代化独具特色的"时空压缩型"的特点,相应的话语表达正如习近平所指出的,"中国共产党领导中国人民取得的伟大胜利,使具有5000多年文明历史的中华民族全面迈向现代化,让中华文明在现代化进程中焕发出新的蓬勃生机……中国这个世界上最大的发展中国家在短短30多年里摆脱贫困并跃升为世界第二大经济体,彻底摆脱被

---

① 习近平:《中国式现代化是强国建设、民族复兴的康庄大道》,《求是》,2023年第16期。
② 《毛泽东文集》(第七卷),人民出版社1999年版,第89页。

开除球籍的危险"①。

党中央强调,"紧紧围绕推进中国式现代化这个最大的政治,不忘初心、牢记使命,锐意进取、敢作善为,在党中央统一指挥下形成合奏,紧扣一个'实'字抓好党的二十大战略部署的贯彻落实,为推进强国建设、民族复兴伟业作出更大贡献。"②显然,这里把中国式现代化作为"最大的政治",其实是中国式现代化话语体系建构的现实表现和重大成果。特别是在强调把以中国式现代化全面推进强国建设、民族复兴伟业作为新时代新征程党和国家的中心任务的历史方位之下,研究和把握中国式现代化话语体系建构的特点规律,加快建设中国式现代化话语体系,大力提升中国式现代化话语权,对发挥中国式现代化话语体系的引领性、凝聚性等功能,从而汇聚起推进强国建设、民族复兴伟业的强大共识和磅礴伟力,更显迫切并富有价值。

---

① 习近平:《在庆祝中国共产党成立 95 周年大会上的讲话》,《人民日报》2016年7月2日,第2版。
② 《中共中央政治局常务委员会召开会议 听取全国人大常委会、国务院、全国政协、最高人民法院、最高人民检察院党组工作汇报听取中央书记处工作报告》,《人民日报》2024年1月5日,第1版。

第五章　中国式现代化话语体系的结构功能

当前学界对中国式现代化话语体系的研究已经取得不少富有启发性的研究成果,本章拟在此基础上,运用结构功能主义方法对这一问题进行再审视,通过揭示其结构功能,从而透视中国式现代化话语体系的深层力量来源与生成机理。结构功能主义方法,是当代政治学研究中影响最大的两种方法之一,[1]这就在于"看待任何体系都必须履行的功能的方式很有用"[2],并且"在某种意义上,发展出一套结构-功能分析路径,是第一次有人试图为在全球范围内研究比较政治提供一套系统的方案,它的很多内容还有生命力"[3]。同样,中国式现代化话语体系本身就是一个"体系",而从结构功能

---

[1] 吕亚力:《政治学研究方法》,三民书局 1979 年版,第 221 页。
[2] [美]芒克等:《激情、技艺与方法:比较政治访谈录》,汪卫华译,当代世界出版社 2022 年版,第 81 页。
[3] [美]芒克等:《激情、技艺与方法:比较政治访谈录》,汪卫华译,当代世界出版社 2022 年版,第 82~83 页。

视角来研究它,不只是为了通过中国式现代化话语体系中体现中国特色、中国自主的典型语料来把握中国式现代化这一不同于西方现代化模式的新图景和全新的人类文明形态的突出特征,深刻揭示中国式现代化的特殊规律和独特价值,呈现中国式现代化道路的合理性;也要通过对中国式现代化话语体系中彰显大历史观和世界视野的互动性话语,来把握中国式现代化内蕴的一般规律与共同价值,揭示其中内蕴的不同文明融合而成的"共识文明"或者"类文明"①,展示中国式现代化道路的共通性。总而言之,增强中国式现代化话语权及其国际传播,并不能仅仅囿于它能够为中国式现代化道路的特殊性和优越性提供有力解释,更要揭示它体现出的合规律性与合目的性相统一的成分。

显然,结构功能分析,恰恰可以为这方面的比较分析提供便利和路径。结构功能分析,重在"功能分析",但基础在"把握结构",从而通过分析"结构"(制度、组织、文化、规则以及行动者等)产生的约束,来研究它的功能(目标、过程、结果或客观的影响等)。中国式现代化话语体系本身作为一个"体系",从不同角度出发能够对其作出不同的"结构"层次划分。在笔者看来,在有限的篇幅内,从研究的深入有效出发,必须把握其核心、关键的"结构要件"。而关于中国式现代化话语体系的结构要件,习近平总书记的论述能够提供认识和

---

① 虞崇胜:《类文明:化解全球化时代文明冲突的新文明形态》,《马克思主义与中华文化研究》,2019 年第 1 期。

研究的重要启发和遵循,他指出,"中国式现代化,深深植根于中华优秀传统文化,体现科学社会主义的先进本质,借鉴吸收一切人类优秀文明成果,代表人类文明进步的发展方向,展现了不同于西方现代化模式的新图景,是一种全新的人类文明形态"[1]。透过"科学社会主义""中华优秀传统文化""人类文明"等关键词,至少能够解析出"党的领导""人民中心"(科学社会主义)、"文化传统"(中华优秀传统文化)和"共同价值"(人类优秀文明成果、人类文明)等核心结构要件,每一要件在中国式现代化话语体系中扮演着不同的角色,进而透过对这些结构要件的分析研究,揭示中国式现代化话语体系的功能及其生成逻辑,发掘其背后凝结的一般规律与价值共识,从而增强中国式现代化话语体系的传播力和中国哲学社会科学自主知识体系建构的自觉性。

一、党的领导与国家建构:中国式现代化话语体系的整合功能与有序的现代化

概括提出并深入阐述中国式现代化理论"是科学社会主义的最新重大成果"[2],意味着中国式现代化话语体系是中国共产党人将科学社会主义基本原理与中国现代化具体实践

---

[1] 习近平:《以中国式现代化全面推进强国建设、民族复兴伟业》,《求是》,2025年第1期。

[2] 习近平:《以中国式现代化全面推进强国建设、民族复兴伟业》,《求是》,2025年第1期。

相结合而生成的,属于社会主义现代化理论谱系和话语谱系,因此,科学社会主义的基本原则、价值追求、重要特征等都会嵌入到中国式现代化话语体系之中。而在科学社会主义的基本原则之中,无产阶级政党的领导无疑是十分关键的,"无产阶级要在决定关头强大到足以取得胜利,就必须(马克思和我从1847年以来就坚持这种立场)组成一个不同于其它所有政党并与它们对立的特殊政党,一个自觉的阶级政党"①。也许正是在这个意义上,我们把"党的领导"上升到社会主义本质的高度,且"明确中国特色社会主义最本质的特征是中国共产党领导"②。自然,党的领导也构成了中国式现代化话语体系的核心结构要件,它意味着"中国式现代化,是中国共产党领导的社会主义现代化"③,并且在中国式现代化的本质要求之中,居于首位的也是"坚持中国共产党领导"。其实,党的领导不仅在"结构上"决定着"中国式现代化的根本性质",而且在"功能上"能够"确保中国式现代化锚定奋斗目标行稳致远","激发建设中国式现代化的强劲动力","凝聚建设中国式现代化的磅礴力量"④。

---

① 《马克思恩格斯文集》(第十卷),人民出版社2009年版,第578页。
② 《中共中央关于党的百年奋斗重大成就和历史经验的决议》,《人民日报》2021年11月17日,第1版。
③ 习近平:《高举中国特色社会主义伟大旗帜　为全面建设社会主义现代化国家而团结奋斗——在中国共产党第二十次全国代表大会上的报告》,人民出版社2022年版,第22页。
④ 习近平:《以中国式现代化全面推进强国建设、民族复兴伟业》,《求是》,2025年第1期。

如果说这些话语表达，更多反映的是中国式现代化话语体系结构功能的特殊性的话，那么，在这些看似特殊的背后凝结的一般性规律的东西，则揭示了中国式现代化话语体系结构功能安排的普遍性规律意蕴：一方面，现代化与政党相伴共生，二者互为因果、交互作用，"现代化既体现生产力与生产关系的深刻变革过程，也表达政党作为现代政治主导力量的产生及政党政治确立与展开的实践过程"①。可以说，"作为现代化事业的引领和推动力量，政党的价值理念、领导水平、治理能力、精神风貌、意志品质直接关系国家现代化的前途命运"②。另一方面，任何现代化的实践过程都要处理好活力与秩序的关系问题，因为"现代性孕育着稳定，而现代化过程却滋生着动乱"，而"政治秩序混乱的原因，不在于缺乏现代性，而在于为实现现代性所进行的努力"③。这往往就需要借助于强大的政党能力来化解现代化过程滋生的动乱对秩序的冲击，"政党制度的力量和适应性"④就显得尤为关键。这样，政党政治与现代化的互动，就"成为近代以来组织人类

---

① 王韶兴：《现代化进程中的中国社会主义政党政治》，《中国社会科学》，2019年第6期。
② 习近平：《携手同行现代化之路——在中国共产党与世界政党高层对话会上的主旨讲话》，《人民日报》2023年3月16日，第2版。
③ ［美］塞缪尔·亨廷顿：《变化社会中的政治秩序》，王冠华、刘为译，上海世纪出版集团2008年版，第31～32页。
④ ［美］塞缪尔·亨廷顿：《变化社会中的政治秩序》，王冠华、刘为译，上海世纪出版集团2008年版，第350页。

社会生活、推动各国文明发展的重要形态"①。

中国式现代化作为"典型的政党引领驱动和定向主导型现代化"②,党的领导在缔造中国式现代化特色标识、开辟人类文明发展新境界的同时,也使其成为中国式现代化话语体系的核心结构要件,甚至是"结构前件",具有基础性和前置性的地位。这就在于"党的领导"不仅呼应了"政党政治与现代化的共生与互动"这一"近代以来人类文明演进的大逻辑"③,而且还顺应了现代化进程中实现国家建构的目标要求。所谓国家建构就是在国家和社会关系调适过程中,确立国家最高权威地位,"并将不同政治力量整合进国家制度的政治过程",其成功的标志则是"形成相对稳定、有效的治理秩序"④,或者说,在现代国家建构中,需要解决的首要问题是建立强有力的政府以维护社会秩序与稳定。回顾近代以来中国政治发展的历史,能够看出,辛亥革命之后,"从帝制的废墟中却不能自动产生出一个现代国家,而是分裂出大大小小的传统型权力中心,形成严重的政治权威危机"⑤。中国共

---

① 王韶兴:《现代化进程中的中国社会主义政党政治》,《中国社会科学》,2019年第6期。
② 田旭明:《党的领导何以成为中国式现代化的最大优势》,《马克思主义研究》,2024年第7期。
③ 王韶兴:《现代化进程中的中国社会主义政党政治》,《中国社会科学》,2019年第6期。
④ 汤峰、杨雪冬:《双轨式国家建构与后发国家治理秩序生成》,《江苏社会科学》,2024年第3期。
⑤ 罗荣渠:《现代化新论——世界与中国的现代化进程》,商务印书馆2004年版,第320~321页。

产党的诞生,其实是"应对20世纪中国现代化严重危机的产物",因为"中国现代化的总体性危机使人们逐渐意识到,社会的低组织化或无组织化状态是中国现代化失败的主要原因"。而建立一个具有强大能力的政党,才能改变整个社会的"失序"状态,即"用政党的力量来克服中国的低组织化状态,用政党的组织网络来完成中国社会的再组织化"①。中国共产党就很好地担当了克服近代以来中国现代化危机的重任和使命,"成为主导现代国家建构的核心领导力量"②,其沿着"建党-建军-建国"的逻辑顺序和演进轨迹,领导人民通过民族民主革命,实现民族独立和人民解放,建立了人民共和国,完成了现代国家建构的任务,奠定了整个社会的基本秩序。在这个过程中,从"失序"到"有序",革命的任务异常艰巨,没有中国共产党强有力的领导,就无法释放出强大的整合功能,就不能实现秩序建构,进而就不可能推翻帝国主义、封建主义、官僚资本主义三座大山的压迫和奴役,完成现代国家建构的任务,从而"为实现现代化创造了根本社会条件"③。

新中国成立后,面对国内一穷二白、百废待兴特别是占

---

① 陈明明:《中国现代化道路的历史与政治之维》,《南京大学学报(哲学·人文科学·社会科学)》,2023年第1期。
② 陈军亚、王浦劬:《以双重革命构建新型现代国家——基于中国共产党使命的分析》,《政治学研究》2022年第1期。
③ 习近平:《以中国式现代化全面推进强国建设、民族复兴伟业》,《求是》,2025年第1期。

人类四分之一的中国人民要解决吃饭问题,而国际上帝国主义又对我威胁、遏制与封锁的艰险复杂的形势,进行社会主义革命,必须团结起来,"才能有调动一切积极因素为实现现代化服务的强大合力作用"[1],这就对党的领导的整合功能提出了更高的要求。改革开放以后,我们也一直保持着高度清醒,深刻认识到"中国的社会主义现代化建设事业由共产党领导,这个原则是不能动摇的;动摇了中国就要倒退到分裂和混乱,就不可能实现现代化"[2]。此后,中国式现代化的实践也充分表明,"中国现代化事业任重道远,需要继续长期进行艰苦奋斗"[3],必须要坚持党的领导,而如果"没有这个坚强的领导核心,就不可能实现社会主义现代化"[4],进而就会"一盘散沙、四分五裂,不仅建设搞不起来,而且必然陷入混乱的深渊"[5]。新时代,基于推进中国式现代化是一项前无古人的开创性事业而"必然会遇到各种可以预料和难以预料的风险挑战、艰难险阻甚至惊涛骇浪"[6]的认识,同样要求必须毫不动摇坚持党的领导,"才能前景光明、繁荣兴盛","否则,中国

---

[1] 张光辉、翟桂萍:《社会主义民主政治的显著优势和特点》,《科学社会主义》,2019年第6期。
[2] 《邓小平文选》(第二卷),人民出版社1994年版,第267~268页。
[3] 《胡锦涛文选》(第二卷),人民出版社2016年版,第48页。
[4] 《江泽民文选》(第一卷),人民出版社2006年版,第157页。
[5] 《江泽民文选》(第三卷),人民出版社2006年版,第224页。
[6] 习近平:《以中国式现代化全面推进强国建设、民族复兴伟业》,《求是》,2025年第1期。

式现代化就会偏离航向、丧失灵魂,甚至犯颠覆性错误"[1]。习近平强调,中国式现代化不仅应当而且能够实现"活而不乱、活跃有序的动态平衡"[2],并且也的确创造出社会长期稳定的奇迹。其中的秘诀,正如习近平所指出的那样,"为什么我国能保持长期稳定,没有乱?根本的一条就是我们始终坚持共产党领导"[3]。总之,中国式现代化的推进过程,也是现代国家建构的过程,党的领导所释放出的强大整合功能,在"结出现代国家的果实"[4]的同时,也提供了现代化过程得以顺利展开的必要秩序,实现了一种"有序的现代化"。这恰恰印证现代化的规律即"处于现代化之中的政治体系,其稳定取决于其政党的力量……那些在实际上已经达到或者可以被认为达到政治高度稳定的处于现代化之中的国家,至少拥有一个强大的政党"[5]。这样,党的领导构成了中国式现代化话语体系的核心结构要件甚至"结构前件",也成为中国式现代化话语体系内蕴的现代化的共通性和"类文明"的有力论证并释放出有力的整合功能。

---

[1] 习近平:《以中国式现代化全面推进强国建设、民族复兴伟业》,《求是》,2025年第1期。
[2] 习近平:《以中国式现代化全面推进强国建设、民族复兴伟业》,《求是》,2025年第1期。
[3] 习近平:《毫不动摇坚持和加强党的全面领导》,《求是》,2021年第18期。
[4] 任剑涛:《从帝制中国、政党国家到宪制中国:中国现代国家建构的三次转型》,《学海》,2014年第2期。
[5] [美]塞缪尔·亨廷顿:《变化社会中的政治秩序》,王冠华、刘为译,上海世纪出版集团2008年版,第341页。

二、人民中心与社会平等：中国式现代化话语体系的凝聚功能与有爱的现代化

中国式现代化是中国共产党领导的社会主义现代化，这是对中国式现代化定性的本质性话语叙事，其中，如果说"党的领导"是本质要求的话，那么"社会主义"就是本质属性，决定着中国式现代化的根本价值取向和目标追求。而从某种意义上来说，"社会主义的本质很简单，就是以社会全体为主义，即以存在于社会中的每一个人为主义"①。"社会主义"的这一本质界定其实也就从根本上决定了"现代化的本质是人的现代化"②。而人的现代化意味着对人的尊严的肯定，平等的价值得以彰显。而一般来说，"社会平等，被理解为身份和尊严的平等，因而意味着阶级和财产的差别不再成为差别"③。如果具体到中国式现代化，它至少意蕴着两个方面的"平等"：一是"广度"的平等。中国式现代化是"人口规模巨大的现代化"，也就是"中国14亿多人口整体迈入现代化"④，

---

① 虞崇胜：《公平正义：社会主义核心政治价值的精髓》，《湖北社会科学》，2010年第9期。
② 中共中央文献研究室：《十八大以来重要文献选编》（上），中央文献出版社2014年版，第594页。
③ [美]乔万尼·萨托利：《民主新论》，冯克利、阎克文译，上海人民出版社2009年版，第376页。
④ 习近平：《以中国式现代化全面推进强国建设、民族复兴伟业》，《求是》，2025年第1期。

是"全体人民"的现代化,是"一个也不能少"的现代化。二是"程度"的平等。中国式现代化主张全体人民"平等"享有现代化建设成果,"让现代化建设成果更多更公平惠及全体人民,坚决防止两极分化"①。而"广度"与"程度"的平等又可以被高度凝练在这样一句话语之中,即中国式现代化是"全体人民共同富裕的现代化"②。这里的"共同"富裕,其实既意味着"广度"平等,也包含着"程度"平等。

甚至可以说,"共同富裕"不仅是"社会主义现代化的一个重要目标"③,也是"中国式现代化的重要特征"④,进而也构成了中国式现代化"区别于西方现代化的显著标志"⑤,彰显出中国式现代化话语体系的鲜明优势。而这种优势的"结构"来源则是"人民至上"或者"人民中心"的价值追求,换言之,"从本质上来说,中国式现代化彰显了以人民为中心、人民至上的价值理念"⑥。习近平总书记就指出,"我们要坚守人民至上理念,突出现代化方向的人民性",甚至在他看来,

---

① 习近平:《以中国式现代化全面推进强国建设、民族复兴伟业》,《求是》,2025年第1期。
② 习近平:《以中国式现代化全面推进强国建设、民族复兴伟业》,《求是》,2025年第1期。
③ 习近平:《全党必须完整、准确、全面贯彻新发展理念》,《求是》,2022年第16期。
④ 习近平:《扎实推动共同富裕》,《求是》,2021年第12期。
⑤ 习近平:《以中国式现代化全面推进强国建设、民族复兴伟业》,《求是》,2025年第1期。
⑥ 刘小莉等:《人民至上:中国式现代化的价值意蕴》,《理论视野》,2024年第11期。

"现代化道路最终能否走得通、行得稳,关键要看是否坚持以人民为中心"①。基于此逻辑,"只有坚持以人民为中心的发展思想,坚持发展为了人民、发展依靠人民、发展成果由人民共享,才会有正确的发展观、现代化观"②。与这样的"现代化观"相适应,在实践中,就必须"坚持把人民对美好生活的向往作为奋斗目标,坚持以人民为中心的发展思想,着力保障和改善民生,着力解决人民急难愁盼问题,让中国式现代化建设成果更多更公平地惠及全体人民"③。尤其重要的是,"现代化不仅要看纸面上的指标数据,更要看人民的幸福安康"④,因此,习近平总书记多次强调,"中国式现代化,民生为大。党和政府的一切工作,都是为了老百姓过上更加幸福的生活"⑤,而只有"牢固树立以人民为中心的发展思想,常怀忧民、爱民、惠民之心"⑥,才能解决好同老百姓生活息息相关的民生问题,"使人民获得感、幸福感、安全感更加充实、更有保

---

① 习近平:《携手同行现代化之路——在中国共产党与世界政党高层对话会上的主旨讲话》,《人民日报》2023年3月16日,第2版。
② 习近平:《把握新发展阶段,贯彻新发展理念,构建新发展格局》,《求是》,2021年第9期。
③ 习近平:《以中国式现代化全面推进强国建设、民族复兴伟业》,《求是》,2025年第1期。
④ 习近平:《携手同行现代化之路——在中国共产党与世界政党高层对话会上的主旨讲话》,《人民日报》2023年3月16日,第2版。
⑤《习近平在重庆考察时强调 进一步全面深化改革开放 不断谱写中国式现代化重庆篇章》,《人民日报》2024年4月25日,第1版。
⑥ 中共中央党史和文献研究院:《习近平关于尊重和保障人权论述摘编》,中央文献出版社2021年版,第38页。

障、更可持续"①。从这个意义上来说,把"人民中心"嵌入到中国式现代化的话语体系之中,就成为塑造"社会平等"和"共同富裕"美好目标的"结构要件",也实现了一种"有爱的现代化"。

中国式现代化之所以把"人民中心"嵌入到话语体系之中,最深层的结构来源就是"社会主义"。早在改革开放初期,邓小平就多次强调,"在四个现代化前面有'社会主义'四个字,叫'社会主义四个现代化'"②。相反,如果"他们只讲四化,不讲社会主义。这就忘记了事物的本质,也就离开了中国的发展道路。这样,关系就大了"③。这不仅因为"社会主义是中国人民的历史选择,是中国走向现代化的必由之路"④,更重要的是"社会主义最大的优越性就是共同富裕,这是体现社会主义本质的一个东西"⑤,并且,"社会主义与资本主义不同的特点就是共同富裕,不搞两极分化"⑥。其中的道理也是十分清楚的,只有以生产资料公有制为基础的社会主义才能"将所有人置于经济平等地位,进而从经济基础上保障了政治平等,政治平等与经济平等相互强化,因而使社会

---

① 习近平:《在纪念毛泽东同志诞辰130周年座谈会上的讲话》,《人民日报》2023年12月27日,第2版。
② 《邓小平文选》(第三卷),人民出版社1993年版,第138页。
③ 《邓小平文选》(第三卷),人民出版社1993年版,第204页。
④ 《江泽民文选》(第一卷),人民出版社2006年版,第122页。
⑤ 《邓小平文选》(第三卷),人民出版社1993年版,第364页。
⑥ 《邓小平文选》(第三卷),人民出版社1993年版,第123页。

平等成为现实"①。在全面建设社会主义现代化强国的伟大征程中,我们更加重视这一点,不断强调"共同富裕是社会主义的本质要求"②,"全体人民共同富裕是中国式现代化的本质特征"③,"共同富裕是中国特色社会主义的本质要求","我国现代化坚持以人民为中心的发展思想……逐步实现全体人民共同富裕,坚决防止两极分化"④。正是从这个意义上来说,有研究者就认为,"社会主义不仅意味着生产资料的共同所有,而且意味着社会大众凝聚成为一个整体"⑤。也即社会主义本身就内蕴着"凝聚功能"。

其实,社会主义的这种"凝聚功能"还充分彰显在"人民中心"这一结构要件上,因为把"人民中心"嵌入到中国式现代化话语体系之中,使得这一根本价值及其内蕴的社会平等,契合了人们对美好社会的期待,符合人类文明发展的未来方向,体现出合规律性与合目的性的统一,因而,具有很强的感召力和吸引力,从而释放出强大的"凝聚功能",极大增强了中国式现代化话语体系的正当性和优越性。其实,在中国式现代化启动伊始,现代国家建构的目标任务,就对"人民中心"提出了内在要求,并"将以人民为中心作为现代国家建

---

① 汪仕凯:《全过程人民民主研究手册》,上海人民出版社2024年版,第2页。
② 《习近平著作选读》(第二卷),人民出版社2023年版,第501页。
③ 中共中央党史和文献研究院:《习近平关于中国式现代化论述摘编》,中央文献出版社2023年版,第101页。
④ 《习近平著作选读》(第二卷),人民出版社2023年版,第367页。
⑤ 汪仕凯:《全过程人民民主研究手册》,上海人民出版社2024年版,第3页。

构的核心价值取向"①。也即只有解决好民生问题,才能"唤起工农千百万同心干","凝聚"起磅礴的革命力量,战胜最强大的敌人,完成革命的任务。也许正是从这个意义上来说,有研究者就认为,现代国家建构过程中,民生发挥着"民心凝聚核"的作用,即"中国共产党以保障和改善民生为抓手,动员起千千万万人民大众,投入反对帝国主义、封建主义和官僚资本主义的新民主主义革命中,为夺取新民主主义革命的胜利提供了强大的动力"②。新中国成立特别是改革开放以后,"人民中心"的价值追求不仅首先体现在解决"匮乏"问题,而且还体现在解决"平等"的问题。特别是随着现代化进程的推进,解决了"发展起来的问题"之后,邓小平就敏锐地指出,"十二亿人口怎样实现富裕,富裕起来以后财富怎样分配,这都是大问题。题目已经出来了,解决这个问题比解决发展起来的问题还困难。分配的问题大得很。我们讲要防止两极分化……少部分人获得那么多财富,大多数人没有,这样发展下去总有一天会出问题"③。其中的道理也是非常简单明了的,"如果一个社会的经济发展成果不能真正分流到大众手中,那么它在道义上将是不得人心的。而且是有风

---

① 唐任伍、杨雨杉:《中国现代国家建构的民生路径》,《国家现代化建设研究》,2024年第5期。
② 唐任伍、杨雨杉:《中国现代国家建构的民生路径》,《国家现代化建设研究》,2024年第5期。
③ 中共中央文献研究室:《邓小平思想年编(1975~1997)》(下),中央文献出版社2011年版,第719页。

险的，因为它注定要威胁社会稳定"①。显然，对"共同富裕"的追求就是要防止出现"两极分化"，而"两极分化"其实是"社会撕裂"的代名词，它势必会挫伤人心，冲击和破坏社会的凝聚力。习近平总书记也深刻指出了这一点："物质丰富了，但发展极不平衡，贫富悬殊很大，社会不公平，两极分化了，能得人心吗？"②因此，中国式现代化对"人民中心"价值的强调，对"共同富裕"目标的追求，在消除"两极分化"的同时，也是对"凝聚功能"的彰显，其具有内在逻辑的一致性和互促性，正如邓小平所指出的，"我们搞的四个现代化，是社会主义的四个现代化。只有社会主义，才能有凝聚力，才能解决大家的困难，才能避免两极分化，逐步实现共同富裕"③。习近平总书记也点出了其中的逻辑和道理，在他看来，通过"全面落实以人民为中心的发展思想，扎实推进共同富裕"就能体现党的初心使命、性质宗旨和社会主义制度的优越性，进而"增强党的凝聚力、向心力、号召力"④。简而言之，"人民中心"的价值和结构，能够使中国式现代化话语体系释放出"凝聚功能"。

纵观整个世界的现代化进程，也能发现这个规律，社会

---

① [英]亚当·斯密：《道德情操论》，蒋自强译，商务印书馆1997年版，第385页。
② 中共中央党史和文献研究院：《习近平关于尊重和保障人权论述摘编》，中央文献出版社2021年版，第49页。
③ 《邓小平文选》（第三卷），人民出版社1993年版，第357页。
④ 习近平：《为实现党的二十大确定的目标任务而团结奋斗》，《求是》，2023年第1期。

不公或者两极分化,意味着社会财富共享程度低,社会结构出现了断裂与失衡,进而社会成员之间的向心力和同情心会受到极大挫伤,整个社会的凝聚力、精气神也会显得严重不足,甚至导致国家崩溃与混乱。特别是那些秉持"资本至上"的西方国家,它们以形式平等替代实质平等,在现代化观上"是以资本为中心而不是以人民为中心,追求资本利益最大化而不是服务绝大多数人的利益,导致贫富差距大、两极分化严重"[1],从而造成现代化进程中"富者累巨万,而贫者食糟糠"[2]的恶果,甚至还"导致社会撕裂、政治极化、民粹主义泛滥"[3]。一些走西式现代化道路的发展中国家也是如此,它们掉进"中等收入陷阱"而长期停滞不前乃至严重倒退,甚至卷入贫穷落后与混乱动荡的怪圈而无法自拔,整个社会如同"一盘散沙",根本没有任何凝聚力可言。即便是社会主义国家也是如此,习近平总书记就深刻指出,"即使是实现了现代化的国家,如果执政党背离人民,也会损害现代化成果",苏联最后走向分崩离析了,"一个重要原因是苏联共产党脱离了人民,成为一个只维护自身利益的特权官僚集团"[4]。那么,当一个执政党丧失了人心,对整个社会的"凝聚功能"也

---

[1] 习近平:《以中国式现代化全面推进强国建设、民族复兴伟业》,《求是》,2025年第1期。
[2] 习近平:《在党的十八届五中全会第二次全体会议上的讲话(节选)》,《求是》,2016年第1期。
[3] 习近平:《扎实推动共同富裕》,《求是》,2021年第20期。
[4] 习近平:《把握新发展阶段,贯彻新发展理念,构建新发展格局》,《求是》,2021年第9期。

就会缺失,走向崩溃也就成为一种必然。

三、文化传统与历史传承:中国式现代化话语体系的黏合功能与有根的现代化

经典的现代化理论的话语叙事方式都是首先建构出一个"传统"与"现代"二元图景,进而把现代化描述为从"传统"向"现代"转变的过程。吉登斯等人就认为,"现代化归根到底意味着由工业社会形态对传统社会形态首先进行抽离、接着进行重新嵌合"[①]。甚至有研究者还详尽列举了这一系列从"传统"到"现代"转变的内容,包括"从传统经济向现代经济、传统社会向现代社会、传统政治向现代政治、传统文明向现代文明转变的历史过程及其变化"等[②]。从这个角度来看,"现代化"与"传统"之间是一种矛盾对立的关系。客观地说,现代化的确有对"传统"社会因子进行超越的成分,但是,现代化与传统之间的关系并不是简单的否定和抛弃的关系,而是辩证的。在任何社会中,传统与现代都不是那么泾渭分明的,"传统"并不代表就是落后,"现代"也并不都是先进,"实际社会都包含着传统和现代理想类型的要素,所有实际社会是过渡的或混合的",并且,传统与现代之间也并不是完全排

---

① [德]乌尔里希·贝克,[英]吉登斯等:《自反性现代化:现代社会秩序中的政治、传统与美学》,赵文书译,商务印书馆2014年版,第5页。
② 周月梅:《中国现代化报告(2003)——现代化理论、进程与展望》,北京大学出版社2003年版,第3页。

斥的,反而在一定条件下是相互融合、相互滋养的,"在许多情形下,现代不仅不排斥传统,而且有助于传统之发扬。现代的实践、信仰和制度,可以附和在传统的实践、信仰和制度之上。传统和现代可以相互融合,不是绝然排斥的"①。特别是其中的"文化传统",更是具有强大的历史惯性,体现出历史的延续性和传承性。

如果聚焦到中国的现代化进程,也遵循着这样的规律,可以说,"救亡图存"提供了中国现代化进程开启的动力,但中国现代化模式的选择却并不是随心所欲的,近代以来,"各种救国方案轮番出台,但都以失败而告终"②的事实已经充分证明,处理好"传统"与"现代"的关系对于中国探索出正确的现代化道路、完成"救亡图存"的历史任务、实现民族独立和人民解放是极端重要的。一方面,如果固守"传统"而不思创新和突破,拒绝借鉴"现代"文明、盲目排斥"外来"文明,那是没有希望的。但另一方面,如果完全忘却"传统"、否定"传统"、抛弃"传统",而盲目地、不加鉴别地拥抱"外来"文明,特别是照搬照抄西方文明和现代化道路,那是不会成功的。这其实就意味着,中国的现代化进程和现代化模式的选择必须立足于中国的土壤,并在这个土壤中培塑和成长,其中,文化传统是十分重要和关键的,忘却和抛弃传统,无疑就是割断

---

① 陈鸿瑜:《政治发展理论》,吉林人民出版社2009年版,第36~37页。
② 习近平:《在庆祝中国共产党成立100周年大会上的讲话》,《人民日报》2021年7月2日,第2版。

自己的精神命脉,可以说,"文化必然有传统,无传统就是无文化……若使我们能推翻传统,把各自以往的传统取消,忘其故我,各来一个新我,虽亦有此说法,但推义至尽,怕只有一条路可以达到此希望,那就是自杀"①。这样,虽然现代化的进程无疑会冲击着传统,但是,无论如何,现代化无法彻底摆脱传统的影响和制约,甚至还要依靠传统的滋养,进而从传统中生长出来。同样,"我们的社会主义现代化建设,需要继承和发扬中华民族的优秀文化传统"②。尤其值得一提的是,中国"在几千年的历史进程中,文化传统始终没有中断"③。并且,在历史发展长河中"形成了优良的历史文化传统",这些文化传统,"对今天中国人的价值观念、生活方式和中国的发展道路具有深刻影响"④。习近平总书记也深刻指出,"中国式现代化是赓续古老文明的现代化,而不是消灭古老文明的现代化;是从中华大地长出来的现代化,不是照搬照抄其他国家的现代化;是文明更新的结果,不是文明断裂的产物。中国式现代化是中华民族的旧邦新命,必将推动中华文明重焕荣光"⑤。这种文化传统的延续性和历史传承性,正如有的研究者所言,"虽然现代化强力撞击了中国之门,但中国传统文化却保持了惊人的连贯性和独立性……直到今

---

① 钱穆:《中国文化精神》,九州出版社2012年版,第4~5页。
② 《江泽民文选》(第一卷),人民出版社2006年版,第124页。
③ 《江泽民文选》(第二卷),人民出版社2006年版,第61页。
④ 《江泽民文选》(第二卷),人民出版社2006年版,第60页。
⑤ 习近平:《在文化传承发展座谈会上的讲话》,《求是》,2023年第17期。

天,中国传统文化中多数的价值与信念都还持久不衰"①。也就是说,现代化并不是对文化传统的简单否定,反而是"激活了中华文明的基因,引领中国走进现代世界,推动了中华文明的生命更新和现代转型",进而使"中华优秀传统文化成为现代的,让经由'结合'而形成的新文化成为中国式现代化的文化形态"②。

这表明,现代化与文化传统之间并不必然是冲突的,现代化的进程反而是立足于文化传统之上,体现出很强的历史传承性,"如果不从源远流长的历史连续性来认识中国,就不可能理解古代中国,也不可能理解现代中国,更不可能理解未来中国"③。其实,不仅如此,文化传统的历史传承性还体现在文化传统对现代化道路的选择和具体形态的强大塑造作用上,它就像是基因一样,可以说,"中国在自己发展的长河中,形成了优良的历史文化传统。这些传统,随着时代变迁和社会进步获得扬弃和发展,对今天中国人的价值观念、生活方式和中国的发展道路具有深刻影响"④。习近平总书记也曾指出,"中华优秀传统文化已经成为中华民族的基因,植根在中国人内心,潜移默化影响着中国人的思想方式和行

---

① [美]苏珊·奥格登等:《比较政治学——变化世界中的国家和理论》,华夏出版社2001年版,第322页。
② 习近平:《在文化传承发展座谈会上的讲话》,《求是》,2023年第17期。
③ 习近平:《在文化传承发展座谈会上的讲话》,《求是》,2023年第17期。
④ 《江泽民文选》(第二卷),人民出版社2006年版,第60页。

为方式"①。这种基因"顽固"地流淌在人们的血液里、嵌入在制度变迁中,影响和塑造着道路选择与具体形态。其中的逻辑就在于文化作为一种信念体系,它和制度框架有着密切联系,"信念体系是人类行为的内在表现的具体体现。制度是人类施加给人类行为的结构,以达到人们希望的结果。也就是说,信念体系是内在表现,制度是这种内在表现的外在显示"。文化之所以能够有如此的"顽固性"和"规制性",就在于文化其实是"一个使上代人所学到的知识对下代人的学习产生更直接影响的过程","它作为文化传递到当前几代人的信念结构中",甚至构成了"人类基因结构的一部分"②,它"类似于无形的 DNA 携带染色体信息的方式,染色体信息传递着我们全部有形的物质性、生物性特征"③。文化传统对现代化道路选择和具体形态的塑造,可以凝练地概括在习近平总书记的一段论述之中,在他看来,"一个国家选择什么样的现代化道路,是由其历史传统、社会制度、发展条件、外部环境等诸多因素决定的"④。习近平总书记还强调,"中华优秀传统文化是我们最深厚的文化软实力,也是中国特色社会主义

---

① 中共中央文献研究室:《十八大以来重要文献选编》(中),中央文献出版社 2016 年版,第 5 页。
② [美]道格拉斯·C.诺思:《理解经济变迁过程》,钟正生等译,中国人民大学出版社 2008 年版,第 47 页。
③ [德]柯武刚、史漫飞:《制度经济学》,韩朝华译,商务印书馆 2003 年版,第 84~85 页。
④ 习近平:《以中国式现代化全面推进强国建设、民族复兴伟业》,《求是》,2025 年第 1 期。

植根的文化沃土。每个国家和民族的历史传统、文化积淀、基本国情不同,其发展道路必然有着自己的特色。一个国家的治理体系和治理能力是与这个国家的历史传承和文化传统密切相关的……我们开辟了中国特色社会主义道路不是偶然的,是我国历史传承和文化传统决定的"[1]。他还多次指出,"一个国家的发展道路,只能由这个国家的人民,依据自己的历史传承、文化传统、经济社会发展水平来决定"[2]。而"如果没有中华五千年文明,哪里有什么中国特色?如果不是中国特色,哪有我们今天这么成功的中国特色社会主义道路"[3],"中国特色社会主义不是从天上掉下来的……是对中华文明5000多年的传承发展中得来的"[4],中国特色社会主义制度和法律制度"植根于中华民族5000多年文明史所积淀的深厚历史文化传统"[5],中国特色社会主义制度和国家治理体系"植根中国大地、具有深厚中华文化根基"[6]以及"只有立足波澜壮阔的中华五千多年文明史,才能真正理解中国道

---

[1] 习近平:《论党的宣传思想工作》,中央文献出版社2020年版,第90页。
[2] 习近平:《共同开创中阿关系的美好未来——在阿拉伯国家联盟总部的演讲》,《人民日报》2016年1月22日,第3版。
[3] 习近平:《在文化传承发展座谈会上的讲话》,《求是》,2023年第17期。
[4] 习近平:《坚持和发展中国特色社会主义要一以贯之》,《求是》,2022年第18期。
[5] 习近平:《坚持、完善和发展中国特色社会主义国家制度与法律制度》,《求是》,2019年第23期。
[6] 习近平:《坚持和完善中国特色社会主义制度、推进国家治理体系和治理能力现代化》,《求是》,2020年第1期。

路的历史必然、文化内涵与独特优势"①等重要论断,其实都深刻揭示出中华优秀传统文化与中国特色社会主义之间的密切关联,也完全适用于解释文化传统对中国式现代化的影响和塑造的关系和逻辑。简而言之,"中国政治、经济、文化的独特性根植于其深厚的文化传统,它决定了中国现代化道路与西方的差异"②。尤其是马克思主义以真理之光激活了中华文明的基因,"从民本到民主,从九州共贯到中华民族共同体,从万物并育到人与自然和谐共生,从富民厚生到共同富裕",这在"实现了从传统到现代的跨越,发展出中华文明的现代形态"③的同时,也深刻揭示了文化传统对中国式现代化形态核心内容的培塑逻辑。

可见,在历史进程中凝聚下来的优秀文化传统,决不会随着时间推移而变成落后的东西,而是要很好地继承与弘扬,这是我们民族的"根"和"魂","丢了这个'根'和'魂',就没有根基了"。一句话,中国式现代化是一种"有根的现代化",推进中国式现代化内在地要求"加强对中华优秀传统文化的挖掘和阐发,使中华民族最基本的文化基因与当代文化相适应、与现代社会相协调,把跨越时空、超越国界、富有永

---

① 习近平:《在文化传承发展座谈会上的讲话》,《求是》,2023年第17期。
② [英]马丁·雅克:《当中国统治世界:中国的崛起和西方世界的衰落》,张莉、刘曲译,中信出版社,2010年版,第431—473页。转引自傅才武、李越:《论中国式现代化的文化道路问题——国家文化结构视野下由文化认同建构国家认同的逻辑》,《山东大学学报(哲学社会科学版)》,2024年第3期。
③ 习近平:《在文化传承发展座谈会上的讲话》,《求是》,2023年第17期。

恒魅力、具有当代价值的文化精神弘扬起来"①。显然，在中国式现代化话语体系之中嵌入文化传统的结构要件，强调文化传统的影响和规制作用，有助于为中国式现代化道路的合理性与正当性提供阐释和辩护。但是，笔者认为，将文化传统作为中国式现代化话语体系的结构要件，还有一个十分重要的目标取向，即通过充分释放文化传统的"黏合功能"来增强人们的国家认同与向心力，有助于广泛凝聚起以中国式现代化全面推进强国建设、民族复兴伟业的磅礴力量。其内在的逻辑链路就是"文化-认同-黏合"。有研究者也注意到类似的问题，"中国式现代化提出了当代中国国家建构的重大命题，在五千多年文明古国的广泛共识之下，深厚文化传统如何影响或制约国家建构的机制与路径一直没有得到清晰的揭示"。在他们看来，"基于长期历史进程中形成的文化认同与国家认同具有天然联系，国家文化议程与国家政治议程纽结在一起，造成了国家建构中从文化认同到国家认同的'路径锁定'"②。

也就是说，文化传统构成国家认同进而实现社会"黏合"的纽带和中介。而它之所以能够释放出"黏合功能"，就在于文化传统首先能够解决"我们是谁"的身份问题，而身份则是

---

① 《习近平著作选读》（第一卷），人民出版社2023年版，第480页。
② 傅才武、李越：《论中国式现代化的文化道路问题——国家文化结构视野下由文化认同建构国家认同的逻辑》，《山东大学学报（哲学社会科学版）》，2024年第3期。

实现社会动员和凝聚的有效载体。关于这一点甚至连美国著名政治学家亨廷顿在思考美国国家特性和国民身份认同面临的危机挑战时,给出的答案也是文化,在他看来,"盎格鲁-新教文化对于美国国民身份/国家特性始终居于中心地位"①。而聚焦到中国式现代化,因为"在中国式现代化进程中,不仅有风和日丽,也会有疾风骤雨甚至惊涛骇浪",因此,必须"汇聚全体中华儿女团结奋斗的强大合力"②。那么如何才能汇聚"全体中华儿女团结奋斗的强大合力"呢?显然,那就是要找到激励和动员全体中华儿女团结奋斗的共同纽带。无疑,以"中华文明""中华优秀传统文化"等为标签的文化传统就能够提供这种担当。习近平总书记就指出:"在几千年的历史流变中,中华民族从来不是一帆风顺的,遇到了无数艰难困苦,但我们都挺过来、走过来了,其中一个很重要的原因就是世世代代的中华儿女培育和发展了独具特色、博大精深的中华文化,为中华民族克服困难、生生不息提供了强大精神支撑。"③而中华文化之所以能够提供强大精神支撑,就在于它能够培育"共同的情感和价值、共同的理想和精神"④。这些共同的情感、价值、理想和精神,其实就是共同的"身

---

① [美]塞缪尔·亨廷顿:《我们是谁:美国国家特性面临的挑战》,程克雄译,新华出版社2005年版,第27页。
② 习近平:《在全国政协新年茶话会上的讲话》,《人民日报》2025年1月1日,第2版。
③ 习近平:《在文化传承发展座谈会上的讲话》,《求是》,2023年第17期。
④ 习近平:《在文化传承发展座谈会上的讲话》,《求是》,2023年第17期。

份",即文化传统"黏合功能"生成的纽带和源泉。我们的现代化话语叙事从"社会主义现代化"向"中国式现代化"的变迁,其实就是想通过文化传统这个"最大公约数"和"共同纽带"来最大限度凝聚推进中国式现代化的智慧力量,"中国式现代化需要全体中华儿女和衷共济、共襄盛举"①。特别是在"一国两制"的大背景下,话语叙事逻辑和特点注重从文化传统切入来动员和凝聚全体中华儿女贡献中国式现代化,对香港,习近平总书记强调,"中华民族五千多年的文明史,记载着华夏先民在岭南这片土地上的辛勤耕作","有史以来,香港同胞始终同祖国风雨同舟、血脉相连","在实现我国第二个百年奋斗目标的新征程上,香港一定能够创造更大辉煌,一定能够同祖国人民一道共享中华民族伟大复兴的荣光"②。等等。而对澳门,习近平总书记首先描述了澳门与祖国的渊源,强调"中国最早一批留学生从这里走向世界,不少中华经典在这里经翻译传到西方,西方近代科学、技术、文化不少经澳门传入中国内地",肯定澳门在"中外文化交流合作基地的优势更加突出,成为不同文明和谐相处、融合发展的典范"等成就,并强调要"传承爱国爱港、爱国爱澳核心价值,增进多元文化交流融合,凝聚一切积极力量,画出海内外支持'一国两制'事业的最大同心圆",就"一定能为以中国式现代化全

---

① 习近平:《在纪念毛泽东同志诞辰130周年座谈会上的讲话》,《人民日报》2023年12月27日,第2版。
② 习近平:《在庆祝香港回归祖国二十五周年大会暨香港特别行政区第六届政府就职典礼上的讲话》,《人民日报》2022年7月2日,第2版。

面推进强国建设、民族复兴伟业作出更大贡献"①。而对台湾,习近平总书记更是注重强调文化传统纽带,他指出,"两岸同胞同根同源、同文同种,中华文化是两岸同胞心灵的根脉和归属","两岸同胞要共同传承中华优秀传统文化,推动其实现创造性转化、创新性发展"②,通过"推动两岸同胞共同弘扬中华文化,促进心灵契合"③,进而"携手同心,共圆中国梦,共担民族复兴的责任,共享民族复兴的荣耀"④。总之,文化传统在中国式现代化话语体系的结构要件中扮演着激励全体中华儿女为实现中国式现代化、实现中华民族伟大复兴而奋斗的"黏合剂"角色,发挥着强大的"黏合功能"。

四、共同价值与文明共识:中国式现代化话语体系的团结功能与有容的现代化

世界现代化的实践已经充分证明,"一个国家走向现代化,既要遵循现代化一般规律,更要符合本国实际,具有本国

---

① 习近平:《在庆祝澳门回归祖国二十五周年大会暨澳门特别行政区第六届政府就职典礼上的讲话》,《人民日报》2024年12月21日,第2版。
② 习近平:《为实现民族伟大复兴 推进祖国和平统一而共同奋斗——在〈告台湾同胞书〉发表40周年纪念会上的讲话》,《人民日报》2019年1月3日,第2版。
③《习近平著作选读》(第二卷),人民出版社2023年版,第47页。
④ 习近平:《为实现民族伟大复兴 推进祖国和平统一而共同奋斗——在〈告台湾同胞书〉发表40周年纪念会上的讲话》,《人民日报》2019年1月3日,第2版。

特色"。而中国式现代化就体现了这种规律,它"既有各国现代化的共同特征,更有基于自己国情的鲜明特色"[1],进而创造出彪炳史册的"两大奇迹"。但如果从建构中国哲学社会科学自主知识体系、争夺中国现代化话语权高度来审视,那么,在中国式现代化话语体系之中,既要嵌入体现本国特色的结构要件诸如"党的领导""人民中心"与"文化传统"等,并对这些特色结构要件的特殊性文明意蕴进行话语叙事,以彰显中国式现代化是一种"有根的现代化"。与此同时,也要嵌入彰显各国现代化一般规律和共同特征的结构要件,并对这些结构要件的共通性文明意涵也即文明共识进行揭示与阐释,全人类共同价值就是这一结构要件的高度凝练和集中概括。它秉持这样的观念,"海纳百川,有容乃大。人类创造的各种文明都是劳动和智慧的结晶。每一种文明都是独特的"[2],并主张"世界各国弘扬和平、发展、公平、正义、民主、自由的全人类共同价值,促进各国人民相知相亲,尊重世界文明多样性,以文明交流超越文明隔阂、文明互鉴超越文明冲突、文明共存超越文明优越,共同应对各种全球性挑战"[3]。这就充分表明,中国式现代化是一种"有容的现代化"。

---

[1] 习近平:《以中国式现代化全面推进强国建设、民族复兴伟业》,《求是》,2025年第1期。
[2]《习近平著作选读》(第一卷),人民出版社2023年版,第229页。
[3] 习近平:《高举中国特色社会主义伟大旗帜 为全面建设社会主义现代化国家而团结奋斗——在中国共产党第二十次全国代表大会上的报告》,人民出版社2022年版,第63页。

进一步来说，中国式现代化话语体系中嵌入全人类共同价值结构要件，"不是以一种制度代替另一种制度，不是以一种文明代替另一种文明，而是不同社会制度、不同意识形态、不同历史文化、不同发展水平的国家在国际事务中利益共生、权利共享、责任共担，形成共建美好世界的最大公约数"①。这样，在中国式现代化话语体系注入文明共识和相互通约意识，就不仅能够充分呈现中国式现代化道路的优越性与合理性，而且可以增强中国式现代化话语体系的影响力和感召力，进而也成为有效提升中国式现代化的话语权的关键结构要件，因为"这些蕴含中国智慧的标识性话语弘扬了文明共识理念，凸显了文明之间相互通约的重要性，从而显现出强大的真理魅力和实践伟力"②。简言之，作为一种"有容的现代化"，中国式现代化话语体系对"共同价值"这一结构要件的强调，有助于培育"文明共识"，彰显"团结功能"，促进文明互鉴，从而从根本上超越西式现代化逻辑所导致的对立冲突与隔阂撕裂。中国式现代化话语体系"包容性""共通性"的叙事逻辑与核心内容可以概括如下。

首先是主张现代化道路的多样性。关于这一点，我们党从现代化伊始就保持清醒的头脑，"并没有像一些发展中国家那样亦步亦趋地跟在西方国家后面简单模仿，而是强调从

---

① 习近平:《在中华人民共和国恢复联合国合法席位50周年纪念会议上的讲话》,《人民日报》2021年10月26日。第2版。
② 范玉刚:《以弘扬文明共识理念增强中华文化的世界传播力》,《天津社会科学》,2023年第2期。

中国实际出发,走自己的现代化道路"①。邓小平就指出,"要求全世界所有国家都照搬美、英、法的模式是办不到的"②。的确,"中国这样一个发展中的大国,有许多不同于其他国家的国情和发展特点,在实现社会主义现代化的过程中,不能禁锢于教条,也不能照搬别人的模式"③。并且,"世界是丰富多彩的,存在着各种不同的文化、意识形态、社会制度,强求一种模式是行不通的"④。因此,可以得出这样一种结论,"没有多样化,就不成其为世界;没有多样化,也不成其为联合国。不承认、不尊重世界多样性,企图建立清一色的一统天下,是必定要碰壁的"⑤。习近平总书记也深刻指出:"各国历史文化和社会制度差异自古就存在,是人类文明的内在属性。没有多样性,就没有人类文明。多样性是客观现实,将长期存在。"⑥甚至在他看来,"多样性是人类文明的魅力所在,更是世界发展的活力和动力之源"⑦。聚焦到现代化道路上,也遵循着相似的规律,"现代化不是单选题。历史条件的

---

① 习近平:《以中国式现代化全面推进强国建设、民族复兴伟业》,《求是》,2025年第1期。
② 《邓小平文选》(第三卷),人民出版社1993年版,第359~360页。
③ 《江泽民文选》(第一卷),人民出版社2006年版,第350页。
④ 《江泽民文选》(第二卷),人民出版社2006年版,第155页。
⑤ 《江泽民文选》(第一卷),人民出版社2006年版,第480页。
⑥ 中共中央党史和文献研究院:《习近平关于尊重和保障人权论述摘编》,中央文献出版社2021年版,第187页。
⑦ 习近平:《在中华人民共和国恢复联合国合法席位50周年纪念会议上的讲话》,《人民日报》2021年10月26日,第2版。

多样性,决定了各国选择发展道路的多样性"①,进而,"国情不同,现代化途径也会不同"②。基于"多样文明是世界的本色",因此,"我们要做文明互鉴的促进力量,增进沟通对话,支持彼此走符合本国国情的现代化道路"③。习近平总书记还深刻指出了那种"现代化=西方化"错觉的形成逻辑,这就在于"世界现代化进程是从西方资本主义国家开始的,当今世界的发达国家也主要是欧美国家和深受西方文明影响的资本主义国家"④,于是,"这就给人们一种错觉,似乎现代化就是西方化、西方文明就是现代文明"⑤。在此基础上得出这样一个科学认识和结论,即"世界文明是多样的,世界上既不存在定于一尊的现代化模式,也不存在放之四海而皆准的现代化标准"⑥。他还坚定地指出,"中国人民的成功实践昭示世人,通向现代化的道路不止一条,只要找准正确方向、驰而

---

① 习近平:《共同开创中阿关系的美好未来——在阿拉伯国家联盟总部的演讲》,《人民日报》2016年1月22日,第3版。
② 习近平:《以中国式现代化全面推进强国建设、民族复兴伟业》,《求是》,2025年第1期。
③ 习近平:《汇聚"全球南方"磅礴力量 共同推动构建人类命运共同体——在"金砖+"领导人对话会上的讲话》,《人民日报》2024年10月25日,第2版。
④ 习近平:《以中国式现代化全面推进强国建设、民族复兴伟业》,《求是》,2025年第1期。
⑤ 习近平:《以中国式现代化全面推进强国建设、民族复兴伟业》,《求是》,2025年第1期。
⑥ 习近平:《以中国式现代化全面推进强国建设、民族复兴伟业》,《求是》,2025年第1期。

不息,条条大路通罗马"①。这就要求"我们要秉持独立自主原则,探索现代化道路的多样性"②。

其次是在承认现代化道路的多样性的基础上,作为一种"有容的现代化",中国式现代化话语体系还强调现代化道路的平等性。习近平总书记就鲜明指出,"文明没有高下、优劣之分,只有特色、地域之别",同样,"各国历史文化和社会制度各有千秋,没有高低优劣之分"。在他看来,尽管人类文明存在差异是文明的内在属性,但是,"差异并不可怕,可怕的是傲慢、偏见、仇视,可怕的是想把人类文明分为三六九等,可怕的是把自己的历史文化和社会制度强加给他人"③。实际上,在文明问题上,应该深刻认识到,"一切文明成果都值得尊重,一切文明成果都要珍惜"④。也即要确立一种"文明平等"的观念,"各国应该在相互尊重、求同存异基础上实现和平共处,促进各国交流互鉴,为人类文明发展进步注入动力"⑤,进而,"让文明交流互鉴成为增进各国人民友谊的桥梁、推动人类社会进步的动力、维护世界和平的纽带"⑥。如

---

① 习近平:《开放共创繁荣 创新引领未来——在博鳌亚洲论坛2018年年会开幕式上的主旨演讲》,《人民日报》2018年4月11日,第3版。
② 习近平:《携手同行现代化之路——在中国共产党与世界政党高层对话会上的主旨讲话》,《人民日报》2023年3月16日,第2版。
③ 习近平:《让多边主义的火炬照亮人类前行之路——在世界经济论坛"达沃斯议程"对话会上的特别致辞》,《人民日报》2021年1月26日,第2版。
④《习近平著作选读》(第一卷),人民出版社2023年版,第229页。
⑤ 习近平:《让多边主义的火炬照亮人类前行之路——在世界经济论坛"达沃斯议程"对话会上的特别致辞》,《人民日报》2021年1月26日,第2版。
⑥《习近平著作选读》(第一卷),人民出版社2023年版,第232页。

果具体到现代化的道路上,或者说,"现代化道路并没有固定模式,适合自己的才是最好的,不能削足适履"①,相反,如果"生搬硬套、削足适履不仅是不可能的,而且是十分有害的"②。当然,这并不是说我们排斥人类文明一切有益成果的积极借鉴和对一切有益的建议和善意的批评的欢迎,只是"我们绝不接受'教师爷'般颐指气使的说教"③。总之,各国现代化道路都有自己的特色,都体现自己的国情,都是平等的,没有优劣高下之分。同样,中国式现代化道路虽然创造了"两大奇迹",但是,它"是我们为如何唤醒'睡狮'、实现民族复兴这个重大历史课题所给出的答案,是选择自己的道路、做自己的事情"④,因此,"我们无意也没有输出中国式现代化、'中国模式'"⑤。习近平总书记还多次强调指出:"我们不'输入'外国模式,也不'输出'中国模式,不会要求别国'复制'中国的做法。"⑥这样,中国式现代化话语体系对现代化道路"平等性"的强调,就会增强国与国之间在相互理解、相

---

① 习近平:《加强政党合作 共谋人民幸福——在中国共产党与世界政党领导人峰会上的主旨讲话》,《人民日报》2021年1月1日,第2版。
② 《习近平著作选读》(第一卷),人民出版社2023年版,第229页。
③ 习近平:《不忘初心 砥砺前行 开启上海合作组织发展新征程——在上海合作组织成员国元首理事会第二十一次会议上的讲话》,《人民日报》2021年9月18日,第2版。
④ 习近平:《以中国式现代化全面推进强国建设、民族复兴伟业》,《求是》,2025年第1期。
⑤ 习近平:《以中国式现代化全面推进强国建设、民族复兴伟业》,《求是》,2025年第1期。
⑥ 《习近平外交演讲集》(第二卷),中央文献出版社2022年版,第91页。

互尊重的基础上实现"团结""合作",避免因歧视或强制输出制度模式带来的隔阂、对抗与冲突。

最后是对现代化道路共通性的叙事。在承认现代化道路的多样性与平等性的基础上,中国式现代化话语体系对"包容性"的强调,主要体现在对现代化道路共通性的概括上,集中呈现和展示中国式现代化道路中体现出的人类文明一般成果的东西以及对人类文明发展的贡献和价值。它可以被高度凝练为这样的一些话语叙事之中,"中国式现代化创造了人类文明新形态","中国式现代化为全球提供了一种全新的现代化模式",以及"中国式现代化,打破了'现代化=西方化'的迷思,展现了现代化的另一幅图景,拓展了发展中国家走向现代化的路径选择,为人类对更好社会制度的探索提供了中国方案"①,等等。而贯穿其中的核心结构要件和文明共识就是"全人类共同价值",即中国式现代化的话语叙事重视对和平、发展、公平、正义、民主、自由等价值的彰显。

中国式现代化话语体系注重和平与发展价值的彰显。和平与发展是全人类共同价值的重要内容,并且二者之间存在着密切的内在关系。《纪念联合国成立七十五周年宣言》这一文献就认为,"联合国的三大支柱(即和平与安全、发展和人权)同等重要,而且相互关联、相互依存",因此,"我们将

---

① 习近平:《以中国式现代化全面推进强国建设、民族复兴伟业》,《求是》,2025年第1期。

促进和平,防止冲突"①。习近平总书记也指出,"和平与发展是我们的共同事业"②。与此相适应,他还提出了包括文明、发展、安全在内的"三大全球倡议",其中发展与安全就呼应了"和平与发展"的价值追求。安全倡议就呼应了"和平"的价值目标,主张"实现普遍安全",其主要的问题指向就是"和平"的短缺,"这些年世界很不太平,不少国家和地区饱经战乱、人民颠沛流离",而"国际社会迫切希望消除冲突和战争的根源,找到世界长治久安的根本之策"③。全球发展倡议就顺应了人们对发展的呼唤,即"每个国家都有发展的权利,各国人民都有追求幸福生活的自由"④。如果具体到现代化的道路上,也就是说,"世界现代化应该是和平发展的现代化、互利合作的现代化、共同繁荣的现代化"⑤。而中国式现代化的显著特点之一就是它"不走殖民掠夺的老路,不走国强必

---

① 《纪念联合国成立七十五周年宣言》,联合国官网,https://www.un.org/zh/documents/treaty/A-RES-75-1。
② 习近平:《在中华人民共和国恢复联合国合法席位50周年纪念会议上的讲话》,《人民日报》2021年10月26日,第2版。
③ 习近平:《深化团结合作 应对风险挑战 共建更加美好的世界——在2023年金砖国家工商论坛闭幕式上的致辞》,《人民日报》2023年8月23日,第2版。
④ 习近平:《深化团结合作 应对风险挑战 共建更加美好的世界——在2023年金砖国家工商论坛闭幕式上的致辞》,《人民日报》2023年8月23日,第2版。
⑤ 习近平:《建设开放包容、互联互通、共同发展的世界——在第三届"一带一路"国际合作高峰论坛开幕式上的主旨演讲》,《人民日报》2023年10月19日,第2版。

霸的歪路，走的是和平发展的人间正道"①，因此，它是一种"走和平发展道路的现代化"②。在这种现代化道路模式下，它不仅实现自身的和平与发展，而且还对整个世界贡献了"和平与发展"的公共产品，可以说，"坚持和平发展，在坚定维护世界和平与发展中谋求自身发展，又以自身发展更好维护世界和平与发展，推动构建人类命运共同体，是中国式现代化的突出特征"③。并且，在这种共同价值的规制下，有助于释放出中国式现代化话语体系的"团结功能"，因为它本身就"主张以团结精神和共赢思维应对复杂交织的安全挑战"④。

　　中国式现代化话语体系强调公平与正义价值的理想。公平与正义是全人类共同价值的应有之义。公平正义是人类社会的普遍的期待，也是一个良善社会的应有之义与美好生活的本质要义，还是维持社会基本运行秩序的不可或缺的要素，罗尔斯就认为"正义是社会制度的首要价值"⑤。相反，如果一个社会缺乏公平正义，就可能陷入动荡与混乱，西耶

---

① 习近平：《携手同行现代化之路——在中国共产党与世界政党高层对话会上的主旨讲话》，《人民日报》2023年3月16日，第2版。
② 习近平：《以中国式现代化全面推进强国建设、民族复兴伟业》，《求是》，2025年第1期。
③ 习近平：《以中国式现代化全面推进强国建设、民族复兴伟业》，《求是》，2025年第1期。
④ 习近平：《携手同行现代化之路——在中国共产党与世界政党高层对话会上的主旨讲话》，《人民日报》2023年3月16日，第2版。
⑤ 罗尔斯：《正义论》，何怀宏等译，中国社会科学出版社1988年版，第3页。

斯就指出,"让我们设想一个组织的尽善尽美,无比幸福的社会;要彻底搞乱这个社会,只要将优免给予一些人而使其他人丧气就足够了,这点不是很明显吗"①。因此,习近平总书记指出,"公平正义是我们的共同理想"②。公平正义其实不仅要求在"身份上"是"一视同仁"、没有歧视的,而且要求在"结果上"是平等的,能够共享社会发展的成果。如果以公平正义的共同价值审视整个世界的现代化,就意味着,一方面,"任何国家追求现代化,都应秉持团结合作、共同发展的理念,走共建共赢之路",它要求各国要"携手推进全球治理体系改革和建设,推动国际秩序朝着更加公正合理的方向发展,在不断促进权利公平、机会公平、规则公平的努力中推进人类社会现代化"③。另一方面,要"增强现代化成果的普惠性",也就是说,要"共同做大人类社会现代化的'蛋糕',努力让现代化成果更多更公平惠及各国人民,坚决反对通过打压遏制别国现代化来维护自身发展'特权'"④。而中国式现代化本身就是一种"共同富裕的现代化",恰恰彰显就是"公平正义"的共同价值。不仅如此,中国式现代化话语体

---

① [法]西耶斯:《论特权第三等级是什么》,冯棠译,商务印书馆1990年版,第1页。
② 习近平:《在中华人民共和国恢复联合国合法席位50周年纪念会议上的讲话》,《人民日报》2021年10月26日,第2版。
③ 习近平:《携手同行现代化之路——在中国共产党与世界政党高层对话会上的主旨讲话》,《人民日报》2023年3月16日,第2版。
④ 习近平:《携手同行现代化之路——在中国共产党与世界政党高层对话会上的主旨讲话》,《人民日报》2023年3月16日,第2版。

系中对"公平正义"价值的重视,还体现在中国共产党在现代化进程中致力于维护国际公平正义,坚决反对一切形式的霸权主义和强权政治,营造公道正义、共建共享的现代化的环境,并努力以中国式现代化成就为其他国家和地区的现代化提供机遇和条件,从而实现"共同现代化",正如习近平总书记所言,"我们追求的不是中国独善其身的现代化,而是期待同广大发展中国家在内的各国一道,共同实现现代化"①。

中国式现代化话语体系注重民主与自由价值的追求。习近平总书记强调,"民主是全人类的共同价值","我们愿继续同世界上一切追求和平、发展、公平、正义、民主、自由的国家和人民,共同探讨实现广泛、真实、管用的民主的路径,为人类政治文明进步作出新贡献"②,而在这些价值体系之中,"民主自由是我们的共同追求"③。不仅如此,从现代化的一般规律来看,民主自由不仅是现代化的目标追求和核心内容,也构成了推进现代化进程的必要手段和重要动力,可以说,"民主化与现代化相生相伴,既是现代化的前提,也是现

---

① 习近平:《建设开放包容、互联互通、共同发展的世界——在第三届"一带一路"国际合作高峰论坛开幕式上的主旨演讲》,《人民日报》2023 年 10 月 19 日,第 2 版。
② 习近平:《在庆祝全国人民代表大会成立 70 周年大会上的讲话》,《人民日报》2024 年 9 月 15 日,第 2 版。
③ 习近平:《在中华人民共和国恢复联合国合法席位 50 周年纪念会议上的讲话》,《人民日报》2021 年 10 月 26 日,第 2 版。

代化的使命之一"①。因为现代化"是一个多层面的进程,它涉及人类思想和行为所有领域里的变革"②,不仅包括技术和经济上的革新,还包括"社会、文化和政治诸方面的变化"③。其中,政治方面的变革,一般被称为政治现代化,其主要目标就是民主化,"一个国家是否实现了政治现代化,往往以是否建立了民主政治为主要标志"④。而民主与自由价值也具有高度的内在一致性,民主本身就意味着"人民的人权和基本自由受到尊重,容许他们有尊严地生活"⑤。而自由也是民主的基础,没有自由,民主就无法运行。《世界人权宣言》规定的"人人有权享有主张和发表意见的自由"以及"人人有权享有和平集会和结社的自由"等其实就为民主的运行提供了可能性。从这个意义上来说,如果说民主是现代化的目标追求,那么,自由同样也是如此,"现代化的最终目标是实现人自由而全面的发展"⑥。中国式现代化也十分注重民主、自由

---

① 林尚立:《以发展全过程人民民主推动中国式现代化》,《求是》,2024年第9期。
② [美]塞缪尔·亨廷顿:《变化社会中的政治秩序》,王冠华、刘为等译,上海人民出版社2008年版,第25页。
③ [美]塞缪尔·亨廷顿等:《现代化理论与历史经验的再探讨》,罗荣渠主编,上海译文出版社1993年版,第327页。
④ 汪仕凯:《群众路线与全过程人民民主的实践起源》,《郑州大学学报(哲学社会科学版)》,2023年第2期。
⑤ 联合国开发计划署:《2002年人类发展报告:在破碎的世界中深化民主》,中国经济出版社2002年版,第41页。
⑥ 习近平:《携手同行现代化之路——在中国共产党与世界政党高层对话会上的主旨讲话》,《人民日报》2023年3月16日,第2版。

的价值,从邓小平第一次明确点出"没有民主就没有社会主义,就没有社会主义的现代化"①,到习近平总书记进一步将其拓展到没有民主"就没有中华民族伟大复兴"②,再到党的二十大、二十届三中全会提出的"发展全过程人民民主是中国式现代化的本质要求"③等,都彰显中国式现代化对民主、自由的重视和强调。这样,民主、自由也就成为中国式现代化话语体系中彰显"文明共识"的东西,进而也成为论证中国式现代化的正当性、共通性和优越性的重要载体和有力武器。

然而,需要指出的是,虽然有了全人类共同价值这些共同追求的目标,却并不必然意味着中国式现代化话语体系就能够自然释放出强大的影响力和传播力了,因为人们还会对价值的具体内容的认识呈现巨大差异。因此,这又凸显"包容性"的重要性,以及"有容"对于中国式现代化话语体系的价值,它要求必须"以宽广胸怀理解不同文明对价值内涵的认识,不将自己的价值观和模式强加于人,不搞意识形态对抗"④。然而,一些西方国家却以"文明优越"替代"文明包容",企图垄断全人类共同价值的定义权和评判权,把自己的

---

① 《邓小平文选》(第二卷),人民出版社 1994 年版,第 168 页。
② 习近平:《在庆祝全国人民代表大会成立六十周年大会上的讲话》,《求是》,2019 年第 18 期。
③ 《中共中央关于进一步全面深化改革　推进中国式现代化的决定》,人民出版社 2024 年版,第 27 页。
④ 习近平:《携手同行现代化之路——在中国共产党与世界政党高层对话会上的主旨讲话》,《人民日报》2023 年 3 月 16 日,第 2 版。

制度价值标榜为"普世价值",进而在实践中带来巨大危害。在和平价值上,鼓吹"绝对安全观",肆意对一些国家发动战争,反而使和平不复存在。在发展价值上,鼓吹所谓"先政治、后经济"或者"先民主、后发展"的发展观,结果导致了很多发展中国家的民主泛滥、发展不足,甚至长期陷入贫困状态。在公平价值上,强调所谓"自由平等"观,以"形式"上的公平和平等(机会公平)掩盖现实的不公平、不平等(结果不公平)。在正义价值上,主张以"程序正义"取代"实质正义",或鼓吹"程序正义"先于"实质正义",这样的正义观,实际上只会带来有"程序正义"而无"实质正义"。在民主价值上,把民主异化为选举,把选举窄化为竞争性选举,而把竞争性选举阉割为多党竞争,从而使民主的含量大大缩水。在自由价值上,鼓吹绝对自由、抽象自由,甚至以捍卫自由、打击极权为名,长期滥施单边制裁,造成严重危害。的确如此,"打着民主旗号挑动分裂对抗,本身就是对民主精神的践踏,不得人心,贻害无穷"①。在民主和自由价值方面,习近平总书记还多次专门强调指出,自由、民主、人权是人类的共同追求,但是西方国家"蓄意鼓噪所谓'民主和威权'、'自由和专制'的二元对立,只能造成世界割裂、文明冲突"②,"所谓'民主对

---

① 习近平:《携手同行现代化之路——在中国共产党与世界政党高层对话会上的主旨讲话》,《人民日报》2023年3月16日,第2版。
② 习近平:《深化团结合作 应对风险挑战 共建更加美好的世界——在2023年金砖国家工商论坛闭幕式上的致辞》,《人民日报》2023年8月23日,第2版。

抗威权'不是当今世界的特点,更不符合时代发展的潮流"①,"搞意识形态划线、阵营分割、集团对抗,结局必然是世界遭殃"②,等等。显然,中国式现代化话语体系内蕴的文明共识和包容逻辑,自然就能实现团结功能,有效避免分裂、对抗、冲突。

推进中国式现代化是一个长期任务,而"我们的现代化既是最难的,也是最伟大的"③,因此,还有许多东西需要我们深化认识,这就要求"进一步加强理论研究和实践探索,使我们的认识、政策、举措更加符合客观规律,从而逐步进入中国式现代化建设的'自由王国'"④。本章我们运用结构功能分析方法来研究中国式现代化话语体系的建构,探索中国式现代化话语体系的结构功能,其实也就是在研究中国式现代化的特点和规律,尤其是,我们的研究也发现,中国式现代化话语体系的结构要件所释放的功能,在某种意义上,也与中国式现代化本身的功能是同构的,这种同构性的特点,有助于最大限度弥合现代化理论与实践的张力,提升中国式现代化话语体系的穿透力。

---

① 《习近平同美国总统拜登在巴厘岛举行会晤》,《人民日报》2022 年 11 月 15 日,第 1 版。
② 《习近平同美国总统拜登举行视频会晤》,《人民日报》2021 年 11 月 17 日,第 1 版。
③ "《既是最难的,也是最伟大的》(微镜头·习近平总书记参加党的二十大广西代表团讨论)",《人民日报》2022 年 10 月 18 日,第 1 版。
④ 习近平:《以中国式现代化全面推进强国建设、民族复兴伟业》,《求是》,2025 年第 1 期。

第六章　中国式现代化话语体系的创新原则

党的十八大以来,我们党在持续推进中国式现代化伟大征程、创造经济快速发展和社会长期稳定的"两大奇迹"的同时,也不断解决现代化建设中存在的突出矛盾和问题,实现了理论和实践上的创新突破,从而"进一步深化对中国式现代化的内涵和本质的认识,概括形成中国式现代化的中国特色、本质要求和重大原则,初步构建中国式现代化的理论体系,使中国式现代化更加清晰、更加科学、更加可感可行"[①]。这其实也标志着我们初步建构起了中国式现代化话语体系,为更好凝聚起推进中国式现代化的磅礴力量、争夺现代化的国际话语权提供了坚实基础。但实事求是地说,受到中国总体话语体系构建与传播现状的影响和约束,中国式现代化"话语体系建设明显滞后于社会主义现代化强国建设的伟大

---

① 习近平:《以中国式现代化全面推进强国建设、民族复兴伟业》,《求是》,2025年第1期。

实践,还不能很好地向世界说明我国正在发生的现代化国家建设伟大实践"①。这也意味着在党的重要文献已经实现了对中国式现代化话语体系建构的"最高顶层设计"②的基础上,还必须思考和研究话语体系的创新和完善的问题,从而才能"构建匹配中国式现代化巨大发展优势的现代化话语体系,不断筑牢提升中国式现代化国际话语权的话语基础"③。

一、坚持学术与政治相统一

一般来说,从不同的视角出发,可以对话语作出不同类型的划分,比较常见的是把话语区分为"政治话语"和"学术话语",认为"在当今中国,我们一直存在着两种不同的话语体系:政治话语是一套体系,学术话语是另一套体系"④。也有的研究者在此基础上拓展出"生活话语",而认为"政治、学术、生活是我们建构话语的三个基本面向"⑤,并且还指出其内在逻辑关系,认为"话语的形式主要包括日常生活领域的

---

① 贺耀敏:《中国话语体系的建构》,中国人民大学出版社 2021 年版,第 17 页。
② 习近平:《以中国式现代化全面推进强国建设、民族复兴伟业》,《求是》,2025 年第 1 期。
③ 付高生:《中国式现代化话语体系的基本功能、丰富内涵及建构路径》,《世界社会主义研究》,2024 年第 7 期。
④ 秦宣:《正确处理政治话语与学术话语的关系》,《中国青年社会科学》,2019 年第 3 期。
⑤ 代玉启:《"中国式现代化"话语的三重维度及其系统构建》,《求索》,2023 年第 1 期。

生活话语、学术研究领域的理论话语和意识形态领域的政治话语三种形式,这三种话语形式具有内在同一性,它们是一体三面、相辅相成的关系"①。有的直接聚焦中国式现代化话语体系而认为"中国式现代化话语形成于中国特色社会主义现代化实践过程,具有政治话语、学术话语与生活话语三重面向"②。还有的认为应该包含"承载政策意向的政治话语、聚焦知识探索的学术话语和贴近民众日常生活的大众话语"③。在笔者看来,这两种代表性的话语划分方式的共识其实还是强调话语体系中的"政治话语"与"学术话语"两种类型,并且这两种类型也是话语体系最具代表性、最具影响力和溢出效应的话语。甚至并不存在严格意义上的"大众话语",比如有的研究者认为,所谓"大众话语"就是在现代化建设过程中,党和国家运用贴近民生、符合大众的表达方式,如"绿水青山就是金山银山""撸起袖子加油干"等通俗的话语表达,将中国式现代化复杂的理论、政策或概念,转化为民众能够轻松理解且乐于接受的信息。然而,虽然就它的呈现形式来看,的确体现了"大众"或"生活"色彩,但是这些"大众话语"的"生产者"却仍然是党和国家,从其根本性质上来看,其

---

① 冯海波:《中国式现代化话语体系的构建原则与创新路径》,《中南民族大学学报(人文社会科学版)》,2023年9月(网络首发)。
② 吴霞:《中国式现代化话语势能的生成逻辑与提升策略》,《江苏社会科学》,2024年第3期。
③ 刘明松、王倩:《中国式现代化话语体系的出场语境、在场样态与立场自觉》,《学习与实践》,2024年第7期。

实仍然属于"政治话语"。

所谓政治话语,也可以将其理解为意识形态话语,在当代中国,它其实就是指"在中国共产党的领导下,以习近平新时代中国特色社会主义思想为指导,植根中国政治实践,反映人民政治愿望的话语表达"。而学术话语,主要指在学术研究中运用学科的概念、判断、理论等来分析、研究和阐释问题而形成话语,在当代中国,它"是中国学界对中国式现代化相关概念、范畴、话语、理论的学术性分析与阐释"[1]。它的显著特点是"人文社会科学学者基于理性判断对于社会现象、大众行为的一种基础性、原则性的解释,代表的是学术共同体或学者本人的认知和判断,体现了学术权威或学者人格魅力的柔性特征"[2]。而从话语传播的特点规律来看,要增强话语体系的传播力、渗透力和影响力,就不能"一条腿短",而必须实现政治话语与学术话语相互支撑、相互补充、相得益彰。其中,任何一种话语类型薄弱或阙如,都会直接影响和制约话语体系的整体效能和实际威力。中国式现代化话语体系,既包含政治话语,也包含学术话语,它的理想结构形态也应该是政治话语与学术话语的相互嵌入、内在耦合、相辅相成。

但实事求是地说,长期以来,我们在话语体系建构和传播方面,一直存在着政治话语与学术话语之间的张力与不协

---

[1] 齐道新:《中国式现代化话语体系的构成样态与功能指向》,《探索》,2023年第2期。
[2] 高振岗、郭婧婧:《实现中国特色社会主义政治话语与学术话语的统一》,《中国党政干部论坛》,2019年第2期。

调,其突出的表现就是"学术话语严重滞后于政治话语",正如有的研究者分析指出的那样,"中国的学术话语绝大多数主要是由政治话语引领的,即政治话语在前,学术话语在后","我们许多重大理论话题都是由政治家作为政治话语提出,然后再进入学术研究领域的"。这样,政治话语与学术话语因为都得不到对方的"滋养"与"支撑"而功能式微。① 一方面"学术话语总走在政治话语后面,学者失去了独立思考的能力,学者的研究落后于时代、落后于现实",另一方面,"政治话语因为缺少学术支撑而缺乏科学性,从而削减了政治话语的影响力"②。受中国话语总体建构中政治话语与学术话语存在的张力与不协调等因素影响,中国式现代化话语体系内在结构也存在类似的矛盾问题,"当前,中国式现代化话语表达效能不足首先体现为话语体系生硬老套,表达内容多以现代化政治话语、宣传话语为主,缺少学术话语支持,且没有对国际关注的相关热点话题做出及时回应"③。这当然不是说,在整个话语体系之中,政治话语不重要,恰恰相反,政治话语反而是中国式现代化话语体系的优势,它反映出党的理论创新力度和强度,甚至在整个话语体系建构中发挥着引导

---

① 甚至也还有学术话语远离政治话语以及对立政治话语的现象。参见秦宣:《正确处理政治话语与学术话语的关系》,《中国青年社会科学》,2019年第3期。
② 秦宣:《正确处理政治话语与学术话语的关系》,《中国青年社会科学》,2019年第3期。
③ 李奇繁:《论中国式现代化话语体系的创新》,《新楚文化》,2023年第35期。

性和主导性的角色地位。这就在于"马克思主义是不断发展的开放的理论",可以说,"一部马克思主义发展史就是马克思、恩格斯以及他们的后继者们不断根据时代、实践、认识发展而发展的历史,是不断吸收人类历史上一切优秀思想文化成果丰富自己的历史"①。马克思主义的这种品格,也就决定了马克思主义政党有一种特别注重理论创新的鲜明品格,中国共产党也是如此,主张"我们要不断深化对党的理论创新的规律性认识,在新时代新征程上取得更为丰硕的理论创新成果"②。

如果聚焦中国式现代化话语体系建构,基于我们党在中国式现代化进程中的地位、作用与已经作出的巨大贡献,它将继续引领着中国式现代化话语体系建构,并必将在政治话语丰富和创新方面取得更为丰硕、更具突破性的成果。在此基础上,未来中国式现代化话语体系创新的重点是发挥学术话语对政治话语的支撑和滋养,从而实现中国式现代化话语体系建构中的政治话语与学术话语的相互支撑、相互补充、相得益彰。习近平总书记对思政课教学提出的"坚持政治性和学理性相统一",强调在充分发挥思政课的政治引导功能的同时,"并不是要把课讲成简单的政治宣传,而要以透彻的

---

① 习近平:《在纪念马克思诞辰 200 周年大会上的讲话》,《人民日报》2018 年 5 月 5 日,第 2 版。
② 《习近平在中共中央政治局第六次集体学习时强调 不断深化对党的理论创新的规律性认识 在新时代新征程上取得更为丰硕的理论创新成果》,《人民日报》2023 年 7 月 2 日,第 1 版。

学理分析回应学生,以彻底的思想理论说服学生,用真理的强大力量引导学生",认为"只有空洞的价值观说教,没有科学的知识作支撑,价值观教育的效果也会大打折扣"①。同样,在理论创新上,习近平总书记指出,"新时代中国特色社会主义思想的发展是一个不断丰富拓展并不断体系化、学理化的过程",认为"推进理论的体系化、学理化,是理论创新的内在要求和重要途径"②。这些重要主张,其实也为中国式现代化话语体系创新提供了指导和遵循,它要求必须通过中国式现代化学术话语的创新来增强中国式现代化话语体系政治话语的魅力,充分呈现和释放政治话语内蕴的真理性、价值性和规律性。从整体上来看,那就是"在致力于凸显话语体系政治意蕴和政治表达的同时,新时代话语体系建设还应重视丰富政治理论的学术性表达,以坚实的学理支撑提升主流意识形态话语的科学性和说服力"③,从而实现中国式现代化话语体系的政治话语与学术话语的有机融合与互嵌,避免割裂与排斥。而如果具体来说,笔者认为,至少还要把握如下几个方面。

一是"走在前面"。也就是说,虽然中国式现代化话语体

---

① 习近平:《思政课是落实立德树人根本任务的关键课程》,《求是》,2020年第17期。
② 《习近平在中共中央政治局第六次集体学习时强调 不断深化对党的理论创新的规律性认识 在新时代新征程上取得更为丰硕的理论创新成果》,《人民日报》2023年7月2日,第1版。
③ 李宗建、陆苗:《新时代主流意识形态话语体系创新的鲜明特质》,《社会主义研究》,2024年第2期。

系的政治话语具有引领性和主导性,但是,这不意味着学术话语就是亦步亦趋地跟在政治话语之后进行机械的宣传、解读,如果这样,所谓"学术话语"也就丧失了独立性和创造性,成为政治话语的另一种呈现方式了,也很难对政治话语的创新作出贡献,进而就丧失了存在的价值。因此,学术话语可以"走在前面",在学术领域,提出一些前瞻性概念、判断和理论,并大胆进行理论"探索"与"争鸣",从而为政治话语创新提供丰富的启发、参考和借鉴。二是"深度阐释"。也就是说,学术话语对政治话语的研究阐释,绝不是扮演"传声筒"的角色,而是要发挥学科专业的优势,从学术学理的角度对政治话语进行深度研究阐释,使人们深刻理解政治话语背后意蕴的"规律性",从而增强对政治话语的认同。正如有的研究者指出的,"通过体系化构建,结合多学科的研究成果,运用不同学科的知识架构与研究方法,更全面地解读党的最新理论成果与政策话语,实现'用学术讲政治'的目标,促进政治话语与学术话语的交融与转化"[①]。三是"促进转化"。前述两个方面,主要还是从政治话语与学术话语各自的功能作用的角度进行阐释的,其实,最理想的状态应该是促进两种话语之间的相互转化,一方面,把政治话语"融入"到学术话语中,在润物细无声中把政治话语的价值主张传播和嵌入到人们的头脑中。尤其是政治话语的国际传播更需要如此,

---

[①] 李宗建、陆苗:《新时代主流意识形态话语体系创新的鲜明特质》,《社会主义研究》,2024年第2期。

"党的创新理论向世界的传播主要以政治话语为主,需要实现从政治话语向学术话语的转化和拓展,并注重用学术话语阐释中国道路的世界意义,对党的创新理论作出系统性、学理性解读"①。另一方面,把学术话语"升格"为政治话语,从而增强政治话语的可接受性和亲和力。总之,要打破二者的严格界线和自我封闭,"既可以是政治话语转化为学术话语,也可以是学术话语转化为政治话语,还可以是学术话语转化为政治话语,再由政治话语回转到学术话语"②。

二、坚持理论与实践相统一

中国式现代化话语体系的核心是"话语",而"话语"的实质其实是"理论"。建构和完善中国式现代化话语体系,增强中国式现代化的话语权,实际上就是要提升中国式现代化的"理论"魅力。而要提升中国式现代化的理论魅力,首先要求理论本身的"彻底性",因为"批判的武器当然不能代替武器的批判,物质力量只能用物质力量来摧毁;但是理论一经掌握群众,也会变成物质力量。理论只要说服人,就能掌握群众;而理论只要彻底,就能说服人。所谓彻底,就是抓住事物

---

① 高振岗、郭婧婧:《实现中国特色社会主义政治话语与学术话语的统一》,《中国党政干部论坛》,2019年第2期。
② 高振岗、郭婧婧:《实现中国特色社会主义政治话语与学术话语的统一》,《中国党政干部论坛》,2019年第2期。

的根本"①。而中国式现代化理论就是"我们党领导人民长期探索和实践的重大成果"②,因此,它本身就是科学的理论、彻底的理论,从而为"说服人"即增强理论的吸引力和感召力提供了根本支撑。但是,理论只有保持其"彻底性"才能持续"说服人",而这种"彻底性"的重要源泉则是"理论"与"实践"相统一,正如习近平总书记所指出的,"时代是思想之母,实践是理论之源。一切划时代的理论,都是满足时代需要的产物。用以观察时代、把握时代、引领时代的理论,必须反映时代的声音,绝不能脱离所在时代的实践,必须不断总结实践经验,将其凝结成时代的思想精华",因此,在他看来,"我们推进理论创新是实践基础上的理论创新,而不是坐在象牙塔内的空想,必须坚持在实践中发现真理、发展真理,用实践来实现真理、检验真理"。进一步来说,"中国之问、世界之问、人民之问、时代之问给我们提出的新考题比过去更复杂、更难,迫切需要我们从理论与实践的结合上提交答案"③。习近平总书记关于理论创新规律的重要论述,也给中国式现代化话语体系的创新提供了最直接的指引和遵循,这表明,中国式现代化话语体系创新也必须把握好"理论与实践的统一",也即"创新中国式现代化话语体系、提升中国国际话语权,关

---

① 《马克思恩格斯文集》(第二卷),人民出版社2009年版,第11页。
② 习近平:《以中国式现代化全面推进强国建设、民族复兴伟业》,《求是》,2025年第1期。
③ 习近平:《开辟马克思主义中国化时代化新境界》,《求是》,2023年第20期。

键在于不断推进中国式现代化的建设实践,以实践创新引领话语创新,努力把实践的物质力量转化为话语的精神力量,进而以话语创新推动新的实践创新"①。从中国式现代化话语体系建构和完善的实际来看,至少需要在以下两个方面着力。

一是中国式现代化话语体系要能为中国式现代化的伟大实践提供更加有力的解释。客观地说,新中国成立以来,特别是改革开放40多年来,我们党领导人民在推进中国式现代化的伟大实践中,"用几十年时间走完西方发达国家几百年走过的工业化历程,创造了经济快速发展和社会长期稳定的奇迹,为中华民族伟大复兴开辟了广阔前景",因此,"实践证明,中国式现代化走得通、行得稳,是强国建设、民族复兴的唯一正确道路"②。中国式现代化理论或者说中国式现代化话语体系正是建立在这一伟大的历史性成就的基础上的,如果没有实践成就的支撑,现代化话语体系就会显得"苍白无力"。当下中国式现代化话语体系,其实已经从中国特色、本质要求、重大原则等方面进行了顶层设计和系统建构,从根本上回答了中国式现代化实践所创造的伟大奇迹的秘诀和来源,很好地彰显了中国式现代化道路的合理性和优越性,也向世界证明了中国式现代化道路的正当性和开拓性,

---

① 冯海波:《中国式现代化话语体系的构建原则与创新路径》,《中南民族大学学报(人文社会科学版)》,2023年9月(网络首发)。
② 习近平:《以中国式现代化全面推进强国建设、民族复兴伟业》,《求是》,2025年第1期。

"展现了不同于西方现代化模式的新图景,是一种全新的人类文明形态","中国式现代化作为科学社会主义的最新重大成果,在国际上引起广泛关注"①。也就是说,中国式现代化话语体系构建已经初步实现了一些预期目标。但是,如何更好地向世界阐释中国式现代化道路背后内蕴的共通性文明和一般性规律,似乎还显得很不足,归根到底就是我们的话语体系(软实力)还没有能够很好地为我们的伟大实践(硬实力)提供充分的、相称的解释和论证,或者说,"中国式现代化的话语建构与发展态势仍不能有效同步,实践优势并未充分转化为话语优势"②。这也凸显了发挥学术话语的有力解释和论证功能的重要性,正如习近平总书记所指出的,我们"目前在学术命题、学术思想、学术观点、学术标准、学术话语上的能力和水平同我国综合国力和国际地位还不太相称"③。从实际的情况来看,国内学者对中国式现代化话语体系的研究,"基本上是对中国式现代化的发展成就以及理论体系展开话语认知","力图通过话语认知将中国式现代化刻画成为具有强化中国共产党领导地位效能的话语形象",而"国外学

---

① 习近平:《以中国式现代化全面推进强国建设、民族复兴伟业》,《求是》,2025年第1期。
② 吴霞:《中国式现代化话语势能的生成逻辑与提升策略》,《江苏社会科学》,2024年第3期。
③ 习近平:《在哲学社会科学工作座谈会上的讲话》,《人民日报》2016年5月19日,第2版。

者则主要是对中国式现代化的政治权力关系进行话语叙述"①。这种差异在一定程度上也导致我们的学术话语的深度和厚度与西方存在一定的差距,进而在有效破解西方对我现代化话语体系的攻击、解构西方话语霸权、击溃西方话语围剿,特别是应对西方妄想通过制造中国式现代化之特殊性同世界现代化之共通性的对立来消解中国式现代化话语的合理性和正当性等方面,还显得力不从心。因此,下一步中国式现代化话语体系创新,重在形成能够对现代化实践进行充分解释论证、在世界产生深度影响、普遍接受的更多的学术话语概念和理论。笔者认为,在中国式现代化话语体系之中,一个十分重要的任务,就是论证"党的领导"所蕴含的一般规律性,特别是可以从政党政治、国家能力等角度进行阐释。

二是中国式现代化话语体系要能有效弥合其与中国式现代化具体现实之间的张力。中国式现代化话语体系,既有立足中国式现代化的伟大实践进而对其进行反映、描述和解释层面的现实性的东西,也有着眼未来、对中国式现代化的远景目标和美好蓝图进行规划和设想层面的理想性的东西。但总的来说,作为话语体系,其发挥引领、凝聚、感召与激励功能的,更多是其理想性的、应然层面的东西,它往往主要表现为对未来美好社会的承诺。但显然,中国式现代化话语体

---

① 杨帆:《比较视域下中国式现代化"世界性认知"的国外话语建构》,《科学社会主义》,2024年第4期。

系所设定的理想和中国式现代化现实之间,并不具有一一对应的关系,或者说二者之间总是有一定的张力的,这也是不可避免的,中国式现代化的进程,其实是使中国式现代化的现实不断趋向理想目标的过程。在这个过程中,中国式现代化话语体系创新必须要承担的一项重要任务就是如何对理想与现实的张力进行合理性叙事,如果不能作出有力有利的诠释,那么,就会削弱中国式现代化话语体系的感召力,其中的逻辑正如列宁所指出的那样,"如果党的劝告同人民自身的生活经验所教给他们的东西不相一致的话,千百万人是决不会听从这种劝告的"[1]。党的二十大报告对中国式现代化五个方面的特色进行了概括,即人口规模巨大的现代化、全体人民共同富裕的现代化、物质文明和精神文明相协调的现代化、人与自然和谐共生的现代化、走和平发展道路的现代化。虽然我们强调,"这既是理论概括,也是实践要求"[2],也就是说,这些特色既来自中国式现代化的伟大实践,是对实践的"现实描述",也有一些是基于对党的领导的社会主义现代化的内在价值追求和对西方现代化弊端的反思和超越而进行的"理论概括"与"理想追求",它并不意味着我们的中国式现代化实践已经完全兑现这些"理想追求"了,相反,有些方面可能还有不小差距。比如"共同富裕"这一特色,虽然它

---

[1]《列宁全集》(第三十卷),人民出版社1985年版,第147页。
[2] 习近平:《以中国式现代化全面推进强国建设、民族复兴伟业》,《求是》,2025年第1期。

是社会主义的本质要求,并且我们在实践中也已经创造出了"脱贫奇迹"这样的伟大成就,但是,显然,"不平衡不充分的发展"仍然是新时代社会主要矛盾的一个方面,加上"不患寡而患不均"的文化观念的作用,使得"发展起来之后的问题"还显得特别突出。正如习近平总书记所指出的:"随着经济社会发展水平的提高,人的期望值也在不断提高,同时还伴有一种焦躁、焦虑或是不患寡而患不均的心态,现在是一个利益多元、需求多元的时期。"[①]因此,他深刻地认识到:"过去,我们常常以为,一些矛盾和问题是由于经济发展水平低、老百姓收入少造成的,等经济发展水平提高了、老百姓生活好起来了,社会矛盾和问题就会减少。现在看来,不发展有不发展的问题,发展起来有发展起来的问题。"而"发展起来后出现的问题并不比发展起来前少,甚至更多更复杂了。新形势下,如果利益关系协调不好、各种矛盾处理不好,就会导致问题激化,严重的就会影响发展进程"[②]。这样,如果中国式现代化话语体系仅仅注重对这些"理想追求"的强调和宣传,并用这些"理想追求"对照西方现代化的"现实弊端",而不顾中国式现代化的"现实实践"与我们自己的"理想追求"的差距,误以为我们的"理想追求"就是"现实成就",那么,就

---

① 本网:《忠诚于党始终是对武警部队第一位政治要求》,央广军事网,2016年6月30日。http://military.cnr.cn/ztch/zglz/llcx/20160630/t20160630_522538745.html。
② 习近平:《在党的十八届五中全会第二次全体会议上的讲话(节选)》,《求是》,2016年第1期。

会削弱中国式现代化话语体系的威信,制约中国式现代化话语体系的引导力和凝聚力。因此,中国式现代化话语体系的创新发展,就要坚持"自信"与"自省"相统一,从而能够做到对我们的"理论"(理想)与"实践"(现实)的张力作出令人信服的合理解释,从中国式现代化的历史逻辑、理论逻辑、实践逻辑以及世界现代化一般规律的角度进行中肯的说明与阐释。

三、坚持自主与借鉴相统一

中国式现代化话语体系构建的特点规律决定了"自主"原则的极端重要性,否则,话语体系建设就可能因为"没有根脉"而难以成长。但与此同时,坚持"自主"并不意味着"关门""孤立"搞(话语体系)建设,而是要积极借鉴一切人类文明的优秀成果,否则,话语体系就可能因为"营养不良"而成长缓慢。关于这一点,毛泽东早在 1944 年就指出,"我们中国人必须用我们自己的头脑进行思考,并决定什么东西能在我们自己的土壤里生长起来"[1],也即要坚持"自主"的原则,与此同时,"我们的态度是批判地接受我们自己的历史遗产和外国的思想。我们既反对盲目接受任何思想也反对盲目抵制任何思想"[2],也即坚持"借鉴"的原则。在今天,同样要

---

[1]《毛泽东文集》(第三卷),人民出版社 1996 年版,第 192 页。
[2]《毛泽东文集》(第三卷),人民出版社 1996 年版,第 192 页。

坚持"自主与借鉴相统一"的原则，习近平总书记也强调，"我们既要立足本国实际，又要开门搞研究"，一方面，要"着力构建中国特色哲学社会科学，在指导思想、学科体系、学术体系、话语体系等方面充分体现中国特色、中国风格、中国气派"，也就是要"体现继承性、民族性"，但另一方面，"强调民族性并不是要排斥其他国家的学术研究成果"，"对一切有益的知识体系和研究方法，我们都要研究借鉴，不能采取不加分析、一概排斥的态度"①。

不过，在"自主"与"借鉴"之间，首要的还是立足于"自主"。因此，我们强调的自主知识体系建构，其实也是话语体系创新注重"自主"的重要体现。并且，前文也已经提到，在自主知识体系建构中，中国式现代化是重点，即"要坚持'两个结合'，扎根中国大地、赓续中华文脉、厚植学术根基，深入研究以中国式现代化全面推进强国建设、民族复兴伟业实践中的重大问题，加快构建中国哲学社会科学自主知识体系"②。深刻理解这种逻辑，就要求"坚持以党的创新理论为引领，适应时代要求，立足中国实际，系统提炼总结标识性概

---

① 习近平：《在哲学社会科学工作座谈会上的讲话》，《人民日报》2016年5月19日，第2版。
② 《习近平对新时代马克思主义理论研究和建设工程作出重要指示强调　扎根中国大地赓续中华文脉厚植学术根基　为推进马克思主义中国化时代化作出更大贡献》，《人民日报》2024年11月30日，第1版。

念、原创性理论"①。这对中国式现代化的"自主知识体系构建"乃至中国式现代化话语体系创新提供了重要启发和借鉴。中国式现代化话语体系的来源至少包括马克思主义的资源、中华优秀传统文化的资源以及国外哲学社会科学的资源等。这里,笔者并不想面面俱到地分析,而主要聚焦"文化"因素在中国式现代化自主知识体系建构和中国式现代化话语体系创新过程中的作用。而之所以强调"文化"的作用和影响,一方面在于"缺乏立足我国文化背景和地域特色的阐释限制了我国现代化话语体系的创新空间"②,另一方面,"中华文明历经数千年而绵延不绝、迭遭忧患而经久不衰,这是人类文明的奇迹,也是我们自信的底气"③。从这个意义上来说,中华优秀传统文化就构成了"中国式现代化话语体系创新的民族基因"④。习近平总书记还多次强调指出,"中华民族有着深厚文化传统,形成了富有特色的思想体系,体现了中国人几千年来积累的知识智慧和理性思辨","绵延几千年的中华文化,是中国特色哲学社会科学成长发展的深厚基础",甚至在他看来,"历史和现实都表明,一个抛弃了或者背叛了自己历史文化的民族,不仅不可能发展起来,而且很可

---

① 《习近平对新时代马克思主义理论研究和建设工程作出重要指示强调 扎根中国大地赓续中华文脉厚植学术根基 为推进马克思主义中国化时代化作出更大贡献》,《人民日报》2024年11月30日,第1版。
② 李奇繁:《论中国式现代化话语体系的创新》,《新楚文化》,2023年第35期。
③ 习近平:《在文化传承发展座谈会上的讲话》,《求是》,2023年第17期。
④ 姜迎春:《中国式现代化话语体系的创新意蕴》,《江汉论坛》,2024年第6期。

能上演一场历史悲剧"①。因此,"坚定文化自信,就是坚持走自己的路"②,它不仅关乎"行动上"的独立自主,更关乎"精神上"的独立自主,它的主要表现"就是立足中华民族伟大历史实践和当代实践,用中国道理总结好中国经验,把中国经验提升为中国理论,既不盲从各种教条,也不照搬外国理论,实现精神上的独立自主"③。而精神上的独立自主也就意味着我们拥有了以"自主知识体系"为支撑的中国式现代化话语体系。

以中华优秀传统文化为支撑打造中国式现代化的"自主知识体系",促进中国式现代化话语体系创新,主要有两种思路,一种是发掘和阐发中华优秀传统文化的现代价值,或者促进中华优秀传统文化的创造性转化和创新性发展,从而"使中华民族最基本的文化基因与当代文化相适应、与现代社会相协调,把跨越时空、超越国界、富有永恒魅力、具有当代价值的文化精神弘扬起来",进而,"推动中华文明创造性转化、创新性发展,激活其生命力,让中华文明同各国人民创造的多彩文明一道,为人类提供正确精神指引"④。对于中国式现代化话语体系来说,就是要用中华优秀传统文化来解释

---

① 习近平:《在哲学社会科学工作座谈会上的讲话》,《人民日报》2016年5月19日,第2版。
② 习近平:《在文化传承发展座谈会上的讲话》,《求是》,2023年第17期。
③ 习近平:《在文化传承发展座谈会上的讲话》,《求是》,2023年第17期。
④ 习近平:《在哲学社会科学工作座谈会上的讲话》,《人民日报》2016年5月19日,第2版。

形塑中国式现代化道路形态的深层逻辑和文化渊源，以增强中国式现代化道路的合规律性。还有另外一种思路，就是用中华优秀传统文化价值符号去整合、包装、概括中国式现代化的特点、特色和优势。笔者认为，这一种思路恰恰是十分重要的，对于创新中国式现代化话语体系、增强中国式现代化的话语权的可接受性意义重大。这就在于话语首先表现为一些概念、符号，如果掌握这些话语的最早发明权，往往就有助于垄断对这些话语的定义权与评价权。正是因为如此，西方就借助这些话语优势对我进行遏制与打压，"西方所生产的自由、契约、个人主义、三权分立、权力制衡、公民社会等核心概念，所炮制的集权主义、东方专制主义、文明冲突、历史终结等专断性概念，所扭曲的平等、民主、文明、进步等共通性概念，把人类社会的现代化历史都纳入其话语叙事体系中，以西式核心概念及其概念体系来解释现代世界"，这带来的直接后果就是，西方就非常轻松地"将现代化话语概念的定义权、标准的制定权、是非的裁判权牢牢掌握在手中，形成现代化话语霸权"[①]。这样的话，如果我们借用或沿用西方的现代化话语体系和概念集，即便我们想努力把这些概念界定为共通的，进而赋予这些概念多样的、丰富的新内涵，但是要想改变对这些概念的"先入为主"的认识是非常困难的，"系

[①] 张步中、覃伟津:《赋魅·祛魅·返魅：西方现代化话语解构与中国式现代化话语建构》，《新疆社会科学》，2024年第1期。

统性重塑和超越西方概念体系仍然任重道远"[1],尤其当人们头脑中再嵌入了固有的价值偏见,更是很难将我们的话语主张输送到他们的头脑之中,并为他们所认可或接受。而如果运用我们的独具特色的概念或话语,那么,就能掌握对这些概念或话语定义的主动权。而在中国特色话语体系的语料库之中,选择那些以中华优秀传统文化作为鲜明标识、典型元素或者底蕴支撑的概念、符号和话语来构建和创新中国式现代化话语体系,具有鲜明的优势。一方面,我们掌握着对这些概念和理论的创制权、定义权和评判权,进而也就能掌握着强大的"理论势能"与"文化势能",因为"凸显中华文化深厚底蕴与民族特色的中国式现代化话语的建构与传播,不仅显示出与西方式现代化话语表达的根本差异,而且起到强化中华儿女身份认同与凝聚中华民族价值共识的功效"[2],从而形成对西方话语争夺的比较优势。另一方面,就在于用中华优秀传统文化作为中国式现代化话语体系创新的元素,可以在一定程度上实现去"政治化"的功能,淡化"意识形态"色彩,增强中国式现代化话语体系的渗透性和穿透力。

这更多强调的是"自主"原则,与此同时,不可或缺的是"借鉴",就是积极借鉴一切人类文明成果来为中国式现代化

---

[1] 张步中、覃伟津:《赋魅・祛魅・返魅:西方现代化话语解构与中国式现代化话语建构》,《新疆社会科学》,2024年第1期。
[2] 吴霞:《中国式现代化话语势能的生成逻辑与提升策略》,《江苏社会科学》,2024年第3期。

话语体系创新提供"营养剂"。因为显而易见,现在很多流行的现代化话语都是西方建构的,这也是西方在世界现代化进程中的先发优势导致的,并且到今天,现代化水平最高的发达国家也主要是欧美国家和深受西方文明影响的资本主义国家,这样"在仍由西方资本主义主导的现代化政治情境中,中国式现代化在建构过程中必须直面西方式现代化已经形成的'政治势能'"[1]。如果这种"势能",盲目排斥业已形成的概念话语,客观上也会制约我们依托这些概念话语与世界交流互鉴的机会。这就要求中国式现代化话语体系创新一方面"必须拒斥西方话语体系那种根深蒂固的理性的自负和话语的独断"[2]。但另一方面,拒斥并不能排斥"批判吸收西方话语体系中合理因素",进而"给具有普遍性的旧概念、旧范畴注入新时代内涵和中国话语解释,在思想文化的交流交融交锋中不断提炼和打造新概念、新范畴和新表述"[3]。也就是说,我们要用好这些共通性现代化话语的载体,在这种"公共平台"提供的场域中,借助于中国式现代化创造的实践优势,来赋予这些现代化概念话语更丰富的内涵,从而增加我们的影响力、控制力,并改变西方对现代化话语的"垄断""独霸"格局。

---

[1] 吴霞:《中国式现代化话语势能的生成逻辑与提升策略》,《江苏社会科学》,2024年第3期。
[2] 冯海波:《中国式现代化话语体系的构建原则与创新路径》,《中南民族大学学报(人文社会科学版)》,2023年9月。
[3] 李宗建、陆苗:《新时代主流意识形态话语体系创新的鲜明特质》,《社会主义研究》,2024年第2期。

四、坚持回应与超越相统一

中国式现代化话语体系建构特别强调其"超越性"的一面,从中国式现代化的结构形态到价值追求再到实践绩效等。关于这一点,在中国式现代化话语体系的政治话语中,党的重要文献中有不少权威性的论述,至少可以概括为如下方面,即中国式现代化是"人口规模巨大的现代化""人民中心的现代化",超越了西方"资本中心的现代化""少数人的现代化";中国式现代化是全体人民共同富裕的现代化,超越了西方"不平等的现代化""两极分化的现代化""贫富悬殊的现代化";中国式现代化是物质文明和精神文明相协调的现代化,超越了西方"单向度的现代化""失衡的现代化""物欲横流的现代化""精神贫乏的现代化";中国式现代化是人与自然和谐共生的现代化,超越了西方"人与自然相对立的现代化""生态环境恶性破坏的现代化""竭泽而渔式的现代化";中国式现代化是走和平发展道路的现代化,超越了西方"恃强凌弱的现代化""战争冲突的现代化""殖民掠夺的现代化";中国式现代化是"并联型现代化",超越了西方"串联型现代化",它还可以被形象地概括为"用几十年时间走完西方发达国家几百年走过的工业化历程",等等。

显然,这些"超越性"的话语,是对中国式现代化道路的特点优势深入、全面、精准的揭示,充分彰显了中国式现代化话语体系的魅力。但是,仅仅有"超越性"话语还不够,要增强中国式现代化的话语权,还必须注重中国式现代化话语体系的"回应性",否则就可能导致中国式现代化的话语叙事停留在"自说自话""自娱自乐""自我循环"的状态,中国式现代化话语体系的说服力和穿透力也会大打折扣。在笔者看来,中国式现代化话语体系创新必须强调"回应性",至少要做到以下几点。

一是对西方现代化固有问题缺陷的回应。中国式现代化话语体系创新既要加强自身显著优势的"建构性",也要通过对西方现代化的突出矛盾问题、内在弊端缺陷的回应与批判来增强对西方现代化话语体系的"消解力"。这种回应,中国式现代化话语体系中的政治话语其实已经透过大量的"比较性话语""超越性话语"叙事精准、深刻地进行了"回应",直击要害,富有启发,很有价值。但是,政治话语的功能定位和叙事特点,决定了它不可能对西方现代化的弊端问题、话语体系进行全面、详尽、系统地"回应"和揭批。因此,中国式现代化话语体系创新,不能"蜻蜓点水""浅尝辄止""浮光掠影",而应该在政治话语已经精准把握西方现代化的弊端缺陷的基础上,对这些弊端产生的逻辑进行深度"回应"。不仅要全面呈现西方现代化的弊端缺陷"是什么",更要客观辩证地揭示这些弊端缺陷产生的原因"是什么",从而使受众充分认识到我们对西方现代化弊端缺陷的呈现和揭批,不是纯粹的意识形态斗争的需要,而是有着客观的事实、充分的依据和扎实的学理作为支撑的,因此,是言之有理、言之有据的。实事求是地说,西方现代化已经走过几百年的历程了,在现代化话语体系方面已经相对比较完备,特别凭借自己的硬实力已经形成了相对比较自洽的自我阐释、自我论证、自我辩护的逻辑和理论了,想要对其进行有力批判并消解其话语威力,并不是一件容易的事情。因此,中国式现代化话语体系创新,形成对西方现代化话语体系的"理论势能",就必须开展扎实的学理研究,特别是要精准把握西方文化特点和思维方式,采用"以子之矛,攻子之盾"的方式,对西方话语体系的软肋和漏洞进行有力进攻,才能达到理想效果。否则,如果我们的"回应"没有建立在学理研究的基础上,没有对西方的问题有一个全面透彻的理解,没有做到"知己知彼",而是"想当然"地运用我们自己的思维方式去理解、想象和重构西方的话语逻辑,那么就可能沦为"自说自话"了,结果是"自己以为'讲得清楚'而别人却不一定听得明白"①,正如有的研究者所指出的那样,"在对外讲述中国式现代化理论时,没有充分认识到中外文化的差异,不了解外国人的语言环境和思维方式,使外国人产生了对中国式现代化话语的误读"②。总而言之,"只有充分尊重不同地域、不同民族和不同国家的文化习

---

① 杨卫敏:《新型政党制度话语体系与叙事方式创新研究》,《上海市社会主义学院学报》,2024年第4期。
② 李奇繁:《论中国式现代化话语体系的创新》,《新楚文化》,2023年第35期。

俗、思维方式和话语表达方式,多用对方的语言讲述中国的故事"①,讲中国式现代化的故事,才能获得受众的广泛认同,进而才能提高中国现代化的国际话语权。

二是对西方现代化话语体系攻击的回应。在中国式现代化话语体系创新和完善的过程中,必须直面西方对我现代化话语体系的抹黑、歪曲、污名等形形色色的攻击与消解,进而对其进行有力、有效的"回应"。相反,如果我们对西方的话语攻讦"置若罔闻",如果我们的话语体系创新是"碰到敏感问题绕着走""掩耳盗铃",甚至"王顾左右而言他",那么,就可能削弱中国式现代化话语体系的传播力和感染力。而事实上,除了我们党的中国式现代化政治话语有明显优势外,其他的现代化话语还存在着表达效能不足的突出问题,主要体现就是"话语体系生硬老套,表达内容多以现代化政治话语、宣传话语为主,缺少学术话语支持",更突出的问题是"没有对国际关注的相关热点话题做出及时回应"②。尤其是西方对我的话语体系攻击总是以科学严谨的理论、客观中立的研究面貌呈现,再加上"西方国家利用先发优势掌握了世界现代化的'话语发明专利'并持续以欧美意识形态为现代化话语进行西方化编码,使得国际话语竞技场上长期呈现

---

① 冯海波:《中国式现代化话语体系的构建原则与创新路径》,《中南民族大学学报(人文社会科学版)》,2023 年 9 月(网络首发)。
② 李奇繁:《论中国式现代化话语体系的创新》,《新楚文化》,2023 年第 35 期。

为'西强我弱'的总体态势"①,这种西方对我的现代化话语的"势能",在客观上也加大了我回应与反击的难度。比如有的把中国共产党领导中国式现代化进程的决策模式界定为"碎片化权力模型",有的"通过话语表达建构中国式现代化与中国近代落后性的关联"等②,这些问题都以学术研究的面貌呈现。因此,我们的话语体系创新,要"直面问题、敢于发声、善于应对、正面回答,把道理讲明白,作出令人信服的解释,从根本上解决'挨骂'问题"③。也就是说,"构建中国式现代化话语,一个很重要的方面就是在解构西方话语霸权、击溃西方话语围剿的过程中赢得国际话语传播的主动权,对外回应质疑、痛击中伤、消除误解,在话语领域进一步塑造和提升中国的国际影响力,进而呈现可亲可近、可'与之共舞'的中国式现代化的国际形象"④。总之,中国式现代化话语体系创新,要直面西方对我的攻击,并通过更加扎实的研究来积极回应,据理力争、见招拆招,在这个过程中对西方现代化话语进行"祛魅"和"去普世化"。甚至在笔者看来,回应本身就一种姿态,一种自信,一种对中国式现代化话语体系的宣传,并

---

① 王增福、孙晓桐:《中国式现代化话语的出场语境、演变形塑与未来指向》,《东岳论丛》,2024年第12期。
② 杨帆:《比较视域下中国式现代化"世界性认知"的国外话语建构》,《科学社会主义》,2024年第4期。
③ 杨卫敏:《新型政党制度话语体系与叙事方式创新研究》,《上海市社会主义学院学报》,2024年第4期。
④ 王增福、孙晓桐:《中国式现代化话语的出场语境、演变形塑与未来指向》,《东岳论丛》,2024年第12期。

保持着战略定力和战略耐心,从而持续累积和壮大中国式现代化话语体系的影响力。

三是对我现代化实践中现实问题的回应。如果说我们对西方的攻击是对"制造"出来的问题进行回应的话,那么对中国式现代化进程中客观"存在"的问题更要积极进行回应,而不能"视而不见",否则,"如果利用话语权力掩盖真理和事实,就会出现价值和目标的背离"①,也会影响甚至削弱中国式现代化话语体系的感召力。事实上,从马克思主义基本原理来看,"矛盾是永远存在的,一万年以后还是有的。一个矛盾克服了,又一个矛盾产生了。在任何时间、任何地方、任何人身上,总是有矛盾存在的,没有矛盾就没有世界。有人以为一到了社会主义社会,国家就十分美好,没有什么坏的东西了,这其实是一种迷信"②。在毛泽东看来,这就要求在实践中必须"要学会这么一种领导艺术,不要什么事情总是捂着。要揭露矛盾,解决矛盾"③。对此,习近平总书记也强调指出,"对待矛盾的正确态度,应该是直面矛盾,并运用矛盾相辅相成的特性,在解决矛盾的过程中推动事物发展"④。马克思主义基本原理对我们的启发就是,中国式现代化话语体

---

① 姜迎春:《中国式现代化话语体系的创新意蕴》,《江汉论坛》,2024年第6期。
② 《毛泽东文集》(第七卷),人民出版社1999年版,第66页。
③ 中共中央文献研究室:《毛泽东年谱》(一九四九——一九七六)(第三卷),中央文献出版社2013年版,第70~71页。
④ 习近平:《辩证唯物主义是中国共产党人的世界观和方法论》,《求是》,2019年第1期。

系创新也必须直面和回应现实矛盾问题。尤其是中国式现代化进程中的很多矛盾问题有的是由一系列无法超越的客观条件约束造成的,有的则是"发展中的问题"。因此,对此要直接面对和回应。实际上,中国式现代化话语体系中的政治话语已经作出很多示范和贡献。比如,中国式现代化是"人口规模巨大的现代化",这必然就会带来一些矛盾问题,"中国有十三亿多人,只要道路正确,整体的财富水平和幸福指数可以迅速上升,但每个个体的财富水平和幸福指数的提高就不那么容易了。同样一桌饭,即使再丰盛,八个人吃和八十个人吃、八百个人吃是完全不一样的"①。习近平总书记多次形象地指出,"中国经济总量虽大,但除以十三亿多人口,人均国内生产总值还排在世界第八十位左右。让十三亿多人都过上好日子,还需要进行长期艰苦努力"②。习近平总书记还说,"光是解决14亿多人的吃饭问题,就是一个不小的挑战。还有就业、分配、教育、医疗、住房、养老、托幼等问题,哪一项解决起来都不容易,哪一项涉及的人群都是天文数字",因此"这是人类历史上规模最大的现代化,也是难度最大的现代化"③。显然,这样的话语叙事,既是对中国式现代化矛盾问题的直面与回应,也能很好地阐释问题产生的客观规律性,进而也就不会因为存在的矛盾问题而消解中国式

---

① 《习近平外交演讲集》(第一卷),中央文献出版社2022年版,第117页。
② 《习近平外交演讲集》(第一卷),中央文献出版社2022年版,第182页。
③ 习近平:《以中国式现代化全面推进强国建设、民族复兴伟业》,《求是》,2025年第1期。

现代化话语体系的说服力。需要强调指出的是,对矛盾问题的呈现和阐释,要坚持客观辩证原则,避免过于绝对。虽然我们一直强调中国式现代化是"共同富裕的现代化",甚至强调这是区别于西方现代化的显著标志,但是,实现共同富裕也必须遵循客观规律。中国式现代化话语体系的政治话语就非常注重这一点,也为下一步中国式现代化话语体系创新提供了示范。习近平总书记就多次用很多通俗、易懂、朴实的语言对这些问题作出回应,而这种回应恰恰就是针对国内外的一些认识上的误区或者看法,从而增强中国式现代化话语体系的权威性。习近平总书记指出:"我们要实现14亿人共同富裕,必须脚踏实地、久久为功,不是所有人都同时富裕,也不是所有地区同时达到一个富裕水准,不同人群不仅实现富裕的程度有高有低,时间上也会有先有后,不同地区富裕程度还会存在一定差异,不可能齐头并进。"[1]他还强调,"不要好高骛远,吊高胃口,作兑现不了的承诺",甚至"即使将来发展水平更高、财力更雄厚了,也不能提过高的目标,搞过头的保障,坚决防止落入'福利主义'养懒汉的陷阱"[2]。此外,"共同富裕是一个长远目标,需要一个过程,不可能一蹴而就,对其长期性、艰巨性、复杂性要有充分估计,办好这件事,等不得,也急不得"[3]等。这样的话语叙事,其实就很好地

---

[1] 习近平:《扎实推动共同富裕》,《求是》,2021年第20期。
[2] 习近平:《扎实推动共同富裕》,《求是》,2021年第20期。
[3] 习近平:《扎实推动共同富裕》,《求是》,2021年第20期。

回应了现实中"共同富裕"就等于"同步富裕""同时富裕"的误区,也有针对性地回应了那种立即实现共同富裕的焦虑、急躁等情绪和心理等。再如关于中国式现代化是"人与自然和谐共生的现代化",中国式现代化话语体系也特别注重通过客观辩证的方式来进行话语叙事,以回应那种认为"为了经济发展可以牺牲环境"或者"为了保护环境而不要经济发展"的现象和问题。习近平总书记指出,"中国明确把生态环境保护摆在更加突出的位置。我们既要绿水青山,也要金山银山。宁要绿水青山,不要金山银山,而且绿水青山就是金山银山。我们绝不能以牺牲生态环境为代价换取经济的一时发展。"[①]针对地方政府在环境保护上的"畏难情绪",他警醒地指出,"要保持加强生态文明建设的战略定力。保护生态环境和发展经济从根本上讲是有机统一、相辅相成的。不能因为经济发展遇到一点困难,就开始动铺摊子上项目、以牺牲环境换取经济增长的念头,甚至想方设法突破生态保护红线"[②]。但与此同时,也不能为了保护生态环境,而牺牲经济增长。习近平总书记就曾结合贵州的情况辩证地指出了这一点,"有人说,贵州生态环境基础脆弱,发展不可避免会破坏生态环境,因此发展要宁慢勿快,否则得不偿失;也有人

[①] 中共中央文献研究室:《习近平关于社会主义生态文明建设论述摘编》,中央文献出版社2017年版,第20~21页。
[②]《习近平在参加内蒙古代表团审议时强调 保持加强生态文明建设的战略定力 守护好祖国北疆这道亮丽风景线》,《人民日报》2019年3月6日,第1版。

说,贵州为了摆脱贫困必须加快发展,付出一些生态环境代价也是难免的、必需的。这两种观点都把生态环境保护和发展对立起来了,都是不全面的。强调发展不能破坏生态环境是对的,但为了保护生态环境而不敢迈出发展步伐就有点绝对化了。实际上,只要指导思想搞对了,只要把两者关系把握好、处理好了,既可以加快发展,又能够守护好生态"①。总之,中国式现代化话语体系创新必须积极回应实践中的矛盾问题,并通过客观辩证和富有智慧的话语叙事来释疑解惑进而增强人民群众对话语的认同。

当然,中国式现代化体系创新是一项系统工程,并且"新时代以来,中国共产党坚持以系统观念引领话语体系的创新工程,以话语体系内部结构诸要素的协同创新展现出鲜明的时代特质"②。因此,持续推进中国式现代化话语体系创新,就必须注重"协同创新"的重要性,通过中国式现代化话语体系诸要素的"协同",来增强中国式现代化话语体系的整体威力,进而充分释放中国式现代化话语体系的凝聚力。在笔者看来,中国式现代化话语体系诸要素的协同创新也要分层次、分领域,既要充分发挥各层次、各领域、各要素分工创新的能动性,也要注重相互配合、相互支撑、相互助力。如果仅就中国式现代化话语体系的内容来看,最重要的就是要促进

---

① 中共中央文献研究室:《习近平关于社会主义生态文明建设论述摘编》,中央文献出版社 2017 年版,第 22 页。
② 李宗建、陆苗:《新时代主流意识形态话语体系创新的鲜明特质》,《社会主义研究》,2024 年第 2 期。

政治话语、学术话语、大众话语(生活话语)之间的协同,使这些话语之间相互嵌入、相互强化、相互融合、相互转化。其中,也特别需要加强中国式现代化话语体系的学术话语内部的协同,使各学科、各领域的中国式现代化学术话语之间相互配合、相互印证。从这个意义上来说,中国式现代化话语体系的创新,可以进行跨学科的研究,至少可以从政治学、经济学、哲学以及传播学等学科的角度深入阐释解读,避免单一学科专业可能带来的知识供给短板和盲区。此外,笔者认为还要加强中国式现代化话语体系的概念话语之间的协同,比如中国式现代化的民主观、自由观、价值观、人权观、平等观、法治观等,这些价值观之间的话语叙事和基本逻辑,也要相互印证、相互呼应、相互强化,从而释放出强大的整体功能,这也是西方话语体系建设的重要经验,比如他们特别注重对其民主、自由、人权等价值观话语叙事的相互嵌入、相互协同,从而放大了单独一项价值观话语叙事达不到的威力。

第七章　中国式现代化话语体系的传播路径

中国式现代化的故事让外界听到,中国式现代化的话语产生世界影响,离不开跨地域、跨国界、跨文化的传播路径探索。习近平总书记指出:"必须加强国际传播能力建设,全面提升国际传播效能,形成同我国综合国力和国际地位相匹配的国际话语权,坚持不懈讲好中国故事,传播好中国声音,展现可信、可爱、可敬的中国形象。"①党的二十届三中全会通过的《中共中央关于进一步全面深化改革推进中国式现代化的决定》也明确提出,要"推进国际传播格局重构,深化主流媒体国际传播机制改革创新,加快构建多渠道、立体式对外传播格局"②。对于中国式现代化话语体系的传播路径探索不仅是提升中国故事国际话语效力的重要环节,也是加快构建

---

① 中央网络安全和信息化委员会办公室:《习近平总书记关于网络强国的重要思想概论》,人民出版社 2023 年版,第 69 页。
② 《中共中央关于进一步全面深化改革　推进中国式现代化的决定》,人民出版社 2024 年版,第 34 页。

"更有效力的国际传播体系"的应有之义。因此,在中国式现代化话语体系的对外传播上,应以建强对外传播主体、传播渠道、传播技术、传播方法等为重要抓手,在构建更有效力的国际传播格局上深入探索,不断打破"西方话语霸权"对中国式现代化话语的攻击与诘难,开创中国式现代化话语体系对外传播新局面。

一、建强传播主体:优化多元传播力量布局

马克思和恩格斯指出:"为了实现思想,就要有使用实践力量的人。"①。提升中国式现代化话语体系的国际传播效益,传播主体是核心要素。新中国成立以来对外话语体系建设历程说明,国际传播人才队伍素质过硬,对外话语体系建设就会顺利;国际传播人才队伍建设缺位,对外话语体系建设就会受到阻碍。随着世界进入动荡变革期,意识形态话语权博弈日趋激烈,加上 AI、大数据、云计算等数字技术的加速发展,导致国际传播舆论生态与媒体格局等发生了深刻变革,这对国际传播主体的多元性和联动性的要求也不断提升。提升中国式现代化话语体系对外传播效能,应将建强传播主体视为重要基础,着力构筑多元协同参与的国际传播主体格局。

---

① 《马克思恩格斯文集》(第二卷),人民出版社 2009 年版,第 320 页。

(一)加强党政机构对外传播队伍建设

党和政府是推动中国式现代化话语对外传播的核心主体。作为具有正式编制、专门从事对外宣传工作的机关公务人员,党政机构对外宣传队伍负责对外宣介的设计、指导和管理工作,是中国式现代化话语体系对外宣传的领导者、管理者、执行者,也是对外宣传的骨干中坚力量,在中国式现代化话语体系对外传播队伍中发挥着举足轻重的作用。当前,在专门从事对外宣传工作的单位和部门主要有中共中央宣传部、中共中央统战部、中共中央对外联络部、中华人民共和国外交部、国务院新闻办公室等。发挥党政机构对外传播队伍这一重要传播主体的作用,一方面应整合各部门、各单位的对外宣介人才资源,加强不同单位、部门之间的联动与配合,综合设计中国式现代化话语体系传播的宣传方案,以"协同作战"打破跨部门、跨岗位等对外宣介的合作壁垒。另一方面应强化党政机构对外宣介人员理论素养和实践经验,加强其对于中国式现代化话语体系的"整体性"把握及对外传播技巧的掌握,同时注重铺设平台、搭建传播桥梁,让宣介队伍在中国式现代化话语的国际传播实践中壮筋骨、长才干,从理论与实践的双重维度提升传播队伍对外传播中国式现代化话语体系的"实战"能力。

（二）加强专家学者对外传播队伍建设

从根本上看，话语权的源头还在于话语背后的理论依托。中国式现代化话语体系对外传播要靠"以理服人"，用理论的"彻底性"掌握国际受众，因此要注重"专家学者型"这一对外传播方阵的培塑与建设。

其一，应建强"理论性"传播主体。"理论性"传播主体不仅决定着对外理论传播活动的存在与发展，而且决定着对外理论传播内容的质和量。"理论性"传播主体既有单个的人，也有群体或集体，也有专门的组织或机构。首先要抓牢"五路大军"，有组织地构建包括高等院校、党校（行政学院）、部队院校、科研院所、党政部门研究机构在内的"五路大军"的学者传播矩阵，打造中国式现代化话语体系对外传播的"先锋队"。同时，应突出"国际汉学家"作用，国际汉学家长期致力于中国国情的研究，研究成果在国际舆论场的说服力和影响力较强，而其中不乏客观、全面、深入研究中国式现代化的成果。应积极支持和引导国际汉学家为中国式现代化话语对外传播服务，可组建国际汉学家联盟，为汉学家出版、宣介中国式现代化故事成果提供资金和项目支持；要注重青年汉学家培养工作，为海外青年汉学研究人员和智库学者研究、宣介中国式现代化搭建专项交流合作平台，在交流互鉴中推动"中国式现代化"的研究国际传播工作。此外，还应发挥各类对外传播的高端智库效能，打造一支为中国式现代化话语体系国际传播提供专业理论给养以及前瞻性、储备性政策研究的高端智库研究队伍。

其二,应建强"复合型"传播主体。中国式现代化话语体系的对外传播不仅需要擅长中国式现代化理论体系阐释、解读的专家学者,还需要能够在对外传播实操领域发挥作用的实践能力群体,外交人才、"多语种+"人才、全球治理人才等也是重点需要的"应用型"人才。一方面是要促进"理论性"传播主体和"应用型"传播主体优势互补、协作共进;另一方面要强化国际传播人才的跨学科培养,进一步突破综合型国际传播人才瓶颈,努力打造中国式现代化话语体系传播的"复合型"传播主体。在对外传播人才的培养过程中既要注重实践性,亦要注重人文性,应突出跨区域国别、跨文化交流能力,并强化校企联手培养、国际化联合培养等,多路径培育"复合型"传播人才。

(三)加强民间对外传播队伍建设

国之交在于民相亲,民间普通大众数量庞大、特征多样、身份丰富,虽然他们中间的大多数都不具有对外宣传的专业性,但也能够发挥对外传播作用,民间队伍也是中国式现代化话语体系对外传播的重要主体。

其一,应加强民间社会团体外宣作用。利用好诸如中国人民对外友好协会、中华海外联谊会、欧美同学会等民间社会团体,进一步强化其对于中国式现代化话语的对外传播。

例如,发挥中国人民对外友好协会这一重要平台,讲清中国式现代化是走和平发展道路的现代化,讲清每个国家都有现代化的梦想,也都有实现这一梦想的权利。让国际受众认识到中国在推进现代化道路的过程中,始终"坚持把自身发展置于人类发展的坐标系中,把中国人民利益同各国人民共同利益结合起来,践行全球发展倡议,高质量共建'一带一路',以中国式现代化新成就为世界现代化提供了新机遇,为全球发展注入了新动力"①。

其二,应发挥民间个体外宣作用。民间个体作为一种文化符号可以不同的形式向外传播、宣介,以此展现中国式现代化的理念与实践。因此,应通过国内普通民众追求现代化美好生活的生动实践,生动展现中国式现代化的内涵、意义与道路。不同于官方话语整体较为严肃刻板,也不同于学术话语的深奥、抽象理性说辞,民间个体话语在修辞上常常体现出通俗化、大众化、接地气等特点。普通民众一方面作为受众从官方或媒体上接收有关"中国式现代化"的话语和信息,另一方面根据自身认知和社会生活,通俗易懂地解读何为"中国式现代化"。② 因此,应进一步强化国内普通民众的个体特色叙事,展现中国的绿色生态、丰富的物质文明和精

---

① 《王毅在中国国际友好大会暨中国人民对外友好协会成立 70 周年纪念活动上的致辞》,文章来源:中国外交部网站,https://www.mfa.gov.cn/web/wjbzhd/202412/t20241218_11496608.shtml,2024 年 10 月 11 日。
② 于淑婧、荆学民:《"中国式现代化"政治话语的四重资源及其传播调用》,《编辑之友》,2024 年第 6 期。

神文明以及巨大的发展潜力，引导更多的国际受众关注、理解、认可中国式现代化的进程。

其三，应重视华人华侨外宣作用。作为中华大家庭的重要成员，大约6000万人的华人华侨是连接中外的重要纽带，他们分散在不同国家，却有着相似的文化背景、相通的语言并长期在海外生活，能够对中国式现代化话语传播起到一定作用。应积极推动华人华侨影响海外舆论场，通过他们积极推动中外文明交流互鉴，讲述好中国推进现代化的故事、中外交往故事、人类命运共同体的故事，不断积聚中外民众友好与互信的正能量，建立起海外受众对中国式现代化道路理性和友善的认知。

其四，应重视留学人员外宣作用。随着中国综合国力的提升，从中国赴海外留学和从海外来中国留学的人员数量都在与日俱增，这些留学人员在世界各地穿梭流动，自觉不自觉地推动着跨文化交流的深入开展，成为讲述中国现代化故事、传播中国好声音中不可忽视的有生力量。一方面应发挥中国赴海外留学人员内引外联、牵线搭桥的重要作用，引导其当好中国式现代化话语传播的民间大使。另一方面要发挥来中国留学的海外人员在对外宣介及展示中国式现代化巨大成就中的重要作用，将其培养成为中国人民的好朋友、深入认同中国式现代化理论的好学者、对外传播中国式现代化故事的好帮手。

（四）加强国际政要名流对外传播队伍建设

作为国外政要、工商界名流等为代表的具有一定知名度和影响力的人物，国际名流是中国式现代化话语对外传播中需要争取的传播主体。一方面，要积极争取对华友好的国际知名政要，充分发挥其在中国式现代化话语对外传播中的作用。如中国人民大学重阳金融研究院聘请的高级研究员罗思义，正是英国伦敦经济与商业政策署前署长，其在卸职后加入了中国的智库团队，在诸多场合分析和分享中国式现代化道路的建设经验，让更多海外受众了解中国的现代化进程。另一方面，要积极争取国际知名工商界人士。作为推动世界经济发展的重要力量，国际知名工商界人士往来于世界各地，经常与世界各国人民打交道，是促进不同国家间话语交流的重要纽带。应注重与长期在华经商、熟悉中国文化、具有国际影响的跨国公司相关负责人建立协作关系，争取其在与中国进行经济合作的同时向外宣传介绍他们"遇见"的客观、全面、立体的中国式现代化进程的真实图景。此外，还应注重发挥中国驻外大使队伍的重要作用。利用驻外大使在所驻国的特殊身份、外交职责和地理便利，支持与鼓励其通过国际演讲、在国际主流报刊撰文、接受国际媒体平台采访等方式澄清、揭批国际社会对中国式现代化道路的各类误解和偏见，就国际关心的中国式现代化的性质、特征、发展前景等作出体系化阐释，有效表达中国立场，传播好中国式现代化话语。

（五）加强新闻媒体对外传播队伍建设

中国式现代化话语体系的国际传播工作离不开新闻媒体对外宣传队伍这一关键传播主体。应加强对中央媒体与地方媒体队伍、国内媒体与国外媒体队伍等宣传主体的多维联动，激发出新闻媒体队伍对中国式现代化话语传播的主动性与创造性。

其一，应加强专业外宣媒体队伍建设。建设一支"中国式现代化话语"的专业对外宣介媒体队伍，重点培塑其理论高度、观点深度、思想锐度及话语温度，为其开设国际社交账号，组织其针对中国式现代化的中国特色、本质要求和重大原则等撰写出有深刻的思想、有价值的见解，并围绕"中国式现代化是什么（内涵特征）——为什么（本质要求）——如何实现（重大原则）"的逻辑主线，"以点连面"式阐释中国式现代化逻辑自洽、体系严谨、内涵丰富的自主话语体系。

其二，要拓展国际媒体队伍交流合作。一方面要发挥外国或外籍新闻记者、编辑、导演、作家等在内的国际新闻出版队伍的对外宣传作用。作为主要从事新闻采访、编辑、传播，纪录片制作、图书出版的媒体专业队伍，国际媒体队伍是宣传介绍中国式现代化故事的重要力量，必须强化沟通协作。在国际媒体队伍中，尤其要发挥好外国新闻记者的重要作用，从历史上看，外国新闻记者是向国际宣介中国的重要一环,历史上的斯诺、斯特朗、史沫特莱等,在对外宣介中国中都曾起到重要的作用,中国式现代化话语体系的对外传播,应延续好这一传统,将外国新闻媒体人士请进来,用镜头记录下中国各地的现代化发展的真实成果、最新成果,为国际受众呈现一个真实、多彩、立体的现代化中国。

其三,要强化译介队伍建设。中国式现代化话语体系的对外译介是一项复杂的系统工程,既要忠于体系内容的立场、观点,又要根据不同受众、语境和场合对话语进行灵活变通,只有具备扎实的国际传播专业能力和过硬的传播艺术,才能实现翻译"语意"与中文"原意"等效,弥合中外语言、文化和政治制度的差异,提升话语的共鸣性和亲近感。因此,必须建强中国式现代化话语国际传播专业译介队伍建设,同时注重发挥外裔作家、翻译家和出版家的译介力量,开展"中国式现代化系列图书对外推广计划",推进中国出版机构与国外相关出版机构开展合作项目,持续完善中国图书宣介特殊贡献奖,授予在国际舆论场积极介绍中国式现代化故事的出版物等方面作出突出贡献的外籍及外裔作家、翻译家和出版家,从而激励他们进一步为中国式现代化的对外传播事业贡献力量。

总之,在中国式现代话语体系传播中,要加强统筹,强化配合,以国内主流媒体带动国际媒体的传播辐射圈层,改变长期以来对外传播参与主体主要以政府、官方机构和媒体等官方角色为主的"独角戏"式的传播主体格局,应积极构建

"政府机构—国内外媒体—国内外（公众）"三位一体的多元国际传播主体架构,动员国内外政党政要、国际组织、社交媒体、专家学者、社会团体等加入对外传播中国式现代化故事的"大合唱",以多元主体实现中国式现代化话语的可见度、感染力和影响力,构建中国式现代话语体系的"大矩阵",开启中国式现代话语体系国际传播的新局面。

二、精设传播议题：突破国际传播的被动"他塑"

议程设置理论在20世纪70年代由马尔科姆·麦克姆斯和唐纳德·肖提出,他们认为,"大众传播具有一种为公众设置'议事日程'的功能,传媒的新闻报道和信息传达活动以赋予各种'议题'不同程度的显著性的方式,影响着人们对周围世界的'大事'及其重要性的判断"[1]。当前,美西方国家拥有世界上数量最多、影响最广的国际媒介,他们凭借国际传播中的绝对优势,通过抢先设置利己议题、虚拟设置中国议题,强化印象引导,把控话语议题走势,塑造了国际社会对中国式现代化的刻板印象,影响了中国式现代化话语体系的传播效力。与此同时,中国式现代化话语体系内容丰富、包罗万象,因此,对外传播的议题设置首先要跳出西方设定的叙事框架,同时把握好"主体想讲"与"客体想听"之间的现实张

---

[1] 聂智：《自媒体领域我国主流意识形态的话语权研究》,人民出版社2020年版,第180页。

力,不断提升其对外传播的话语时度、力度与效度。

(一) 强化"共情式"议题设置

共情是人类本能,是人类的情感生活方式,通过从不同维度寻找对外传播的"共情点"针对性设置议题,是讲好中国式现代化故事,强化中国式现代化国际话语叙事的重要方式。

其一,要找到"价值共情点"。中国式现代化既是中国的,也是世界的。中国式现代化的议题设置要超越"地方性"话语构建思维,将其置于整个人类乃至全球现代化进程之中,找到中国在现代化道路与世界现代化进程的共通之处与接轨之处,以中国式现代化道路内蕴的和平、发展、公平、正义、民主、自由的全人类共同价值为旨归,找到与国际社会受众心理的"价值契合点"与"情感共鸣点"。如在道路的选择上,可通过议题设置强化国际受众对"和平与发展"的热爱与希冀,向国际社会释清中国式现代化是一条"外不掠夺、内无剥削",通过艰苦奋斗、创新创造而实现现代化的道路,从道义视角激发国际受众对中国式现代化道路进程的认可。

其二,要找到"利益共情点"。要注重寻求国际社会现代化进程与中国现代化道路建设之间的共性利益点,如面对近年来国际社会不断加剧的"四大赤字",中国在推进现代化进程中提出推动构建人类命运共同体、"一带一路"倡议等,可通过议题设置打造中国式现代化"各美其美,美美与共""你好,我好,大家都好"的印象标签,讲清中国式现代化并不是中国独善其身的现代化,而是与广大发展中国家以及全球其他国家一起,共同实现的"现代化"道路,以此在国际传播域场扭紧传播主体与客体之间的认同纽带,激发国际社会更多的受众对中国式现代化道路的情感认同与价值认同。

（二）突出"贡献式"议题设置

叙事话语之所以能打动人,在于话语所展示的事实对海外受众来说具有重要参考价值。马克思指出,"凡是民族作为民族所做的事情,都是他们为人类社会而做的事情"[1]。习近平总书记也曾指出,"越是民族的越是世界的","解决好民族性问题,就有更强能力去解决世界性问题;把中国实践总结好,就有更强能力为解决世界性问题提供思路和办法"[2]。中国式现代化在对外传播话语内容选择上,不能仅仅是为了说明"中国如何好",而更是要说明"中国好带来世界好",应突出对国际社会"贡献式"议题设置,引发海外受众对中国式现代化话语体系背后的事实性认可。

其一,应强化"道路选择借鉴"议题设置。中国式现代化作为在中国域内形成的具有中国特色的发展道路,体现了鲜明的特殊性。同时,中国式现代化扬弃了西方式现代化带来

---

[1]《马克思恩格斯全集》(第四十二卷),人民出版社1979年版,第257页。
[2] 习近平:《在哲学社会科学工作座谈会上的讲话》,《人民日报》2016年5月19日,第2版。

的种种弊端,用几十年时间走完西方发达国家几百年走过的工业化历程,创造了经济快速发展和社会长期稳定两大奇迹,开创了崭新的人类文明形态,这为发展中国家走什么样的现代化道路、如何实现现代化道路提供了中国方案。因此,中国式现代化话语对外传播应设置系列议题,从不同视角突出中国方案的理论贡献,如中国式现代化创造的社会主义市场经济,实现了运用资本与遏制资本逻辑泛滥的统一;中国式现代化坚持"以人民为中心",不采用西方多党普选制却依旧能够获得人民群众的爱戴和拥护;中国式现代化坚持的"人与自然和谐共生",实现了"经济发展"与"环境保护"的有效统一;中国式现代化对人民民主进行了有效实践探索,实现了从"形式民主"到"全过程人民民主"的突破,等等,为广大发展中国家独立自主迈向现代化提供全方位的借鉴与选择。

其二,应突出"破解世界性困境难题"议题设置。当前世界百年未有之大变局正加速演进,气候、环境、战争、发展等各种全球问题交织频发,面对"世界怎么了,我们怎么办",中国式现代化道路立足"人类是一个命运共同体"的整体性视角,为解答"世界之问"提供了中国方案。中国式现代化话语对外传播,应讲好中国式现代化为破解世界性困境难题提供的中国智慧和中国方案。如,讲好中国坚持的共商共建共享的新型治理观为突破"弱肉强食、零和博弈"的旧治理原则所作出的理论突破与贡献,中国提出的全球发展倡议、全球安全倡议、全球文明倡议"三大倡议"为完善全球治理、破解人类发展难题作出的中国贡献等,通过系列具有促进世界和平发展、解决世界困局难题的议题设置,引发国际社会对中国式现代化道路的意义认可。

(三)注重"回应式"议题设置

面对中国式现代化创造的这些举世瞩目的伟大成就,国际社会迫切需要了解中国式现代化的理论支撑、核心理念、探索历程、显著优势、发展方向、经验启示等。强化中国式现代化话语对外传播效益,必须摆脱"被表达"局面、"辩护者"的角色,主动紧扣国际社会的兴趣点、关注点与困惑点,自主设置系列议题释疑解惑以"先声夺人"。在宏观层面,按照国际受众的议题需求,设置包括"中国式现代化是否可能?""中国式现代化何以可能?""中国式现代化如何实现?""中国式现代化将走向何方?"等宏大叙事,力争在中国式现代化的重大议题领域打造"话事权"。

在微观层面,应进一步把握国际舆论场的舆情发酵规律与受众情绪反映,先人一步设置国际社会的关切话题,如"中国式现代化是不是西方式现代化的翻版?""中国式现代化如何解决贫富差距问题?""中国式现代化如何解决人权问题?""中国式现代化如何实现真正的民主?""为什么说中国式现代化创造了人类文明新形态?""中国式现代化是不是国强必霸的现代化?""中国式现代化如何超越西方式现代化?""中国式现代化给人类带来怎样的贡献？"……对中国式现代化这些关键议题要联动主流媒体、智库机构开展深度、专项、系列解读，前瞻性、针对性地进行解疑释惑，加强有效传播内容供给，及时回应国际社会对中国式现代化道路的现实关切。同时，培养推出具有国际知名度的意见领袖与流量网红，提升权威理性的话语内容在国际舆论场的传播声量，以此形成相对话语优势，把握好话语的导向，增强话语的针对性。

（四）把握"破立式"议题设置

中国式现代化不仅成为全面推进中华民族伟大复兴的必由之路，而且成为世界瞩目的热点话题。由于传播客体的不同国别、不同语言、不同制度、不同文化、不同意识形态，中国式现代化话语体系在对外传播中难免会出现概念曲解、理论误读的"文化折扣"现象，同时一些西方的国家组织、媒体机构、政党政要等从自身利益、叙事方式、意识形态出发，极力宣扬西方式现代化的唯一性和优越性，同时炮制"中国威胁论""中国崩溃论"等负面话语，刻意对中国式现代化道路进行肆意抹黑、歪曲和诋毁，使得中国式现代化的国际话语建构受到一定的冲击。因此，中国式现代化话语在对外传播的过程中，应通过针对性的议题设置实现在"破"中"立"、在"立"中"破"，及时匡正谬误、激浊扬清。

针对国际社会对中国式现代化的话语误读，应在议题设置上注重国内外不同语言环境、文化理念、教育背景、人群分层对事件的不同理解和解读。尊重网络传播规律,改变主观色彩过重、宣传意味过浓的传统套路,避免大而化之,注重研究国外传播中常用、善用的一些铺垫、隐喻、趣味、自嘲等的传播手法,在乐于接受和易于理解上下功夫,让更多国外受众听得懂、听得进、听得好。针对部分西方国家对中国式现代化进行恶意诋毁,在议题设置上应针对性揭批,鼓励我国理论界、学术界敢于直面美西方的话语优势,抓住其中的理论漏洞破绽,通过短评、长文、学理论述、专著等各种方式进行"西式话语解构-立论阐述-反复阐释",通过摆事实、讲道理、讲情感、展形象,向国际社会讲清楚中国式现代化,让事实说服人,让形象打动人,让情感感染人,让道理影响人,持续抵制西方社会的污名化和妖魔化。与此同时,应进一步注重凸显中国式现代化话语中"中国制式"的重要性,制定中国制式、设定中国标准,引导国际产品的生产与流通,形成中国式现代化话语传播的品牌优势,逐步跳出西方话语的打压与主导。此外,还应重视互动式议题的设置与引导。"国际传播的实践表明,国家间许多的误解甚至敌意,都是沟通不到位、信息不对称造成的。这就要求中国充分利用网络内容的互动性,通过中外网民'面对面'辩论、沟通,形成观点的交流与思想的交锋,表达诉求,加强了解;求同存异,达成谅解;增信释疑,汇聚力量。"[①]中国式现代化话语的对外传播中,应强

---

① 向志强:《中国网络内容国际传播力提升研究》,人民出版社2017年版,第72~73页。

化和海外不同观点受众的辩论、沟通、交流,在沟通交流、观点交锋中实现话语观点的"破"与"立"。

三、拓展传播手段:优化传播话语运作方式技巧

传播方式是传播主体向传播受众传递话语所采用的方法和形式,而传播受众是不同国别、不同文化背景、不同社会制度、不同意识形态的个体,要提升中国式现代化话语体系传播效益,就需要采用多样态传播方式,在中国式现代化话语对外话语呈现样态上下功夫,在国际受众乐于接受和易于理解上下功夫,让更多国际受众听得懂、听得进、听得明白中国式现代化的故事。

(一)运用"精准锁定"传播方式

科恩曾经说过:"在多数时间,报刊在告诉人们该怎样想(what to think)时可能并不成功;但它在告诉它的读者该想些什么(what to think about)时,却是惊人的成功。"[①]要实现"愿意听、听得懂、能共鸣"的国际传播效益,中国式现代化话语体系的对外传播必须进一步区分国别、区分对象、精准施策,实现全球化、区域化、分众化和个性化的精准锁定式传播。

---

① 聂智:《自媒体领域我国主流意识形态的话语权研究》,人民出版社 2020 年版,第 182 页。

其一，应深化对外传播对象的"特征素描"。对外传播面向的是国际社会，国际社会又由不同的国家组成，不同的国家又具有不同的特点。因此，中国式现代化话语体系为避免在对外传播时陷入"撒胡椒面""自说自话"的局面，应发展经济、文化、科技等领域多种跨国交往模式，深入目标国进行"在地化"分析研究，绘制传播对象特征素描，分析其熟悉、感兴趣的文化符号及编码方式，以此搭建各个国家、地区不同受众的传播系统模型，为中国式现代化的精准化、分众化传播提供"一国一策"的传播策略指导。如在语言选择上，中国式现代化故事的讲述应针对不同对象国的不同受众需求提供不同版本。例如，"在新加坡，要发行中、英文版本的故事；在乌兹别克斯坦，要发行'本国官方语版＋俄语版'的故事；在美国、德国、英国等多元文化的国家，要发行英文、中文、法文、德文等多种语言版本的故事，提高中国式现代化故事与不同受众需求的匹配度，做到'外外有别'，因国而异，因人而异，各有侧重"①，等等。

其二，应注重对外传播的"角色转换"。在对外传播中我们不能以自身对于中国式现代化的理解代替海外受众的理解基础，在传播过程中要注重以传播受众的理解视角进行"角色转换"与"角色带入"，在对外话语体系传播的具体操作中应充分考虑"海外受众在文化背景、风俗习惯、生活方式、

---

① 覃伟津:《"讲好中国式现代化故事"的价值、议题与路径》，中国社会科学网，2023年4月10日。

宗教信仰等方面的不同,寻找中外利益交汇点、话语共同点、情感共鸣点"[1],挖掘不同海外受众对中国式现代化故事背后的不同诉求,提升中国式现代化话语对不同受众群体精准话语供给的水平,而不仅是传播主场式的"单向宣介"。

其三,应强化对外传播的"数据分析"。数字化时代,大数据的精准采集、跟踪、分析、研判等功能开启了中国式现代化话语体系对外传播新空间。对中国式现代化话语体系对外传播的过程应进一步强化技术赋能,如在传播议题设置上可以利用大数据进行词频统计,设置受众关心的中国式现代化的核心议题,进行精准推送;在舆情关注方面,利用大数据进行监测,及时反馈、澄清海外受众对于中国式现代化的理论误解、故事误读及认识误区等,同时,建立健全评估中国式现代化话语体系建设成效的反馈机制,跟踪、收集、整理与研判其话语效果反馈情况,从而根据舆情与效果反馈及时调整话语体系的传播策略与方向。如,根据国外受众的话语效果反馈,在对外传播时及时调整了"人类命运共同体"一词中"命运"的英文翻译,由过去的"destiny"调整为当前的"future",有效提升了国际舆论场对人类命运共同体理念的认同度。

(二)注重"语言桥梁"传播方式

语言作为国际交际和传播的重要符号,具有承载、阐释、

---

[1] 蔡名照:《加强国际传播能力建设讲好中国故事传递中国声音——学习贯彻习近平总书记关于做好对外宣传工作的重要论述》,《理论导报》,2015 第 12 期。

建构文化的作用,中国式现代化话语体系对外传播是用外语发出中国声音、讲述中国故事,在此过程中重视语言的传播桥梁功能,应进一步发挥语言在对外交流中的重要作用。

其一,应强化世界语言传播能力。据统计,在全球交际中具有较大能量的语言(方言)约有200种,掌握了它们才能将中国式现代化话语播散到世界各地人民的心里。对于中国式现代化话语体系传播事业来讲,当前还需要加强非英语对外传播内容的建设,明确"西方不等于世界、英语不等于西方"的基本认识。在中国式现代化话语体系的对外传播过程中,应利用世界语言学习和语义分析技术,加强中国式现代化话语体系的世界语言采集、标注、建库,为采用合理适用的语言进行中国式现代化话语体系的对外传播奠定语料基础。同时,应强化汉语的国际影响力。作为外语传播,主要"通事",而母语传播既能"通事"更能"通心""通情",用外界听得懂的中国话讲述中国式现代化的故事更具有原汁原味。因此,应加强中国式现代化话语的对外汉语交流文化建设,通过设置汉语文化交流与汉语教学等活动在不同的国家和不同的文化中间搭起汉语的桥梁。此外,还应强化对象国语言沟通能力。特定语言承载着特定的文化,在中国式现代化话语体系的传播过程中,掌握对象国语言是基础,同时还应深入了解传播对象国的社会历史、经济文化与风土人情,在此基础上注重调用对象国语言,用对象国的语言译介中国式现代化的话语体系,填补国内话语与对象国话语的认知鸿沟,增强对象国受众对中国式现代化故事的亲切感和信任感。

其二,应强化语言艺术构造能力。以"共情化"的语言艺术感染受众,是中国式现代化话语体系对外传播应强化的重要能力。中国式现代化的国际传播要注重挖掘跨各国文化中的共通性情感,找到一种普遍的语言,并通过"共情式"语言编码,使得传播信息编码由"硬销"变为"软销",以融通性的故事文本和话语修辞让受众去感受蕴含在中国式现代化话语体系中的思想与内涵,用真实、可信、亲近的方式将中国式现代化道路展现给世界。如习近平总书记曾借用阿拉伯谚语"自己的指甲才知道哪里痒"来表明,在发展道路的探索上,照搬没有出路,模仿容易迷失,实践才出真知;面对"中国威胁论",在俄罗斯圣彼得堡,习近平总书记同时任德国总理默克尔深入交谈,巧喻"牛顿力学三定律",强调要把握合作"惯性"、提升合作"加速度"、减少"反作用力";在中国北京,习近平总书记描绘"一带一路"建设合作蓝图,希望让昔日"流淌着牛奶与蜂蜜的地方"再次为沿线人民带来福祉……质朴的语言、国际的视野,让世界进一步读懂中国共产党、读懂中国式现代化道路,也更加清晰地认识到中国式现代化为世界和平发展和人类文明进步作出的贡献。

（三）拓展"智媒视觉"传播方式

随着5G、大数据、云计算、人工智能等技术的飞速发展,数智全媒体对话语传播的影响越来越大,中国式现代化话语体系的对外传播必须要紧跟前沿科技,充分运用短视频、动漫、游戏、虚拟场景打造、机器人写稿、直播等互联网新技术赋能中国式现代化故事的内容生产,进一步重构传播主客体、数智技术与国际社会之间的互动关系,在因势而谋、应势而动、顺势而为中,不断驱动中国式现代化话语传播"人机共生"新场景的产生。

其一,应构建全景式传播矩阵。当前,随着"全媒体不断发展,出现了全程媒体、全息媒体、全员媒体、全效媒体,信息无处不在、无所不及、无人不用"[①],全媒体时代已经到来。数智空间逐渐成为对外构建中国式现代化话语体系的重要传播阵地,也为对外传播中国式现代化话语提供前沿媒介技术及宽广多元的国际传播渠道平台。2023年,中共中央和国务院发布的《数字中国建设整体布局规划》明确指出,以数字化驱动生产生活和治理方式变革,为以中国式现代化全面推进中华民族伟大复兴注入了强大动力。因此,中国式现代化话语体系在对外传播过程中,应抓住数字化智能化社会带来的技术赋能,把握好国际传播发展的数字化、移动化、社交化、可视化、智能化趋势,加强中央媒体与地方媒体的协作、新兴媒体与传统媒体的融合、国内媒体与海外媒体的统筹合作,加快构建"报纸、网站、微信、微博、客户端、视频"的全媒体联动传播格局,有效盘活国内外各类媒体资源,构建全景式传

[①] 中央网络安全和信息化委员会办公室:《习近平总书记关于网络强国的重要思想概论》,人民出版社2023年版,第66页。

播矩阵,为在国际舆论场建构中国式现代化话语体系、讲好中国现代化的故事提供更为多元的媒介渠道支撑。

其二,应深拓场景化传播渠道。当前,随着国际传播由全媒、融媒向智媒、浸媒的更新迭代,"场景"逐步成为话语信息传播的重要搭载渠道。中国式现代化话语体系的对外传播必须关注"场景"这一联通话语、受众、环境、观感的核心逻辑,在"场景"打造上实现中国式现代化话语传播内容与海外用户场景在跨区域、跨文化环境下的精准匹配。如,可通过虚拟现实(VR)、增强现实(AR)、全息投影、人工智能(AI)等数智技术打通"视觉—沉浸式体验—文化感知"的体验式传播进路,多模态呈现中国式现代化的话语内容,串通起传播客体所处的空间与环境、实时状态、生活惯性与社交氛围,创造出"过去—现在—未来"的文明沉浸式交互场景。逐步超越平台化的国际传播媒介逻辑以及国际传播场景化的发展与应用,为中国式现代化的国际传播打开了新思路。通过可视、可听、可触、可感的"全觉体验"技术,可将"看不见""摸不着"的话语内容以文字、音乐、图片、视频的动静、虚实结合形式具化呈现,打造"出圈"的令人眼前一亮的传播精品。如可以通过打造中国式现代化故事数智讲解人、数智宣传大使、数智记者、数智主持人等向国际舆论场推介中国式现代化话语、讲述中国式现代化故事;可以通过光影涂鸦技术诠释中国在推进现代化过程中的精彩故事场景,打造体感互动、声光影交互的沉浸、仿真体验,构建出多感官联动、虚实结合的中国式现代化故事场景,向世界精彩呈现中国式现代化的故事。

其三,应升级数智化传播过程。近年来,由于视听艺术形式的加持,我国各类文化产品的"出海"传播力显著提升,通过借助数智技术分析不同地区的评论反馈和传播数据对传播内容进行内容编译调整,爱奇艺、腾讯视频增加了影视剧、综艺节目、纪录片等高质量作品供给,受到许多海外观众的关注与喜爱。当前,随着ChatGPT等大模型为各行各业提供了数智化转型方案,数字技术变革已呈现"信息化—数智化"升级的大趋势。未来,中国式现代化话语的对外传播除了利用好前沿AIGC等数智技术弥补实体层面难以展现的视觉内容,还可以借助技术运筹对外传播的"整体性过程"。当前,中国已经形成了一系列具有标识性的概念、范畴和理论逻辑。例如在经济现代化、政治现代化、文化现代化、社会现代化、生态现代化、国家治理体系和治理能力现代化、军队现代化、全球治理现代化等领域,都形成了一系列具有理论解释力和说服力的、具有中国式标识性的概念、范畴和表述。一方面,可通过数据挖掘与批量处理、用户画像与行为分析、算法过滤与内容分发、数字孪生与动态建模、社交机器人辅助等技术的部署应用,有效提升中国式现代化核心概念、范畴在国际传播实践中受众锁定、内容创作、内容推送、话语建构、情感认同等方面的考察精度;另一方面,可通过数智技术赋能,推动中国式现代化话语国际传播的全流程数字备案,从核心术语、逻辑创设和语言转译,到文本建构和媒体布局,再到认知塑造和情感动员都辅以数智技术加持,以应对不断变化的国际舆论传播环境。

(四)掌握"受众心理"传播方式

对外传播的目的在于让受众认同和接受,而受众对于传播内容的接受程度在很大程度上会受到其心理状态的影响,因此,准确把握传播对象的认知心理成为掌握受众的关键。随着中国日益走近世界舞台中央,各种目光逐渐聚焦在中国身上,当今世界不同国家看待中国的心理和心情是复杂多样的,赞誉和看好者有之,怀疑和观望者有之,焦虑不安和冷嘲热讽者也有之,针对这些不同心理状态,应采取不同的传播方法。

其一,正确对待"仇视敌对"心理。面对中国共产党领导的中国特色社会主义带来的伟大变革,中国式现代化道路引起了包括西方国家在内的国际社会广泛关注,西方国家对中国式现代化的关注呈现"比较借鉴、自我反省与抹黑打压、焦虑不安等矛盾交织心态,在其理论视角上存在严重路径依赖,在叙事话语上具有典型的西方中心主义特征,在价值预判上存在意识形态立场先行的偏见"[①]。而中国式现代化话语体系在对外传播的过程中,必须主动了解、正确辨识国际

---

① 祝大勇、彭娜:《西方国家误读中国式现代化的理论视角、叙事话语与价值判断》,《中共云南省委党校学报》,2024年第1期。

舆论场对于中国式现代化道路的复杂心理,并在保持开放、倾听、理解的同时正面回应其中的挑战、抹黑与质疑,进一步矫正谬论、澄清误读,向世界全面深入地阐明中国式现代化的丰富内涵和重要贡献,以系列解读消弭中外话语隔阂与误解、增进国际社会对中国道路的认同。

其二,耐心引导观望疑虑心理。当今世界有不少国家在面对现代化的中国时,尽管没有恐惧、痛恨与排斥心理,但在对待中国式现代化道路上却显得模棱两可、犹豫不决,这种观望、疑虑、警惕的心态,既源于受到一些西方国家的意识形态攻击,也源于对中国的不了解。对待这些国家,应把传播重点放在耐心的释疑和增信上,重点向其阐明中国式现代化道路的发展理念,在传播的话语上积极创设中式新表述、新范畴、新概念,如对于"输出中国模式"猜疑,强调"我们不'输入'外国模式,也不'输出'中国模式,不会要求别国'复制'中国的做法"。强调中国无论发展到什么程度,永远不称霸,永远不搞扩张,中国式现代化绝不是西方反华媒体一再诋毁的"将要称霸的现代化",耐心引导和疏解这些国家对中国的困惑和不解,努力将其疑虑与警惕心理转化为合作和信任心理。

其三,把握利用好奇渴望心理。世界上还有许多国家对中国式现代化道路充满了好奇,渴望能够更加深入地认识和了解中国式现代化。对于这些国家的传播宣介,应把传播重点放在展示和交流上,要充分把握好国外不断升温的"中国热",利用这些国家民众的热情,向他们展示中国式现代化的巨大活力与发展潜力,展现中国人民的勤劳拼搏与热情好客等。在"72/144小时过境免签"的政策主导之下,"China Travel"已成为持续升温的网络热词。据统计,2024年上半年,全国各口岸入境外国人1463.5万人次,同比增长152.7%。从某种意义上说,许多来到中国访问的西方国家的普通民众看到了"活力的中国""美丽的中国""友善的中国"后自发地广泛传播"真实的中国"。[①] 应通过"走出去"和"请进来"的系列交流活动,吸引更多的国际人士认知、关注和参与到中国的发展中来,不断提升这些国家的民众对中国式现代化道路的了解和认知,将他们的好奇和渴望心理转化为热爱、认同与信任心理,共同推动中国式现代化的进程。

---

① 胡钰:《中国式现代化国际传播的战略思考》,《青年记者》,2024年第9期。

第八章　中国式现代化话语体系的守护之道

在当前的国际社会中,不同国家、不同民族话语体系的传播在本质上就体现为不同形态话语权的相互竞争。中国式现代化作为极具中国特色的现代化,在建构过程中始终遵循民族性与世界性相统一的原则,为人类社会提供了走向现代化的中国智慧与中国方案,并在很大程度上超越了西方现代化模式。但这种超越也意味着差异,而这种差异,反映在中国式现代化话语体系建构中,便极有可能产生"话语冲突",由此引发"认同危机"。因此,我们必须在积极推进中国式现代化话语体系建构的同时,更为注重中国式现代化话语体系的捍卫与守护,切实稳固中国式现代化话语体系在国际社会中的地位。

一、在培育中国式现代化道路的坚定自信中守护

话语自信源于道路自信。习近平总书记在学习贯彻党

的二十大精神研讨班开班式上强调指出:"中国式现代化走得通、行得稳,是强国建设、民族复兴的唯一正确道路。"①中国式现代化是中国共产党领导全国各族人民在百余年的历史实践中历经千辛万苦、付出巨大代价而探索形成的重大成果,这一道路模式深刻契合人类社会发展客观规律,深深扎根于中华优秀传统文化和中国特色社会主义具体实际,是建设社会主义现代化强国、实现中华民族伟大复兴的光明大道。我们只有一以贯之坚定中国式现代化的道路自信,才能为中国式现代化话语体系建构提供有力护盾。

(一) 坚信中国式现代化道路是实现中华民族伟大复兴的根本之路

习近平总书记在学习贯彻党的二十大精神研讨班开班式上的讲话中指出:"新中国成立特别是改革开放以来,我们用几十年时间走完西方发达国家几百年走过的工业化历程,创造了经济快速发展和社会长期稳定的奇迹,为中华民族伟大复兴开辟了广阔前景。实践证明,中国式现代化走得通、行得稳,是强国建设、民族复兴的唯一正确道路。"②

回望历史,中国共产党一百多年来团结带领全国各族人民所进行的一切奋斗,归根到底就是为了把我国建设成为现

---

① 习近平:《以中国式现代化全面推进强国建设、民族复兴伟业》,《求是》,2025年第1期。
② 习近平:《以中国式现代化全面推进强国建设、民族复兴伟业》,《求是》,2025年第1期。

代化强国,实现中华民族伟大复兴。在此过程中,中国共产党对建设社会主义现代化国家在认识上不断深入、在战略上不断成熟、在实践上不断丰富,开创了中国式现代化道路。在新民主主义革命时期,我们党团结带领人民,浴血奋战、百折不挠,推翻三座大山,建立了人民当家作主的中华人民共和国,实现了民族独立、人民解放,为实现现代化创造了根本社会条件。社会主义革命和建设时期,我们党提出努力把我国逐步建设成为一个具有现代农业、现代工业、现代国防和现代科学技术的社会主义强国目标。改革开放和社会主义现代化建设新时期,我们党提出"中国式的现代化"论断,制定了到21世纪中叶分三步走、基本实现社会主义现代化的发展战略。新中国成立特别是改革开放以来,中国共产党团结带领中国人民通过走中国式现代化道路,仅用几十年的时间就走完了西方发达国家几百年走过的工业化历程,创造了举世罕见的经济快速发展和社会长期稳定两大奇迹。党的十八大以来,以习近平同志为核心的党中央统筹推进"五位一体"总体布局、协调推进"四个全面"战略布局,攻克了许多长期没有解决的难题,办成了许多事关长远的大事要事,党和国家事业取得历史性成就、发生历史性变革。

中国共产党百余年奋斗历史和实践反复证明,中国式现代化道路,不是上天赐予的,也不是其他国家施舍的,而是一代代中国人在历史中摸索探寻的,是中国共产党领导人民群众,在系统总结5000多年的中华文明史、500多年的社会主义发展史、180多年的中国近现代史、100多年的党史、70多年的新中国史、40多年的改革开放史经验的基础上,靠头脑思索、靠双手创造、靠双脚探索出来的。这条道路不仅走得对、走得通,而且越走越宽广。在新征程上,我们只有坚定这种道路自信,才能真正守护中国式现代化话语体系,才能把我们党领导人民群众历经千辛万苦寻找到的中国式现代化道路坚持好,奋力取得建设社会主义现代化国家的新成就。

(二)坚信中国式现代化道路是发展社会主义的光明之路

就现代化道路和性质而言,有社会主义和资本主义两种不同的现代化。中国式现代化是以中国具体实际为出发点,具有鲜明社会主义性质的现代化。

从理论上看,中国式现代化道路与中国特色社会主义具有鲜明的内在统一性,二者是同一历史进程相互依存、相互作用的两个方面。具体而言,一方面,建立和完善中国特色社会主义,是探索与实践中国式现代化的坚实制度基础和强大动力支持;另一方面,中国式现代化道路的开辟和推进,也必然会使中国特色社会主义获得整体性、系统性推进和全面发展。只有社会主义才能救中国,才能发展中国。面对20世纪末世界社会主义所遭遇的严峻形势,中国共产党人坚定信心、排除万难,始终高举中国特色社会主义伟大旗帜,聚精会神搞建设,一心一意谋发展,用中国式现代化书写了世界奇迹,使科学社会主义在 21 世纪的中国焕发出强大生机和活力,从而为科学社会主义发展开辟出光明与灿烂的前景,注入坚定信心、巨大动能和发展活力。

从实践上看,中国只能走社会主义现代化道路。鸦片战争以来,对于近代中国究竟选择什么样的现代化模式,走哪种现代化道路等问题,国内不同派别在理论上和实践上一直颇有争论。早在 1933 年 7 月,《申报月刊》就曾开设"中国现代化问题特辑",并围绕中国现代化道路问题展开激烈争锋。其中,有人主张"全盘西化",走资本主义模式的现代化道路。但历史深刻证明,资本主义现代化道路在中国是走不通的,资本主义既无法解决近代中国的救亡图存问题,更无法解决中国的现代化发展问题。对此,毛泽东在分析中国革命前途时曾明确指出"坚决地领导民主革命……为着社会主义而斗争"[①],这中间绝不能横插一个资产阶级专政。新民主主义革命胜利后,党团结带领全国各族人民完成了"三大改造",迈上了社会主义现代化的康庄大道,较快地建立起独立的比较完整的工业体系和国民经济体系。到了改革开放和社会主义现代化建设新时期,以邓小平同志为主要代表的中国共产党人,始终以守正创新为原则要求,在现代化建设道路上保持高度的政治清醒和战略定力,一方面批判"穷社会主义"这种"假社会主义",开辟了"中国式的现代化"道路,深化改革

---

① 《毛泽东选集》(第一卷),人民出版社 1991 年版,第 276 页。

开放,让社会主义焕发生机与活力;另一方面,则坚定走社会主义道路,坚决与主张全盘西化、走资本主义道路的资产阶级自由化进行斗争。对此,邓小平也反复强调,"中国要搞现代化,绝不能搞自由化,绝不能走西方资本主义道路"①,"搞资产阶级自由化,就是走资本主义道路"②。一旦搞资产阶级自由化,社会就必然会陷入混乱,就不会有一个安定团结的局面,社会主义现代化建设就无从谈起。

(三) 坚信中国式现代化道路是创造人类文明新形态的创新之路

中国式现代化立足我国基本国情和发展实践,顺应时代发展趋势,不仅集中刻画了中华五千年文明赓续的特殊规律,更在多个维度上探寻着人类文明特别是发展中国家、后起国家文明复兴的普遍规律,以及不同文明在同一时空环境下交融互鉴的普遍格局,完成了对西方现代性逻辑和传统社会主义现代化模式的超越,创造了人类文明新形态。

第一,中国式现代化开辟了民族国家独立自主走向现代化的新道路。中国式现代化既有中国自身特色,又有世界普遍特征,是一场共性与个性、普遍性与特殊性相结合的历史变革。一方面,中国式现代化是民族国家寻求独立自主的道路。纵观人类历史,任何一个民族、一个国家都无法仅依赖

---

① 《邓小平文选》(第三卷),人民出版社 1993 年版,第 124 页。
② 《邓小平文选》(第三卷),人民出版社 1993 年版,第 124 页。

外部力量、照搬外国模式就能够顺利实现现代化。中国式现代化坚持把国家和民族发展放在自己力量的基点上,始终坚持从我国国情出发,探索并形成符合中国实际的正确道路。另一方面,中国式现代化是开放包容而不是封闭排他的现代化,彰显文明的开放性、世界性。中国式现代化超越"文明冲突论""零和博弈论",中国式现代化以全人类共同价值为价值导向,坚持合作共赢互惠互利的基本理念,既紧紧扎根中国土壤,立足中华文明发展逻辑,又牢牢遵循现代文明建构规律,在顺应时代发展潮流的基础上,坚持在交流中找到共识,在互鉴中实现发展,为其他后发民族国家进行现代化建设提供了重要的中国经验,给世界上那些既希望加快发展又希望保持自身独立性的国家和民族提供新选择,为解决人类问题贡献了中国智慧和中国方案。

第二,中国式现代化为世界各国提供了不同于西方现代化模式的新选择。习近平总书记强调:"中国式现代化,打破了'现代化＝西方化'的迷思,展现了现代化的另一幅图景,拓展了发展中国家走向现代化的路径选择,为人类对更好社会制度的探索提供了中国方案。"①必须深刻认识到,世界上既不存在定于一尊的现代化模式,也不存在放之四海而皆准的现代化标准。新中国成立以来,尤其是改革开放以来的伟大成就充分表明:民族国家实现现代化,并不只有西方制度

---

① 习近平:《以中国式现代化全面推进强国建设、民族复兴伟业》,《求是》,2025年第1期。

模式这个唯一道路，不同国家不同民族完全可以根据自身国情和实际，探索出适合自己的现代化道路。中国式现代化扎根中国大地，立足中国实际，植根中华优秀传统文化，体现科学社会主义先进本质，借鉴人类优秀文明成果，代表人类文明进步的发展方向，创造了人口规模巨大、全体人民共同富裕、物质文明和精神文明相协调、人与自然和谐共生、走和平发展道路的世界现代化新形态，打破了只有西方资本主义道路才能实现现代化的神话，宣告了各国最终都要以西方制度模式为归宿的单线式历史观的破产，彰显了一种全新的人类文明形态，拓展了发展中国家走向现代化的路径选择，为人类实现现代化提供了全新选择。

二、在破除对西方现代化模式的盲目迷信中守护

人类社会的现代化发展，虽然肇始于西方国家，但这并不意味着人类现代化就等于西方现代化，资本逻辑主导下的西方现代化模式也绝非人类社会现代化的唯一模式。对此，习近平总书记强调指出："治理一个国家，推动一个国家实现现代化，并不只有西方制度模式这一条道，各国完全可以走出自己的道路来。"①中国式现代化从中国视野和全球视角来观照社会主义、共同富裕、人类命运共同体等重大理论和实

---

① 中共中央文献研究室：《习近平关于社会主义政治建设论述摘编》，中央文献出版社2017年版，第7页。

践问题,既惠及中华民族根本利益,又惠及人类共同利益,为发展中国家发展提供了全新选择。为此,我们要建构并守护中国式现代化话语体系,就必须在国际社会中讲清"现代化=西方化"的逻辑悖论,宣扬中国式现代化的独特优势、剖析西方现代化模式的固有弊端,进而破除国际社会的"西方模式迷恋",巩固中国式现代化话语体系地位。

(一)理论层面:积极讲清"现代化=西方化"的逻辑悖论

习近平总书记在阿拉伯国家联盟总部演讲时曾指出:"现代化不是单选题。历史条件的多样性,决定了各国选择发展道路的多样性。"[1]他还认为,"在发展道路的探索上,照搬没有出路,模仿容易迷失,实践才出真知。一个国家的发展道路,只能由这个国家的人民,依据自己的历史传承、文化传统、经济社会发展水平来决定。"[2]"现代化=西方化"的迷思,其症结就在于把现代化当作单选题,认定现代化只有西方模式这条路,这在理论上和实践上都说不通。我们要建构中国式现代化话语体系,并巩固这一话语体系的国际地位,就必须积极向国际社会讲清"现代化=西方化"的逻辑悖论。

从理论逻辑上说,"现代化=西方化"的悖论是把人类历史视为孤立的、单向的、线性的运动,否定人类文明发展的多

---

[1] 《习近平著作选读》(第一卷),人民出版社2023年版,第214页。
[2] 习近平:《共同开创中阿关系的美好未来——在阿拉伯国家联盟总部的演讲》,《人民日报》2016年1月22日,第3版。

样性。世界是多姿多彩的，多样性本应是人类文明的魅力所在，古往今来人类文明多元多样发展成为推动世界发展的活力所在和动力之源。现代化是人类社会发展进步的统一走向，但通往现代化的道路、模式、样态则多式多元。这也就意味着，现代化模式没有唯一，现代化标准没有定论。那种用西方模式和西方标准定义现代化，把现代化模式定于一尊的想法，必然是违反科学性的悖论。

从实践逻辑上说，"现代化＝西方化"的悖论是人为设置现代化壁垒，奉行"逆我者亡"的原则对其他国家进行遏制和打压。少数西方发达国家时常戴着有色眼镜看待世界各国的发展，甚至个别国家不惜侵犯他国主权，干涉别国内政，强制性推销自己的制度模式和价值观念。在如此霸权主义的强压之下，一些国家盲目照搬西方模式，导致政权更迭、经济破坏、社会动荡。不断上演的国际悲剧一次次证明，凡是不顾国情而机械套用西方现代化模式的国家多数均未能达到自身发展预期。

这种"现代化＝西方化"的逻辑悖论，不仅造成了人们认知现代化的障碍，同时更遏制各国自主探索现代化的空间。换而言之，用西方化模式定义人类社会现代化，本身就违背现代化内蕴的科学精神。人类社会发展和国际社会演变的历史都表明，现代化是人类社会创新的产物，创新是现代文明的精神标识。人类社会只有坚持不懈地创新创造，才能推动现代化不断发展，才能促进世界文明持续进步。任何企图框定现代化模式的逻辑都是荒谬的、经不起实践检验的。我们唯有在国际社会中广泛宣扬这种逻辑认知,才能打破国际社会对西方现代化的迷信,进而守护中国式现代化话语体系。

(二)历史层面:客观评述西方现代化的固有弊端

现代化是全人类的共同追求,每个国家、每个民族都迫切希望尽快实现现代化。西方现代化模式开启时间较早,是伴随资产阶级大革命和工业革命而产生的。这种模式是内生的,但也是自我冲突的结果。也正因如此,西方现代化模式一方面在取得巨大成就的同时,一方面又在其历史演变过程中呈现自身无法规避的固有弊端。

向国际社会讲清西方现代化是以资本为中心的现代化。在人类社会的历史演进进程中,尤其是工业革命之后,资本和资产阶级都占据着重要地位,曾发挥了重要作用,"资产阶级在它的不到一百年的阶级统治中所创造的生产力,比过去一切世代创造的全部生产力还要多,还要大"[1]。但为了巩固资产阶级统治,资本成为资本主义社会的总体性存在,而以资本为中心建立起的现代国家政权则成为"管理整个资产阶级的共同事务的委员会"[2],生产资料私有制成为资本主义国家机器运转的基础,最大限度追求利润和剩余价值成为其国

---

[1]《马克思恩格斯文集》(第二卷),人民出版社2009年版,第36页。
[2]《马克思恩格斯文集》(第二卷),人民出版社2009年版,第33页。

家政权的最终目的。也正是在追求利润和剩余价值这一最终目的的驱动下,资本主义国家在探索和推进现代化模式过程中忽视"现实的人"的存在,错误地将资本作为中心。基于此,在整个西方现代化过程中,资本理所当然地成为西方现代化模式赖以存在的中心和支配力量。但这种以资本为中心的现代化始终无法克服资本主义社会基本矛盾,即生产社会化和生产资料资本主义私人占有之间的矛盾,资本自身的内在否定性也成为资本主义现代化的"阿喀琉斯之踵",使得其在成为资本主义现代化发展动力的同时,也成了西方现代化矛盾困境的根源和最大的历史弊端。

向国际社会讲清西方现代化是以对外扩张为手段的现代化。西方现代化肇始于罪恶的奴隶贸易和殖民扩张。回望整个资本主义的发展史和资产阶级的发家史可以发现,其整个过程充满了侵略、征服、掠夺与奴役。对此,马克思曾指出,掠夺是资产阶级的生存原则,"资本来到世间,从头到脚,每个毛孔都滴着血和肮脏的东西"①。资产阶级对劳动者的"剥夺的历史是用血和火的文字载入人类编年史的"②。在此过程中逐渐形成的西方现代化,也必然是一种对外扩张掠夺的现代化。这种对外的扩张掠夺,一方面体现为对自然界的资源掠夺。西方国家在发展现代化过程中,盲目追求经济增长,而肆无忌惮地向自然界索取资源,使整个自然成为资本

---

① 《马克思恩格斯文集》(第五卷),人民出版社2009年版,第871页。
② 《马克思恩格斯文集》(第五卷),人民出版社2009年版,第822页。

增殖的利用对象,造成全球生态危机。另一方面则体现为对发展中国家的殖民掠夺。西方国家通过殖民掠夺、殖民扩张的暴力方式积累原始资本,率先进行工业革命的英国通过圈地运动、贸易战争、人口贩卖和殖民扩张的方式牟取暴利,以此来发展资本主义现代化。直至二战后,美国仍是遵循对外扩张思维理念,通过提供武器装备、发放外债、市场侵略、科技发展的方式积累大量财富,成为世界上综合实力最强的国家,发动战争是其走向现代化和维护全球霸权的重要手段。

向国际社会讲清西方现代化是少数人富裕的排他性的现代化。马克思曾指出:"与工人相对立的财富世界也作为与工人相异化的并统治着工人的世界以同样的程度扩大起来。与此相反,工人本身的贫穷、困苦和依附性也按同样的比例发展起来。"①综观西方以资本为中心的现代化模式可以发现,资本具有鲜明的积聚效应,资本增殖也是制造经济、政治和社会地位不平等的过程。根据瑞士瑞信银行研究院《2020年全球财富报告》,2020年全球最富有的1%人口掌握了全球43.3%的财富,而全球最不富裕的50%人口占有的财富不足全球总量的1%。看似多数人生活在现代化社会之中,事实上现代化的成果却仅被少数人享有,这是西方现代化的一大特点。

---

① 《马克思恩格斯文集》(第八卷),人民出版社2009年版,第544页。

（三）现实层面：大力宣扬中国式现代化的独特优势

党的二十大报告指出，"中国式现代化，是中国共产党领导的社会主义现代化，既有各国现代化的共同特征，更有基于自己国情的中国特色"①，并且"中国式现代化为人类实现现代化提供了新的选择"②。中国式现代化不仅实现了对西方现代化模式的超越，同时更内蕴着属于自身的独特优势。我们构建并守护中国式现代化话语体系，就必须在客观评述西方现代化模式弊端的同时，大力宣扬中国式现代化的独特优势，讲好"中国式现代化的故事"。

向国际社会讲清中国式现代化是人口规模巨大的现代化。中国目前拥有十四亿多人口，已超过全世界所有发达国家人口的总和。人口规模巨大这种中国所有的独特国情，一方面决定了中国式现代化任务将更加艰巨和复杂，一方面又意味着中国式现代化具有超大规模市场和消费潜力，有助于推动现代化建设。并且人口规模巨大的特征也决定了中国式现代化是一条独立自主、自力更生和艰苦卓绝的道路，在国际上尚无先例可循，只能靠自己奋斗来实现。

---

① 习近平：《高举中国特色社会主义伟大旗帜　为全面建设社会主义现代化国家而团结奋斗——在中国共产党第二十次全国代表大会上的报告》，人民出版社2022年版，第22页。
② 习近平：《高举中国特色社会主义伟大旗帜　为全面建设社会主义现代化国家而团结奋斗——在中国共产党第二十次全国代表大会上的报告》，人民出版社2022年版，第16页。

向国际社会讲清中国式现代化是全体人民共同富裕的现代化。共同富裕是中国特色社会主义的本质要求。与西方现代化模式遵循以资本为中心的原则不同，中国式现代化始终强调以人为本，坚决维护全体人民的共同利益，促进社会公平正义。党的十八大以来，以习近平同志为核心的党中央把逐步实现全体人民共同富裕摆在更加重要的位置，不断缩小城乡差距、地区间发展差距和居民收入差距，做到发展成果惠及全体人民，持续推进共同富裕。

向国际社会讲清中国式现代化是物质文明和精神文明相协调的现代化。与西方现代化模式仅注重经济增长的片面发展观不同，中国式现代化强调物质文明和精神文明协调发展，二者相辅相成，缺一不可。早在改革开放初期，邓小平就曾明确提出要一手抓物质文明建设，一手抓精神文明建设，两手抓、两手都要硬。进入新时代，党的二十大再次提出我们要不断厚植现代化的物质基础，不断夯实人民幸福生活的物质条件，同时大力发展中国特色社会主义先进文化，加强理想信念教育，传承中华文明，促进物的全面丰富和人的全面发展。

向国际社会讲清中国式现代化是人与自然和谐共生的现代化。向自然界无限索取的西方资本主义现代化，虽然创造了巨大财富，推动经济快速发展，但同时也带来了一系列环境问题，造成了全球性生态危机。与之不同的是，中国式现代化始终强调经济发展与生态环境的良性互动。对此，习近平总书记也一直倡导"绿水青山就是金山银山"①,主张像保护眼睛一样保护自然和生态环境,坚定不移走生产发展、生活富裕、生态良好的文明发展道路。

向国际社会讲清中国式现代化是走和平发展道路的现代化。党的二十大明确指出我国不走一些国家通过战争、殖民、掠夺等方式实现现代化的老路,那种损人利己、充满血腥罪恶的老路给广大发展中国家人民带来深重苦难。中国式现代化坚定不移地走和平发展道路,与其他国家和平共处,合作共赢。这也正如习近平总书记在二十大报告中所强调的一样:"我们坚定站在历史正确的一边、站在人类文明进步的一边,高举和平、发展、合作、共赢旗帜,在坚定维护世界和平与发展中谋求自身发展,又以自身发展更好维护世界和平与发展。"②

综上可以看到,中国式现代化是中国特色的社会主义现代化,是中国人民自己当家作主、用双手创造出来的现代化。通过中国式现代化与西方现代化的对比研究,能够让世界其他国家更好地理解和接受中国式现代化,有助于守护中国式现代化话语体系。

---

① 《习近平著作选读》(第一卷),人民出版社 2023 年版,第 434 页。
② 习近平:《高举中国特色社会主义伟大旗帜　为全面建设社会主义现代化国家而团结奋斗——在中国共产党第二十次全国代表大会上的报告》,人民出版社 2022 年版,第 23 页。

三、在充分释放中国式现代化的实践效能中守护

中国式现代化既是一个重大的政治命题,同时也是一个重要的实践方向。这种理论与实践相结合的鲜明特性也决定了构建并守护中国式现代化话语体系,必须既要注重理论层面的宣传阐释,同时更要注重实践层面的探索发展,唯有通过发挥中国式现代化的典型示范效应、文明联动效应、优势引领效应,才能破解"西方中心论"、超越"文明冲突论"、打破"历史终结论",进而稳固中国式现代化话语体系。

（一）充分释放中国式现代化的典型示范效应,破解"西方中心论"

如若以历史的眼光检视西方现代化的发展演变,我们不难发现,在很长一段时间,西方现代化模式始终坚持的是资本至上,始终强调的是对利润和剩余价值的追求。由此衍生而来,崇尚资本至上和个人主义的西方国家理所当然地认为,其所探索形成的西方现代化模式是人类社会走向现代化的正确道路,而且是唯一道路,妄图将"现代化"与"西方化"画以等号。但翻开人类历史的画卷,我们可以清晰地看到,伴随着西方现代化向前推进的并不是鲜花与掌声,而是始终充斥着战争、暴力、掠夺、血腥,为世界其他国家带来的也只有动荡的政治局势、分化的社会阶层和失灵的资本市场。也

正因如此，号称唯一且正确的西方现代化模式开始暴露众多弊端和局限，其所倡导的"西方中心论"也遭到广泛质疑和诟病。对此，马克思恩格斯从资本主义发展客观规律出发，揭示并批判了西方现代化模式的结构性矛盾和系统性危机。在此指导下，中国共产党人则注重摆脱"西方中心论"的思维定势和桎梏，克服西方现代化理论的局限，并根据自身国情和实际探索适合自己的现代化模式，创立形成了中国式现代化。

在此背景下，要想守护中国式现代化话语体系，则需充分展现中国式现代化的独特优势，充分释放中国式现代化的典型示范效应，并以此破解"西方中心论"。具体而言，一方面要在国际社会中积极宣扬中国式现代化道路具有包容性，强调中国式现代化并不完全排斥西方现代化，而是注重吸收世界范围内不同国家不同民族现代化的宝贵经验，共同推动人类现代化的进步发展。另一方面，要在国际社会中积极宣扬中国式现代化道路具有超越性，强调中国式现代化既在理论上有所突破，更在实践上超越了传统的西方现代化模式。譬如，中国式现代化通过正确认识和把握资本的特性与客观规律，将社会主义制度与市场经济相结合，构建起了高水平的社会主义市场经济体制。对于作为生产要素的资本而言，西方现代化模式虽然充分利用了资本的积极因素，但仍走不出以资本逻辑为主导的片面思维，这就使得其目的仅停留在最大限度攫取剩余价值上，存有鲜明的弊端。而中国式现代化则客观看待资本,既注重发挥资本作为生产要素的积极作用,但同时也警惕资本的无序扩张,进而加强对资本的有效监管和积极引导,防范资本因盲目追求增殖而野蛮生长,最终达到规避资本消极作用的功效。又比如,中国式现代化纠偏西方现代化中因资本而造成的人及其社会关系的异化问题,强调以实现人民美好生活和共同富裕为根本目的,致力于人的自由全面发展。

总体来看,中国式现代化道路实现了中国之治,与之形成鲜明对比的是西方之乱象和乱局。事实证明,不存在适用于一切国家的现代化道路和发展模式,必须承认和尊重现代化的多元路径。实现现代化没有标准答案、没有固定模式、没有唯一范本,照搬照抄别国经验,跟在他人后面亦步亦趋,从来不能得到成功。我们唯有在国际社会中充分展现中国式现代化的独特优势,充分释放中国式现代化的典型示范效应,才能破解"西方中心论",守护中国式现代化话语体系。

(二)充分释放中国式现代化的文明联动效应,超越"文明冲突论"

文化是实践的产物。古往今来,不同国家不同民族在不同的历史实践中孕育形成了各具特色的文明形态,并共同构成了人类文明。因此,由不同民族文化形态构成的人类文明是一个各具特色、形态多元的复杂体系,其中每种文明都有着自身的独特性。文明的多样性,就面临不同文明之间的关系处理问题。但对于这一问题,中西方现代化模式却存有不同认知和观点。

西方现代化话语强调文明的冲突性和斥异性。不同的文明形态在一定时空相遇时不可避免出现碰撞和冲突,这是人类文明发展中客观存在的。某种程度,也正是由于异质性文明之间的竞争、碰撞和冲突,才构成了人类文明发展的动力之源。但是"文明冲突论"将文明的碰撞和冲突无限放大,并将其视为世界格局与秩序冲突的根源。这种论调也在实践中给人类文明的交往和融合带来极大负面效应,也给世界和平发展带来严重挑战。

中国式现代化话语则注重文明的依存性和互补性。人类文明没有高下、优劣之分,有的只是地域特色之别。对此,习近平总书记曾形象地比喻道,"文明是多彩的,人类文明因多样才有交流互鉴的价值。阳光有七种颜色,世界也是多彩的","如果世界上只有一种花朵,就算这种花朵再美,那也是单调的"[①]。我们所倡导的中国式现代化与奉行"文明冲突论"的西方现代化模式截然不同,我们承认并尊重每一种文化,主张不同文明交流、互鉴、共存,实现相向而行的共生关系,主张不同文明形态既要各美其美,更要美美与共,为人类文明向何处去指明了方向。为此,我们要在国际社会中积极宣扬并广泛践行这一理念,向世界各国各民族展现中国式现

[①]《习近平著作选读》(第一卷),人民出版社 2023 年版,第 228 页。

代化所建构的文明互动新模式,积极推动中华文明同诸多文明间的互构、互通、互融,积极弘扬文明互鉴相向而行的感召力和认同力,切实遵循人类文明演进规律与发展态势,积极推动中华文化面向现代化的文明转型以及中华文明主体性与人类文明进步的交融。

(三)充分释放中国式现代化的优势引领效应,打破"历史终结论"

马克思科学分析人类社会发展阶段,并指出:"大体说来,亚细亚的、古希腊罗马的、封建的和现代资产阶级的生产方式可以看做是经济的社会形态演进的几个时代。"[1]将人类社会划分为原始社会、奴隶社会、封建社会、资本主义社会、共产主义社会等五个阶段形态。但遵从唯心史观的资产阶级却并不认可,他们认为资本主义社会是人类社会发展的最后一个形态,因此也是最终形态。尤其是在20世纪末,苏联解体、东欧剧变之后,世界社会主义运动遭受前所未有危机之时,资产阶级思想代表福山更是抛出所谓的"历史终结论",并假借分析资本主义制度和社会主义制度的不同命运,而唯心地断定人类历史将终结于西方民主制度,社会主义则将黯然离场。但历史并未向福山阐述的方向发展,中国式现代化道路为世界社会主义注入了新的力量源泉,实现了中国

---

[1]《马克思恩格斯文集》(第二卷),人民出版社2009年版,第592页。

的强势崛起和全面复兴。

为此,要想守护中国式现代化话语体系,就要充分释放中国式现代化的优势引领效应,进一步批驳"历史终结论"在理论层面存在的谬误以及在实践方面导致的错误。我们要通过自身努力实践和广泛国际宣传,让世界各国达到以下共识:中国式现代化道路是中国共产党领导全国各族人民自力更生、独立开创的,是推动马克思主义中国化时代化发展的重大理论成果和突出实践贡献,并使得中国人民的面貌得到系统性重塑,中华民族的面貌得到整体性重构,有着重大历史意义和现实成就。具体而言,中国式现代化在"五位一体"整体性建设方面所取得的历史性成就,在全面从严治党、全面深化改革、全面依法治国等方面展现的变革性实践,充分彰显并检验了马克思主义的科学性、真理性。中国式现代化以其变革性的实践样态和标志性的创新成果,赋予了科学社会主义理论新维度、价值新向度和历史新高度,开辟了科学社会主义发展的新境界,揭示了世界社会主义发展的新前景。

我们必须讲好中国式现代化故事,发挥好中国式现代化的引领效应,才能使全世界人民认识到:中国式现代化道路的成功开创以无可争辩的事实宣告"历史终结论"的终结,以毋庸置疑的现实宣告"中国崩溃论"的崩溃,以无可辩驳的真理宣告"社会主义失败论"的失败,展示出社会主义新形象,标志着社会主义进入新阶段。

四、在推动中国式现代化话语的吐故纳新中守护

当前,国际社会竞争日趋激烈,其中不仅涉及经济实力的"硬比拼",同时更涉及话语权的"软较量"。但令人遗憾的是,目前我国在国际话语权方面依旧不容乐观,国际话语仍然被西方国家牢牢掌控,并严重制约着中国式现代化话语体系的建构和守护。对此,习近平总书记也曾指出:"我们在国际上有时还处于有理说不出、说了传不开的境地……要下大气力加强国际传播能力建设。"[①]要摆脱这种话语困境,就必须积极推动中国式现代化话语吐故纳新,以更新、更有力的中国式现代化对外叙事直面话语博弈困境,勇于破除西方话语霸权,坚决守护中国式现代化话语体系。

(一)主动设置国际性讨论议题

国际议题是国际话语交流的重要载体,也是体现一个国家国际话语能力的重要指标。当前,国际话语的主导权仍然掌控在西方国家手中,诸多国际性议题也多为少数西方发达国家所提出。譬如:气候变化、贸易保护主义与自由贸易、全球卫生与公共卫生安全、移民与难民问题、恐怖主义与国际安全、全球经济治理与发展等议题都是由西方国家率先提

---

① 中共中央文献研究室:《习近平关于社会主义文化建设论述摘编》,中央文献出版社2017年版,第212页。

出,并逐步获得整个世界的普遍关注。而在此过程中,西方国家也由议题的首倡者逐渐成为议题的掌控者,其自身的话语霸权也逐渐形成。因此,要想解构西方国家的话语霸权,建构属于中国式现代化的话语体系,就必须主动设置国际性讨论议题,不断增强话语议题发展的基础和动力,提升中国式现代化的对外叙事能力。

中国式现代化话语叙事可以强化领导力量相关议题设置。党的二十大报告明确指出,"中国式现代化,是中国共产党领导的社会主义现代化"①。历史和现实充分表明,中国共产党始终是中国特色社会主义事业的坚强领导核心,是中国式现代化创新发展的领导力量,更是成功探索中国式现代化新道路的关键。但任何一种现代化道路及模式的发展,都需要满足诸多基本条件。譬如:这种现代化道路是否符合人类社会发展客观规律,是否具备正确前进方向,是否明确未来的发展目标,等等。中国式现代化道路同样遵循这一客观规律要求,完美满足了上述基本条件:中国式现代化是人类社会追求现代化的重要实现形式之一,符合人类社会发展客观规律;中国式现代化始终坚持以中国特色社会主义为发展方向,具有光明且正确的前进方向;中国式现代化以实现中华民族伟大复兴为奋斗目标,凝聚了中华民族各方面复兴力

---

① 习近平:《高举中国特色社会主义伟大旗帜 为全面建设社会主义现代化国家而团结奋斗——在中国共产党第二十次全国代表大会上的报告》,人民出版社2022年版,第22页。

量，做到了合目的性与合规律性的有机统一。但这些条件的满足仅仅是中国式现代化的前置性要素，要想充分发挥这些条件的最大功效，则必须要有一个关键要素，即坚强的领导力量。中国式现代化也正是由于有着中国共产党的坚强领导，才确保了中国式现代化的稳定性和延续性，有效避免了少数西方国家因领导力量频繁更替而导致的道路选择不清和政策摇摆进而影响现代化进程等问题。由此可以看出，坚持党的领导是核心，这是中国式现代化与西方政党轮替式现代化的最大区别，也是中国式现代化取得非凡成就的关键因素。为此，我们要积极发挥自身这一长处，在国际社会话语场域中广泛开展何种领导力量才更符合人类社会发展规律、领导力量的基本立场应该如何以及领导力量的真实能力等相关议题讨论，并力争形成国际讨论热点议题，不断提升中国式现代化话语能力。

中国式现代化话语叙事可以强化自主性发展相关议题设置。客观地说，"中国式现代化的探索就是一个在继承中发展、在守正中创新的历史过程。"①坚持以马克思主义唯物史观为指导思想的中国共产党人，始终注重处理好守正与创新的关系。其中，所谓守正就是要坚持正确方向，坚持自主性原则；所谓创新则是强调要海纳百川，主动汲取世界其他各民族先进经验，并以此推动自身创新发展。回望人类历史

---

① 习近平：《以中国式现代化全面推进强国建设、民族复兴伟业》，《求是》，2025年第1期。

可以发现,只局限于本国本民族的本土经验而不注重对外开放、融入世界,或只注重全盘吸收其他民族过往经验而不注重自身自主性探索,都无法实现较好发展。尤其是少数国家或民族在对外开放时,如果不能把握自主性,就极容易在开放的过程中成为他国附庸。例如,部分国家和地区凭借个别西方发达国家的扶持和帮衬实现了短暂的繁荣与增长,但由于发展自主权为西方发达国家所掌握,因此也不得不看别人"脸色"行事,甚至成为大国傀儡。基于此,中国式现代化在启动伊始,中国共产党人就始终坚持独立自主,牢牢把握中国式现代化发展进步的自主权。也正因如此,我们所探索的中国式现代化模式既吸收借鉴了世界各国现代化的先进经验,同时更保持着自身鲜明的自主性,并取得了举世瞩目的现代化成就。因此,在建构和守护中国式现代化话语体系过程中,我们要在对外叙事中积极设置关于发展自主性的议题,通过展示中国在拥有自主权的发展状态下取得的历史性成就,能够让广大发展中国家在对比之中增强对发展自主权重要性的认识,进而巩固中国式现代化话语体系地位。

(二)积极更新中国式现代化话语

现代化道路由西方国家所开启,这种先发优势也决定了在国际社会现代化话语体系中,西方国家始终占据主导甚至决定性地位。而要打破西方国家在现代化建设方面的话语霸权,就必须坚持"破立结合",积极更新中国式现代化的话语叙事,增强现代化建设话语的中国色彩。

一方面,要注重更新中国式现代化的出场叙事话语。古人云,要师出有名。中国式现代化要想获取国际社会认可,同样需要塑造科学合理的中国式现代化出场叙事话语。从国内层面来看,中国共产党推进中国式现代化的本质是为了人民,是以谋求最广大人民的根本利益和更好满足人民日益增长的美好生活需要为初心使命。因此,在国际社会塑造科学合理的中国式现代化出场叙事话语时,要重点借助现代化建设目标这一话题,更多地出现"坚持人民立场""维护人民根本利益""坚持为人民谋幸福""创造美好生活"等符合人类社会发展规律和人自身发展规律的话语表达,进而让国际社会重新审视西方现代化模式的立场和目的,重新思考现代化建设的前进方向。而从国际层面来看,人类社会目前面临各式各样风险挑战,尤其是"社会撕裂""民粹主义""否决政治"等问题更是危及社会稳定发展。但对于这些问题,西方现代化却显得无能为力,不仅无法解决自身国家存在的此类问题,更无法延续其世界"灯塔"的神话。在此背景下,中国式现代化必须把握时机,在国际社会话语场域中积极更新并宣扬"人类命运共同体""人类文明新形态""全人类共同价值"等能够为世界解决发展难题和突破发展瓶颈提供新借鉴和新选择的创新性话语叙事,也唯有此,才能在展现中国作为世界大国应有的责任担当的同时,不断稳固中国式现代化话语体系。

另一方面,要注重更新中国式现代化的图景叙事话语。党的二十大报告指出,中国式现代化的本质要求是"坚持中国共产党领导,坚持中国特色社会主义,实现高质量发展,发展全过程人民民主,丰富人民精神世界,实现全体人民共同富裕,促进人与自然和谐共生,推动构建人类命运共同体,创造人类文明新形态"①。在国际社会话语体系的话语叙事中,我们要积极关注这种蓝图性表述,主动将"高质量发展""全过程人民民主""共同富裕""和谐共生"等充满中国智慧和中国经验的话语表达与中国式现代化相勾连,并积极向国际社会投送传播,进而不断丰富中国式现代化建设的话语表达,破除西方现代化模式的话语霸权,稳固中国式现代化话语体系。

(三)奋力争取舆论格局主动权

所谓国际舆论格局,就是指在一定时期内国际社会中各种舆论力量相互联系、相互作用所形成的一种结构状态。这种状态有平衡和失衡两种状态。就目前而言,当下国际舆论格局便处于一个严重失衡阶段,即西方国家占据绝对优势和主导权,而其他发展中国家则处于一个从属地位。之所以会出现这种失衡状态,主要原因还是在于对国际舆论格局具有

---

① 习近平:《高举中国特色社会主义伟大旗帜 为全面建设社会主义现代化国家而团结奋斗——在中国共产党第二十次全国代表大会上的报告》,人民出版社 2022 年版,第 22~23 页。

影响的国际组织、官方及非官方的经济组织和国际商会等大多是在西方国家理念倡导下形成,对西方舆论话语起到巨大的维护作用。也正因如此,近几十年来,中国虽然也取得了诸多历史性成就,但这种成就与优势却未能转化为话语优势。因此,要想扭转"发展优势"同"话语劣势"之间互不相称的现状,就必须通过建构中国式现代化话语体系奋力争取舆论格局主动权,重塑国际话语秩序。

一方面,要通过中国式现代化话语叙事揭穿"普世价值"本质。西方所强调的普世价值,顾名思义就是西方国家认为这是人类社会普遍适合的价值。"普世价值"以西方民主制度为理论依托,以西方国家制度精神为核心价值观,其所竭力渲染的是:现代化道路只有一条,现代国家的构架只有一种,核心价值观当然也只有一个,那就是已经定型的资本主义制度及其核心价值。因此,从本质上讲,西方宣扬"普世价值",就是在宣扬"全盘西化"。但在马克思主义看来,人类社会具有阶段性和历史性,在某一阶段或某一时期,人类社会可能会存在某个价值共识,但这绝不意味着存在绝对的、永恒的"普世价值"。西方国家所竭力倡导的这一思维理念,违背了人类社会发展规律,是不可能存在的虚幻,我们唯有在国际社会中揭穿"普世价值"的唯心本质,才能逐渐获取自身的话语主动权。为此,我们要积极借助中国式现代化话语叙事所展现的广泛性、包容性、开放性等特征,努力在国际社会中反驳"普世价值",让世界认识到"普世价值"的谬误本质,这对于奋力争取舆论格局主动权具有重要意义。

另一方面，要通过中国式现代化话语叙事有力回应西方国家的无端指责。长期以来，西方国家面对中国式现代化建设的辉煌成就和国际地位的迅猛提升，不断在国际社会中编造"中国威胁论""中国霸权论""中国崩溃论""历史终结论"等话语表达，借此唱衰中国，唱衰中国特色社会主义，进而达到压制中国式现代化的目的。对此，中国式现代化要及时更新并丰富自身的对外话语叙事，持续为世界传递真实中国声音，让世界清晰认识到中国是"和平""开放"以及"为世界作贡献"的中国，而并非西方唱衰话语体系中具有威胁性、衰落性的中国。除此之外，西方国家不仅在经济、军事层面抹黑中国，同时更在政治层面歪曲中国形象，少数西方国家经常通过"自由""人权""民主"等话题以及历史虚无主义对我国进行肆意抹黑，妄图借此使中国成为国际社会的众矢之的。对此，中国式现代化的对外话语叙事要能够充分展示中国现代化建设过程中的真实图景，以"全过程人民民主""人民至上"等理念及现代化实践成效，让西方的歪曲抹黑不攻自破。

结束语

现代化是人类社会发展进步的显著标志,是世界各国孜孜以求的共同发展目标。中国式现代化话语体系生成、创新和发展于中国式现代化的实践历程中,体现出强大的理论生命力和话语指导力。中国式现代化话语体系的建构,不仅为马克思主义中国化时代化作出了原创性的话语贡献,为全面建成社会主义现代化强国提供了直接的话语指导,也为我们与西方开展国际话语权的争夺提供了理论武器,更为发展中国家独立探索现代化之路提供了话语激励。

一、为马克思主义中国化时代化
作出原创性话语贡献

理论只有作为体系才是科学的。马克思主义内在的科学性决定了它要不断地推进学理化体系化的建设。中国化时代化的马克思主义同样是一个不断丰富拓展,不断体系化学理化的过程。尤其是进入新时代以来,习近平新时代中国特色社会主义思想,作为马克思主义中国化时代化的最新成果,不断地产生新的概念、新的范畴、新的命题。

习近平总书记指出:"概括提出并深入阐述中国式现代化理论,是党的二十大的一个重大理论创新,是科学社会主义的最新重大成果。"①中国式现代化理论,是马克思主义中国化时代化的重大理论成果。全面推进中国式现代化是开辟马克思主义中国化时代化新境界的重大实践。中国式现代化话语体系,则为马克思主义中国化时代化作出了原创性话语贡献。

中国式现代化是在经济文化落后的基础上开始建设的,又在"一球两制"的国际形势下趋于成熟,所以既不同于马克思和恩格斯对未来社会的设想,又不同于资本主导的西方现代化模式。中国式现代化,是对中国共产党百年来领导现代化实践经验的系统总结,更是对"什么是中国式现代化新道路、如何拓展中国式现代化新道路"等重大命题的创造性回答。中国式现代化"既有各国现代化的共同特征,更有基于自己国情的中国特色"②。一个国家选择什么样的现代化道路,由其历史传统、社会制度、文化基因、外部环境等诸多因

---

① 习近平:《以中国式现代化全面推进强国建设、民族复兴伟业》,《求是》,2025年第1期。
② 习近平:《高举中国特色社会主义伟大旗帜 为全面建设社会主义现代化国家而团结奋斗——在中国共产党第二十次全国代表大会上的报告》,人民出版社2022年版,第22页。

素决定,中国式现代化是"人口规模巨大的现代化""全体人民共同富裕的现代化""物质文明和精神文明相协调的现代化""人与自然和谐共生的现代化""走和平发展道路的现代化",是"中国共产党领导的社会主义现代化",是经济、政治、文化、社会、生态"五位一体"的现代化,倡导"创造人类文明新形态"的现代化……这些话语创新,不仅揭示了中国式现代化的鲜明特色、本质要求和重大原则,还为中国化时代化马克思主义理论和话语宝库增添了极具标识性的全新成果。

中国式现代化,不仅"深深根植于中华优秀传统文化,体现科学社会主义的先进本质",还"借鉴吸收一些人类优秀文明成果,代表人类文明进步的发展方向"。作为"两个结合"的产物,中国式现代化既是马克思主义基本原理同中国具体实际的结合,又是与中华优秀传统文化的结合。它滋养浸润于中华优秀传统文化的"家国同构""民为邦本""天人合一""协和万邦"等文明基因中,凸显了鲜明的文化主体性,以极富中国特色的话语表达贯通了现代化建设的历史、现实和未来。中国式现代化体现了科学社会主义的先进本质,它的运行机制、中心逻辑、建设内容、发展理念、擘画图景,打破了"现代化=西方化"的迷思。其中,"中国式现代化是中国共产党领导的社会主义现代化"这一"定性的话",体现了科学社会主义对马克思主义先进政党的领导力要求。"中国式现代化是全体人民共同富裕的现代化"这一"彰显特色"的话,体现了科学社会主义通达未来社会的显著比较优势。"现代化的本质是人的现代化"这一"揭示本质"的话,体现了科学社会主义人的自由全面发展的根本价值旨归。同时,中国式现代化深化、丰富和发展了关于社会主义本质、社会主义建设、社会主义发展阶段、社会主义发展动力等理论和话语,均彰显了社会主义现代化的显著优势。中国式现代化吸收借鉴一切人类文明成果,中国式现代化话语体系同样坚持在开放交流中寻求理论和话语的突破点。中国式现代化立足于世界全景视域下的中国发展,又在中国鲜明个性特色中发掘对世界性共同问题的思考。中国式现代化彰显的大历史观和人类情怀有力助推了我们的制度优势、实践优势转化为理论优势、话语优势,更为马克思主义中国化时代化做出了原创性的贡献。

二、为全面建成社会主义现代化强国提供了话语指导

党的二十大明确了新时代中国共产党的中心任务,即"团结带领全国各族人民全面建成社会主义现代化强国、实现第二个百年奋斗目标,以中国式现代化全面推进中华民族伟大复兴"①。因此,推进中国式现代化是全面建成社会主义现代化强国、实现第二个百年奋斗目标这一中心工作的实践

---

① 习近平:《高举中国特色社会主义伟大旗帜 为全面建设社会主义现代化国家而团结奋斗——在中国共产党第二十次全国代表大会上的报告》,人民出版社 2022 年版,第 21 页。

路径。同时,中国式现代化的理论体系和话语体系更为全面建成社会主义现代化强国、实现第二个百年奋斗目标提供了科学遵循。尤其是党的二十大报告鲜明提出了推进中国式现代化必须牢牢把握的五条重大原则。① 这五条重大原则内涵丰富、逻辑严密、整体有机,是对党和人民长期推进和拓展中国式现代化宝贵经验的集中概括和科学总结,是对中国式现代化内在发展规律的客观揭示,更为全面建成社会主义现代化国家提供了有力的话语指导。

要坚持和加强党的全面领导。中国式现代化,是中国共产党领导的社会主义现代化。坚持和加强党的全面领导,是以中国式现代化全面推进中华民族伟大复兴的根本保证。新时代新征程,只有坚持和加强党的全面领导,才能确保中国式现代化的社会主义发展方向,确保全体中国人民有最可靠的主心骨,从而有效应对前进道路上的重大挑战、抵御重大风险、克服重大阻力、解决重大矛盾,不断推动中国式现代化行稳致远。

要坚持中国特色社会主义道路。方向决定道路,道路决定命运。在资本主义率先开启人类现代化进程后的几百年里,"西方化"一度成为"现代化"的代名词,成为众多西方学者认为的"模板"和很多后发国家照抄的"范本"。习近平总

---

① 习近平:《高举中国特色社会主义伟大旗帜　为全面建设社会主义现代化国家而团结奋斗——在中国共产党第二十次全国代表大会上的报告》,人民出版社2022年版,第26～27页。

书记指出,"通向现代化的道路不止一条"①,"中国特色社会主义道路是实现社会主义现代化的必由之路"②。中国式现代化打破了资本主义现代化道路唯一性的神话,摆脱了资本主义现代化的桎梏窠臼,为人类现代化发展提供了更多参考示范和经验借鉴。新征程上,只有坚持走中国特色社会主义道路这条人间正道,坚持以经济建设为中心,坚持四项基本原则,坚持改革开放,坚持独立自主、自力更生,坚持道不变、志不改,既不走封闭僵化的老路,也不走改旗易帜的邪路,才能把中国建设成为富强民主文明和谐美丽的社会主义现代化强国。

要坚持以人民为中心。习近平总书记指出,"现代化的本质是人的现代化"③,人民性是马克思主义最鲜明的品格,人民立场是马克思主义政党的根本政治立场。带领人民创造幸福生活,是我们党始终不渝的奋斗目标,也是全面建成社会主义现代化强国的必然要求。毛泽东指出:"为什么人的问题,是一个根本的问题,原则的问题。"④邓小平指出:"不发展生产力,不提高人民的生活水平,不能说是符合社会主

---

① 习近平:《开放共创繁荣 创新引领未来——在博鳌亚洲论坛 2018 年年会开幕式上的主旨演讲》,《人民日报》2018 年 4 月 11 日,第 3 版。
② 习近平:《在庆祝中国共产党成立 95 周年大会上的讲话》,《求是》,2021 年第 8 期。
③ 中共中央文献研究室:《十八大以来重要文献选编》(上),中央文献出版社 2014 年版,第 594 页。
④ 《毛泽东选集》(第三卷),人民出版社 1991 年版,第 857 页。

义要求的。"①坚持以人民为中心的发展思想,以扎实的行动回应人民对更好的教育、更稳定的工作、更满意的收入、更可靠的社会保障、更高水平的医疗卫生服务、更舒适的居住条件、更优美的环境、更丰富的精神文化生活的期盼,才能使人民群众的获得感、幸福感、安全感更加充实、更有保障、更可持续。

要坚持改革开放。改革开放是决定当代中国前途命运的关键一招,也是决定实现"两个一百年"奋斗目标、实现中华民族伟大复兴的关键一招。推进中国式现代化作为一项探索性事业,其必然存在许多未知领域,需要我们在实践中去大胆探索,通过改革创新来推动事业发展。尤其是在未来中国式现代化新征程上,仍面临着许多复杂的矛盾和问题,还有许多硬骨头要啃,还有许多难关要攻克。必须要准确把握改革开放的历史定位,把全面深化改革作为中国式现代化发展应对变局、开拓新局的重要抓手,围绕落实新发展理念、构建新发展格局、推动高质量发展等战略目标任务,"深入推进改革创新,坚定不移扩大开放,着力破解深层次体制机制障碍,不断彰显中国特色社会主义制度优势,不断增强社会主义现代化建设的动力和活力,把我国制度优势更好转化为国家治理效能"②。

---

① 《邓小平文选》(第三卷),人民出版社 1993 年版,第 116 页。
② 习近平:《高举中国特色社会主义伟大旗帜　为全面建设社会主义现代化国家而团结奋斗——在中国共产党第二十次全国代表大会上的报告》,人民出版社 2022 年版,第 27 页。

要坚持发扬斗争精神。敢于斗争、敢于胜利,是党和人民不可战胜的强大精神力量。党和人民取得的一切成就,都是通过斗争取得的,不是天上掉下来的,而是通过不断斗争取得的。踏平坎坷成大道,斗罢艰险又出发。全面建成社会主义现代化国家是一项伟大而艰巨的事业,前进道路上必然充满着各种风险挑战,甚至还要经受风高浪急甚至惊涛骇浪的重大考验。可以说,"我们面临的各种斗争不是短期的而是长期的,至少要伴随我们实现第二个百年奋斗目标全过程"①。为此,我们必须坚持发扬斗争精神,增强全党全国各族人民的志气、骨气、底气,不信邪、不怕鬼、不怕压,知难而进、迎难而上,统筹发展和安全,全力战胜前进道路上各种困难和挑战,依靠顽强斗争打开事业发展新天地。

三、为与西方开展国际话语权的争夺提供了理论武器

国际话语权是中国的理论、制度和实践等在国际社会赢得的影响力和话语权力。中国式现代化话语体系的形成,不仅是对中国式现代化实践道路的经验提炼,也是对西方现代化理论与实践的回应与对话。当前我们仍然处于资本主义占据主导的世界体系中。中国式现代化话语体系的建构一定是在包含东西方旧范式在内的一切范式不断向前发展的

---

① 《习近平著作选读》(第二卷),人民出版社 2023 年版,第 258 页。

共同基础上的,我们需做好接受在相当长的时间内,新老方式互相影响的准备,这种此消彼长的复杂过程,将是中国式现代化话语体系作为新知识体系阶段性标志生发的必然特征。① 在这个历史过程中,中国式现代化话语体系,必须在与西方现代化的对话和博弈中获取成长的动能、汲取现实力量、丰富对抗经验。

自主性是国家独立行事的逻辑前提,国家自主性贯穿于中国式现代化建设的全过程,是中国赢得国际话语权的核心议题。② 西方中心论视域下,过度强调所谓的"冲击—反应论",即近代中国实现现代化转型,是对西方的刺激和冲击的回应。我们需看到,中国的现代化启动确实有外源型现代化的特点,但"西方的冲击只有通过中国内部的因素才能起作用"③,中国历史发展的自主性探索始终是中国式现代化发展的内在动力,且中国式现代化道路、理论、话语的建构和形成,从根本上来说是在中国共产党领导的社会主义革命、建设、改革的实践历程中不断形成的。认识到这种由独立自主、实事求是的实践历程构筑的"内源性"是中国式现代化话语自信的重要来源,是我们与西方开展国际话语权争夺的重

---

① 吴海江等:《中国式现代化与建构中国自主知识体系》,上海人民出版社2024年版,第77页。
② 周银珍:《国家自主性视角下提升中国式现代化国际话语权》,《西南民族大学学报》(人文社会科学版),2024年第9期。
③ [美]柯文:《在中国发现历史:中国中心观在美国的兴起》,林同奇译,中华书局2002年版,第12页。

要前提。

当今世界,西方现代化在发展过程中日益显露的"假文明、真霸权"的实质,资本主义制度内在的结构性矛盾以更加惨烈的方式暴露,这种矛盾不仅本质上内在于资本的无限增殖与人民日益增长的美好生活的对立,也外化于世界各国的共同发展中,由此人类文明的发展也呼唤着能够超越西方中心主义的系统理论叙事和话语体系的诞生。也就是说,从世界格局变动所揭示的人类文明发展趋势来看,多元发展的现代性途径是未来社会发展和文明进步的历史趋势,中国自主知识体系的建立也是在文明自觉过程中将历史文化、现代化发展和文明前进紧密结合而生的应有之义。① 中国式现代化话语体系以马克思主义为根本指导,马克思主义本身就是超越东西方文明二元对立的逻辑,站在人类文明整体性发展的客观立场上,以实现全人类的解放和自由全面发展为根本旨归的。因而,以马克思主义为指导的中国式现代化本身理应占据着指引世界现代化建设的理论和话语制高点。

因此,中国式现代化话语体系从价值意蕴上讲,以"人民至上"超越西方的"资本至上",以"全体人民共同富裕"超越西方的"两极分化",以"物质文明和精神文明相协调"超越西方的"物质主义膨胀",以"人与自然和谐共生"超越西方的"人类中心主义",以"走和平发展道路"超越西方的"对外扩

---

① 吴海江等:《中国式现代化与建构中国自主知识体系》,上海人民出版社2024年版,第84~85页。

张掠夺"。从现实的实践成果来看,中国式现代化作为一种"并联式"的现代化,也显示出对西方现代化单一的"串联型"的发展模式的超越性。社会主义现代化,应该要创造比资本主义更高的效率,又要更有效地维护社会公平,而中国式现代化以不争的事实证明了社会主义现代化制度文明、理论指导以及话语体系的先进性和优越性,有力增强了与西方现代化开展话语博弈的信心和底气。此外,"人类命运共同体""全人类共同价值"等理念和话语的提出,也标志着中国式现代化话语获得了国际社会的积极传播和广泛认同,在国际事务中的话语主动权和解释权的增强。

四、为发展中国家独立探索现代化之路提供话语激励

2023年中国共产党与世界政党高层对话会把会议主题定为:现代化道路:政党的责任。习近平总书记在会议主旨讲话中面对全世界在现代化推进过程中的一系列"现代化"之问,如:是两极分化还是共同富裕?是物质至上还是物质精神协调发展?竭泽而渔还是人与自然和谐共生?零和博弈还是合作共赢?照抄照搬别国模式还是立足自身国情自主发展?我们究竟需要什么样的现代化?怎样才能实现现代化?[1] 尤其是对于广大发展中国家而言,如何走出"发展主

---

[1] 习近平:《携手同行现代化之路——在中国共产党与世界政党高层对话上的主旨讲话》,《人民日报》2023年3月16日,第2版。

义陷阱",摆脱"现代化=西方化"的思维定势,独立自主地探索适合自己的发展道路成为这些国家现代化发展面临的重大课题。

长期以来,广大发展中国家陷于西方现代化的理论和话语支配之下。西方现代化为了"按照自己的面貌为自己创造出一个世界"[1],将其自身包装成现代化的"唯一正确模式",并通过强大的舆论机器向发展中国家民众尤其是社会精英进行洗脑和诱骗。表面上看西方现代化帮助这些发展中国家从所谓的专制统治中解放出来,而实际上"自由""民主"这些配方却在这些国家"水土不服",出现了政治动荡、经济衰退、民不聊生的现象。究其原因,这些国家之所以落入"民主陷阱",是因为他们根本无法自主选择适合自己国情的发展规律的现代化发展道路,他们在获得所谓"政治主权"时,却通过谈判交易失去了自己的"经济主权"和"资源主权",这种情形使其不仅缺乏支撑高成本的"西式民主"上层建筑的经济基础和可持续生产能力,而且使其只能沦为西方的附庸和剥削压榨的对象,很难跳出"中心-外围"的依附体系。

中国式现代化话语体系的形成,打破了西方现代化的外来神话和话语垄断,不仅为广大发展中国家探索现代化之路打开了新的空间和思路,提供了新的理念和路径,更直接给出了系统的话语指导和宝贵的精神价值指引。习近平总书

---

[1]《马克思恩格斯文集》(第二卷),人民出版社 2009 年版,第 36 页。

记在回答"现代化"之问时,提出了五点主张:一是要坚守人民至上理念,突出现代化方向的人民性;二是要秉持独立自主原则,探索现代化道路的多样性;三是要树立守正创新意识,保持现代化进程的持续性;四是要弘扬立己达人精神,增强现代化成果的普惠性;五是要保持奋发有为姿态,确保现代化领导的坚定性。这五点主张,不仅仅是各国政党推进现代化建设要坚持的原则和责任,"人民至上""独立自主""守正创新""立己达人""奋发有为"更成为中国式现代化彰显人类情怀最突出的话语特征。

  中国式现代化是积极的自我主张。我们始终认为,解决好民族性问题,才有更强能力去解决世界性问题;把中国实践总结好,才有更强能力为解决世界性问题提供思路和办法。中国式现代化所倡导的话语核心就是"独立自主""实事求是"等精神价值,在帮助发展中国家的现代化建设中,不仅不搞意识形态渗透、不设置任何附加政治条件、不输出任何制度和模式,而且通过自己的示范释放明确的原则,即始终坚持走中国共产党领导的社会主义现代化,始终坚持鲜明的中国特色,始终坚持把国家和民族发展放在自己力量的基点上,始终坚持发展是执政兴国的第一要务,用自己的发展成果、发展理念、理论体系和话语体系激励各国依据自己的国情、文化特色发展适合自己的现代化道路,这不仅丰富了人类现代化发展的理论和话语,也为广大发展中国家走向现代化提供了重要的精神价值和方法论借鉴。

参考文献

一、马克思主义经典著作与党的重要文献

[1] 马克思恩格斯选集(第1—4卷)[M].北京:人民出版社,2012.

[2] 马克思恩格斯文集(第1—10卷)[M].北京:人民出版社,2009.

[3] 马克思恩格斯全集(第19卷)[M].北京:人民出版社,1963.

[4] 马克思恩格斯全集(第42卷)[M].北京:人民出版社,1979.

[5] 列宁全集(第1卷)[M].北京:人民出版社,2013.

[6] 列宁全集(第30卷)[M].北京:人民出版社,1985.

[7] 列宁全集(第31卷)[M].北京:人民出版社,2017.

[8] 毛泽东选集(第1—4卷)[M].北京:人民出版社,1991.

[9] 毛泽东文集(第3卷)[M].北京:人民出版社,1996.

[10] 毛泽东文集(第7卷)[M].北京:人民出版社,1999.

[11] 毛泽东文集(第8卷)[M].北京:人民出版社,1999.

[12] 周恩来选集(上卷)[M].北京:人民出版社,1980.

[13] 周恩来选集(下卷)[M].北京:人民出版社,1984.

[14] 刘少奇选集(上卷)[M].北京:人民出版社,1981.

[15] 邓小平文选(1—3卷)[M].北京:人民出版社,1994.

[16] 江泽民文选(1—3)[M].北京:人民出版社,2006.

[17] 胡锦涛文选(1—3)[M].北京:人民出版社,2016.

[18] 习近平谈治国理政(第1—4卷)[M].北京:外文出版社,2022.

[19] 习近平著作选读(第1—2卷)[M].北京:人民出版社,2023.

[20] 中共中央文献研究室.建国以来重要文献选编(第四卷)[M].北京:人民出版社,1993.

[21] 中共中央文献研究室.建国以来重要文献选编(第九卷)[M].北京:人民出版社,1994.

[22] 中共中央文献研究室.三中全会以来重要文献选编(上)[M].北京:人民出版社,1982.

[23] 中共中央文献研究室.十二大以来重要文献选编(上)[M].北京:人民出版社,1986.

[24] 中共中央文献研究室.十二大以来重要文献选编(下)[M].北京:人民出版社,1988.

[25] 中共中央文献研究室.十三大以来重要文献选编(中)[M].北京:中央文献出版社,2011.

[26] 中共中央文献研究室.十四大以来重要文献选编(中)[M].北京:中央文献出版社,1997.

[27] 十六大以来重要文献选编(上)[M].北京:中央文献出版社,2005.

[28] 十七大以来重要文献选编(上)[M].北京:中央文献出版社,2009.

[29] 十七大以来重要文献选编(下)[M].北京:中央文献出版社,2013.

[30] 十八大以来重要文献选编(上)[M].北京:中央文献出版社,2014.

[31] 十八大以来重要文献选编(中)[M].北京:中央文献出版社,2016.

[32] 十八大以来重要文献选编(下)[M].北京:中央文献出版社,2018.

[33] 十九大以来重要文献选编(上)[M].北京:中央文献出版社,2019.

[34] 十九大以来重要文献选编(中)[M].北京:中央文献出版社,2021.

[35] 十九大以来重要文献选编(下)[M].北京:中央文献出版社,2023.

[36] 二十大以来重要文献选编(上)[M].北京:中央文献出版社,2024.

[37] 习近平.论坚持人民当家作主[M].北京:中央文献出版社,2021.

[38] 习近平.论党的宣传思想工作[M].北京:中央文献出版社,2020.

[39] 习近平.论坚持党对一切工作的领导[M].北京:中央文献出版社,2019.

[40] 习近平外交演讲集(第1—2卷)[M].北京:中央文献出版社,2022.

[41] 中共中央文献研究室.习近平关于社会主义社会建设论述摘编[M].北京:中央文献出版社,2017.

[42] 中共中央文献研究室.习近平关于全面深化改革论述摘编[M].北京:中央文献出版社,2014.

[43] 中共中央文献研究室.习近平关于全面依法治国论述摘编[M].

北京:中央文献出版社,2015.

[44] 中共中央文献研究室.习近平关于社会主义政治建设论述摘编[M].北京:中央文献出版社,2017.

[45] 中共中央文献研究室.习近平关于社会主义经济建设论述摘编[M].北京:中央文献出版社,2017.

[46] 中共中央文献研究室.习近平关于社会主义文化建设论述摘编[M].北京:中央文献出版社,2017.

[47] 中共中央文献研究室.习近平关于社会主义生态文明建设论述摘编[M].北京:中央文献出版社,2017.

[48] 中共中央党史和文献研究院.习近平关于尊重和保障人权论述摘编[M].北京:中央文献出版社,2021.

[49] 中共中央党史和文献研究院.习近平关于中国式现代化论述摘编[M].北京:中央文献出版社,2023.

[50] 习近平.高举中国特色社会主义伟大旗帜　为全面建设社会主义现代化国家而团结奋斗——在中国共产党第二十次全国代表大会上的报告[M].北京:人民出版社,2022.

[51] 中共中央关于进一步全面深化改革　推进中国式现代化的决定[M].北京:人民出版社,2024.

[52] 中共中央关于党的百年奋斗重大成就和历史经验的决议[N].人民日报,2021-11-17:1.

[53] 习近平.以中国式现代化全面推进强国建设、民族复兴伟业[J].求是,2025(1).

[54] 习近平.在文艺工作座谈会上的讲话[J].求是,2024(20).

[55] 习近平.加强文化遗产保护传承　弘扬中华优秀传统文化[J].求是,2024(8).

[56] 习近平.必须坚持人民至上[J].求是,2024(7).

[57] 习近平.发展新质生产力是推动高质量发展的内在要求和重要着力点[J].求是,2024(11).

[58] 习近平.开辟马克思主义中国化时代化新境界[J].求是,2023(20).

[59] 习近平.推进中国式现代化需要处理好若干重大关系[J].求是,2023(19).

[60] 习近平.在文化传承发展座谈会上的讲话[J].求是,2023(17).

[61] 习近平.加快构建新发展格局 把握未来发展主动权[J].求是,2023(8).

[62] 习近平.为实现党的二十大确定的目标任务而团结奋斗[J].求是,2023(1).

[63] 习近平.全党必须完整、准确、全面贯彻新发展理念[J].求是,2022(16).

[64] 习近平.坚持和发展中国特色社会主义要一以贯之[J].求是,2022(18).

[65] 习近平.扎实推动共同富裕[J].求是,2021(12).

[66] 习近平.坚持和完善中国特色社会主义制度推进国家治理体系和治理能力现代化[J].求是,2020(1).

[67] 习近平.坚持、完善和发展中国特色社会主义国家制度与法律制度[J].求是,2019(23).

[68] 习近平.把握新发展阶段,贯彻新发展理念,构建新发展格局[J].求是,2021(9).

[69] 习近平.思政课是落实立德树人根本任务的关键课程[J].求是,2020(17).

[70] 习近平.在庆祝全国人民代表大会成立六十周年大会上的讲话

[J].求是,2019(18).

[71] 习近平.文明交流互鉴是推动人类文明进步和世界和平发展的重要动力[J].求是,2019(18).

[72] 习近平.辩证唯物主义是中国共产党人的世界观和方法论[J].求是,2019(1).

[73] 习近平.在庆祝中国共产党成立95周年大会上的讲话[J].求是,2018(8).

[74] 习近平.在党的十八届五中全会第二次全体会议上的讲话(节选)[J].求是,2016(1).

[75] 习近平.在全国党校工作会议上的讲话[J].求是,2016(9).

[76] 习近平.在庆祝澳门回归祖国二十五周年大会暨澳门特别行政区第六届政府就职典礼上的讲话[N].人民日报,2024-12-21:2.

[77] 习近平.汇聚"全球南方"磅礴力量 共同推动构建人类命运共同体——在"金砖+"领导人对话会上的讲话[N].人民日报,2024-10-25:2.

[78] 习近平.在庆祝全国人民代表大会成立70周年大会上的讲话[N].人民日报,2024-9-15:2.

[79] 习近平.汇聚两国人民力量 推进中美友好事业——在美国友好团体联合欢迎宴会上的演讲[N].人民日报,2023-11-17:2.

[80] 习近平.在全国政协新年茶话会上的讲话[N].人民日报,2023-12-30:2.

[81] 习近平.建设开放包容、互联互通、共同发展的世界——在第三届"一带一路"国际合作高峰论坛开幕式上的主旨演讲[N].人民日报,2023-10-19:2.

[82] 习近平.深化团结合作 应对风险挑战 共建更加美好的世

界——在2023年金砖国家工商论坛闭幕式上的致辞[N].人民日报,2023-8-23:2.

[83] 习近平.携手同行现代化之路——在中国共产党与世界政党高层对话会上的主旨讲话[N].人民日报,2023-3-16:2.

[84] 习近平.在纪念毛泽东同志诞辰130周年座谈会上的讲话[N].人民日报,2023-12-27:2.

[85] 习近平.在庆祝香港回归祖国二十五周年大会暨香港特别行政区第六届政府就职典礼上的讲话[N].人民日报,2022-7-2:2.

[86] 习近平.在中华人民共和国恢复联合国合法席位50周年纪念会议上的讲话[N].人民日报,2021-10-26:2.

[87] 习近平.不忘初心 砥砺前行 开启上海合作组织发展新征程——在上海合作组织成员国元首理事会第二十一次会议上的讲话[N].人民日报,2021-9-18:2.

[88] 习近平.在庆祝中国共产党成立100周年大会上的讲话[N].人民日报,2021-7-2:2.

[89] 习近平.在全国脱贫攻坚总结表彰大会上的讲话[N].人民日报,2021-2-26:2.

[90] 习近平.让多边主义的火炬照亮人类前行之路——在世界经济论坛"达沃斯议程"对话会上的特别致辞[N].人民日报,2021-1-26:2.

[91] 习近平.在深圳经济特区建立40周年庆祝大会上的讲话[N].人民日报,2020-1-15:2.

[92] 习近平.为实现民族伟大复兴 推进祖国和平统一而共同奋斗——在《告台湾同胞书》发表40周年纪念会上的讲话[N].人民日报,2019-1-3:2.

[93] 习近平.在纪念五四运动100周年大会上的讲话[N].人民日报,

2019-5-1:2.

[94]习近平.在庆祝改革开放40周年大会上的讲话[N].人民日报,2018-12-19:2.

[95]习近平.在纪念马克思诞辰200周年大会上的讲话[N].人民日报,2018-5-5:2.

[96]习近平.开放共创繁荣　创新引领未来——在博鳌亚洲论坛2018年年会开幕式上的主旨演讲[N].人民日报,2018-4-11:3.

[97]习近平.共同开创中阿关系的美好未来——在阿拉伯国家联盟总部的演讲[N].人民日报,2016-1-22:3.

[98]习近平.在哲学社会科学工作座谈会上的讲话[N].人民日报,2016-5-19:2.

[99]习近平.共同开创中阿关系的美好未来——在阿拉伯国家联盟总部的演讲[N].人民日报,2016-1-22:3.

[100]中共中央文献研究室.毛泽东年谱(1949—1976)(第二卷)[M].北京:中央文献出版社,2013.

[101]中共中央文献研究室.毛泽东年谱(1949—1976)(第三卷)[M].北京:中央文献出版社,2013.

[102]中共中央文献研究室.邓小平年谱(第四卷)[M].北京:中央文献出版社,2009.

[103]中共中央文献研究室.邓小平年谱(第五卷)[M].北京:中央文献出版社,2009.

[104]中共中央文献研究室.邓小平思想年编(1975～1997)(下)[M].北京:中央文献出版社,2011.

二、中文著作

[1]张飞岸.话语:重塑中国认知[M].北京:中国方正出版社,2023.

[2] 许徐琪.中国特色社会主义话语权研究[M].天津:天津人民出版社,2023.

[3] 范晓.语言和言语问题研究[M].上海:复旦大学出版社,2022.

[4] 王志柯.福柯[M].长沙:湖南教育出版社,1999.

[5] 吴海江等.中国式现代化与建构中国自主知识体系[M].上海:上海人民出版社,2024.

[6] 罗荣渠.现代化新论——中国的现代化之路[M].北京:商务印书馆,2004.

[7] 周月梅.中国现代化报告(2003)——现代化理论、进程与展望[M].北京:北京大学出版社,2003.

[8] 陈鸿瑜.政治发展理论[M].长春:吉林人民出版社,2009.

[9] 张太雷文集[M].北京:人民出版社,2013.

[10] 李大钊全集(第三卷)[M].北京:人民出版社,2013.

[11] 恽代英全集(第5—6卷)[M].北京:人民出版社,2014.

[12] 梁锡锋等.诗经[M].郑州:河南大学出版社,2008.

[13] 虞崇胜、唐皇凤.第五个现代化:国家治理体系和治理能力现代化[M].武汉:湖北人民出版社,2015.

[14] 贺耀敏.中国话语体系的建构[M].北京:中国人民大学出版社,2021.

[15] 程美东.中国现代化思想史:1840~1949[M].北京:高等教育出版社,2006.

[16] 王绍光.祛魅与超越[M].北京:中信出版社,2010.

[17] 韩震、董立河.历史学研究的语言学转向:西方后现代化历史哲学研究[M].北京:北京师范大学出版社,2007.

[18] 韩庆祥.中国式现代化开创人类文明新形态[M].杭州:浙江人民

出版社,2024.

[19] 瞿秋白文集(第八卷)[M].北京:人民出版社,2013.

[20] 吴海江等.中国式现代化与建构中国自主知识体系[M].上海:上海人民出版社,2024.

[21] 吴汉全.话语体系初论[M].北京:人民出版社,2020.

[22] 吴忠民.中国现代化新论[M].北京:商务印书馆,2023.

[23] 汪仕凯.全过程人民民主研究手册[M].上海:上海人民出版社,2024.

[24] 钱穆.中国文化精神[M].北京:九州出版社,2012.

[25] 中央网络安全和信息化委员会办公室.习近平总书记关于网络强国的重要思想概论[M].北京:人民出版社,2023.

[26] 聂智.自媒体领域我国主流意识形态的话语权研究[M].北京:人民出版社,2020.

[27] 向志强.中国网络内容国际传播力提升研究[M].北京:人民出版社,2017.

[28] 王蒙等.学思平治——名家谈中华民族现代文明[M].北京:人民出版社,2023.

[29] 李怀印.中国的现代化:1850年以来的历史轨迹[M].桂林:广西师范大学出版社,2025.

[30] 杨光斌.新征程中的国家治理现代化[M].北京:中国人民大学出版社,2024.

[31] 吴海江等.中国式现代化与建构中国自主知识体系[M].上海:上海人民出版社,2024.

[32] 林岩.话语、叙事与实践:新时代中国国际话语权的提升理路[M].北京:光明日报出版社,2025.

[33] 王立新.帝国的叙事话语:国家身份塑造与冷战时期美国外交政策[M].北京:北京大学出版社,2025.

[34] 吴海燕.当代中国价值观念国际传播话语研究[M].西安:陕西师范大学出版社,2024.

[35] 郑洁.马克思主义中国化话语体系构建研究[M].北京:中国社会科学出版社,2024.

[36] 刘伟.政治学话语体系建设基本问题初探[M].武汉:武汉大学出版社,2023.

[37] 任剑涛.现代化与中国式现代化[M].天津:天津人民出版社,2025.

[38] 洪银兴.中国式现代化论纲[M].南京:江苏人民出版社,2025.

[39] 祝辉,孟祥娟.中国式现代化:历史、经验与理论探索[M].北京:当代中国出版社,2025.

[40] 韩庆祥.中国式现代化的发展逻辑[M].郑州:河南人民出版社,2025.

[41] 冯仕政.中国式现代化新征程与社会治理新格局[M].北京:中国人民大学出版社,2024.

[42] 刘余莉.中国式现代化的文化底蕴[M].北京:中国民主法制出版社,2024.

[43] 吴忠民.中国式现代化的源与流[M].北京:人民出版社,2024.

[44] 喻立平.中国式现代化与中华优秀传统文化[M].武汉:武汉出版社,2024.

[45] 孙冲亚.中国式现代化的文化叙事:精神、安全与认同[M].武汉:华中师范大学出版社,2024.

[46] 左希迎.走和平发展道路的中国式现代化[M].北京:中国人民大

学出版社,2024.

[47] 常庆欣.人与自然和谐共生的中国式现代化[M].北京:中国人民大学出版社,2024.

[48] 建红英.从现代化到中国式现代化[M].北京:社会科学文献出版社,2024.

[49] 张逊.中国式现代化面面观[M].北京:新华出版社,2024.

[50] 彭璐珞、肖伟光.中国式现代化的文化基因[M].北京:中华书局,2024.

[51] 杨开峰.中国之治与中国式现代化[M].北京:中国人民大学出版社,2024.

[52] 沈湘平.中国式现代化的传统文化根基[M].南京:江苏人民出版社,2024.

[53] 王伟光.中国式现代化的理论与实践[M].北京:中国社会科学出版社,2024.

[54] 王蒙.传统文化与中国式现代化:王蒙王学典对谈录[M].北京:人民出版社,2024.

[55] 罗平汉.中国式现代化之路[M].北京:北京联合出版公司,2024.

[56] 曲青山.以全面深化改革推进中国式现代化[M].北京:人民出版社,2024.

[57] 权衡."百年未有之大变局"与中国式现代化[M].上海:格致出版社,2024.

[58] 赵志强.中国式现代化的制度形态研究[M].北京:光明日报出版社,2024.

[59] 辛向阳.中国式现代化的人类贡献[M].南昌:江西人民出版社,2024.

[60] 辛向阳.中国式现代化与当代中国马克思主义[M].北京:当代中国出版社,2024.

[61] 郑新立等.中国式现代化理论与实践[M].北京:人民出版社,2024.

[62] 韩庆祥.中国式现代化开创人类文明新形态[M].杭州:浙江人民出版社,2024.

[63] 韩庆祥.中国式现代化的哲学逻辑[M].武汉:湖北教育出版社,2024.

[64] 何爱国.中国式现代化内涵与逻辑[M].北京:人民出版社,2023.

[65] 刘同舫.唯物史观与中国式现代化[M].北京:北京师范大学出版社,2023.

[66] 刘须宽.中国式现代化的文明领航[M].北京:首都经济贸易大学出版社,2023.

[67] 刘日明.马克思的现代性批判理论与中国式现代化新道路[M].北京:商务印书馆,2023.

[68] 唐爱军.中国式现代化道路研究[M].北京:商务印书馆,2023.

[69] 宋月红、周进.中国式现代化的历史观[M].重庆:重庆出版社,2023.

[70] 张永生.中国式现代化的生态观[M].重庆:重庆出版社,2023.

[71] 张神根.中国共产党与中国式现代化[M].北京:中央编译出版社,2023.

[72] 林建华、王晶.中国式现代化的民主观[M].重庆:重庆出版社,2023.

[73] 洪银兴.中国式现代化论纲[M].南京:江苏人民出版社,2023.

[74] 王东.中国式现代化新道路与人类文明新形态[M].长春:吉林人

民出版社,2023.

[75] 田鹏颖.中国式现代化的世界观[M].重庆:重庆出版社,2023.

[76] 莫纪宏.全过程人民民主与中国式现代化[M].北京:人民出版社,2023.

[77] 赵剑英.中国式现代化的哲学透视[M].北京:中国社会科学出版社,2023.

[78] 辛向阳、张小平.中国式现代化的文明观[M].重庆:重庆出版社,2023.

[79] 魏礼群.拓展中国式现代化新道路[M].北京:中共中央党校出版社,2023.

[80] 鲍宗豪.中国式现代化:源起、创新与发展[M].上海:东方出版社,2023.

[81] 龚云、冯颜利等.中国式现代化的价值观[M].重庆:重庆出版社,2023.

[82] 刘守英、范欣、刘瑞明.中国式现代化[M].北京:中国人民大学出版社,2022.

[83] 吴忠民.世俗化与中国的现代化[M].北京:商务印书馆,2021.

[84] 孔飞力.中国现代国家的起源[M].北京:三联书店,2013.

[85] 刘海龙.宣传:观念、话语及其正当化[M].北京:中国大百科全书出版社,2020.

[86] 曹德军.理解战略叙事:国际政治中的话语武器与修辞策略[M].北京:社会科学文献出版社,2024.

[87] 尹柏淳.政治话语的认知研究[M].北京:光明日报出版社,2023.

[88] 盛宁.现代主义·现代派·现代话语:对"现代主义"的再审视[M].北京:北京大学出版社,2011.

[89] 张蕾.政治话语中的隐喻翻译策略和接受度研究[M].北京:中央编译出版社,2018.

[90] 刘娟.兴衰与嬗变:国际话语权构建的历史之维[M].成都:四川大学出版社,2023.

[91] 张凤阳.现代性的谱系[M].南京:江苏人民出版社,2022.

[92] 陈嘉明.现代性与后现代性十五讲[M].北京:北京大学出版社,2006.

三、中文译著

[1] [法]米歇尔·福柯.规训与惩罚[M].刘北城、杨远婴译.北京:三联书店,1999.

[2] [美]塞缪尔·亨廷顿.变化社会中的政治秩序[M].王冠华、刘为等译.上海:上海人民出版社,2008.

[3] [美]塞缪尔·亨廷顿等.现代化理论与历史经验的再探讨[M].罗荣渠.上海:上海译文出版社,1993.

[4] [德]乌尔里希·贝克、[英]吉登斯等.自反性现代化:现代社会秩序中的政治、传统与美学[M].赵文书译.北京:商务印书馆,2014.

[5] [美]C.E.布莱克.现代化的动力:一个比较史的研究[M].景跃进、张静译.杭州:浙江人民出版社,1989.

[6] [美]吉尔伯特·罗兹曼.中国的现代化[M].比较现代化课题组译.南京:江苏人民出版社,2010.

[7] [法]布迪厄、华康德.实践与反思:反思社会学导引[M].李猛、李康译.北京:中央编译出版社,2004.

[8] [德]塞巴斯蒂安·康拉德.全球史是什么[M].杜宪兵译.北京:中信出版社,2018.

[9]［瑞士］孔汉思、库舍尔.全球伦理——世界宗教议会宣言[M].何光沪译.成都:四川人民出版社,1997.

[10]［英］汤因比.文明经受考验[M].王毅译.上海:上海人民出版社,2016.

[11]［美］苏珊·奥格登等.比较政治学——变化世界中的国家和理论[M].北京:华夏出版社,2001.

[12]［英］罗素.中国问题[M].秦悦译.北京:学林出版社,1996.

[13]［美］戴维·E.阿普特.现代化的政治[M].陈尧译.上海:上海人民出版社,2011.

[14]［捷］奥塔·希克.第三条道路——马克思列宁主义理论与现代工业社会[M].张斌译.北京:人民出版社,1982.

[15]［美］狄恩·普鲁特、金盛熙.社会冲突——升级、僵局及解决(第3版)[M].王凡妹译.北京:人民邮电出版社,2013.

[16]［美］艾莉森·利·布朗.福柯[M].聂保平译.北京:中华书局,2002.

[17]［美］查尔斯·J·福克斯,休·T.米勒.后现代公共行政话语指向[M].楚艳红、曹沁颖、吴巧林译.北京:中国人民大学出版社,2002.

[18]［美］芒克等.激情、技艺与方法:比较政治访谈录[M].汪卫华译.北京:当代世界出版社,2022.

[19]［美］乔万尼·萨托利.民主新论[M].冯克利、阎克文译.上海:上海人民出版社,2009.

[20]［英］亚当·斯密.道德情操论[M].蒋自强译.北京:商务印书馆,1997.

[21]［美］道格拉斯·C.诺思.理解经济变迁过程[M].钟正生等译.北京:中国人民大学出版社,2008.

[22][德]柯武刚,史漫飞.制度经济学[M].韩朝华译.北京:商务印书馆,2003.

[23][英]马丁·雅克.当中国统治世界:中国的崛起和西方世界的衰落[M].张莉,刘曲译.北京:中信出版社,2010.

[24][美]塞缪尔·亨廷顿.我们是谁:美国国家特性面临的挑战[M].程克雄译.北京:新华出版社,2005.

[25][美]罗尔斯.正义论[M].何怀宏等译.北京:中国社会科学出版社,1988.

[26][法]西耶斯.论特权第三等级是什么[M].冯棠译.北京:商务印书馆,1990.

[27]联合国计划开发署.2002年人类发展报告:在破碎的世界中深化民主[M].北京:中国经济出版社,2002.

[28][美]塞缪尔·鲍尔斯等.民主与资本主义[M].韩水法译.北京:商务印书馆,2018.

[29][英]菲利普·基切尔.民主社会中的科学[M].白惠仁等译.杭州:浙江大学出版社,2019.

[30][美]柯文.在中国发现历史:中国中心观在美国的兴起[M].林同奇译.北京:中华书局,2002.

[31][法]热拉尔·热奈特.叙事话语·新叙事话语[M].北京:北京联合出版公司,2025.

[32][意]弗斯科·贾尼尼.中国式现代化:路径、成就与挑战[M].李凯旋、李赛林译.北京:当代中国出版社,2024.

[33][俄]弗拉季斯拉夫·伊诺泽姆采夫.民主与现代化:有关21世纪挑战的争论[M].徐向梅等译.北京:中央编译出版社,2011.

[34][美]贾森·斯坦利.政治修辞——西方宣传话语的哲学批判

[M].李晓梅等译.上海:格致出版社,2021.

[35][法]热拉尔·热奈特.叙事话语·新叙事话语[M].王文融译.北京:北京联合出版公司,2025.

[36][美]詹姆斯·保罗·吉.话语分析导论:理论与方法[M].何清顺译.重庆:重庆大学出版社,2021.

[37][美]弗雷德里克·詹姆逊.现代性后现代性和全球化[M].王逢振等译.北京:中国人民大学出版社,2018.

[38][美]史蒂文·史密斯.现代性及其不满[M].朱陈拓译.北京:九州出版社,2021.

[39][英]安东尼·吉登斯.现代性的后果[M].田禾译.南京:译林出版社,2011.

[40][德]乌尔里希·贝克.风险社会:新的现代性之路[M].张文杰等译.南京:译林出版社,2022.

[42][美]齐格蒙·鲍曼.现代性与大屠杀[M].杨渝东等译.南京:译林出版社,2011.

[43][美]C.E.布莱克.比较现代化[M].杨豫等译.上海:上海译文出版社,1996.

[44][美]塞缪尔·亨廷顿.文明的冲突[M].周琪译.北京:新华出版社,2017.

[45][美]塞缪尔·亨廷顿.第三波:20世纪后期的民主化浪潮[M].欧阳景根译.北京:中国人民大学出版社,2013.

[46][美]威廉·布鲁姆.民主:美国最致命的输出:美国外交政策及其他真相[M].徐秀军等译.北京:中国社会科学出版社,2016.

[47][美]杰拉尔德·瑟斯曼.西方如何"营销"民主[M].忠华译.北京:中信出版集团,2015.

[48][美]鲁恂·W.派伊.政治发展面面观[M].任晓、王元译.天津：天津人民出版社,2009.

[49][英]科斯等.变革中国:市场经济的中国之路[M].徐尧等译.北京:中信出版社,2013.

[50][美]弗朗西斯·福山.政治秩序的起源[M].毛俊杰译.桂林:广西师范大学出版社,2013.

[51][美]弗朗西斯·福山.政治秩序与政治衰败[M].毛俊杰译.桂林:广西师范大学出版社,2015.

[52][美]弗朗西斯·福山.国家构建:21世纪的国家治理与世界秩序[M].郭华译.北京:学林出版社,2017.

[53][英]迈克尔·曼.社会权力的来源(第一卷)[M].刘北成等译,上海:上海出版集团,2015.

[54][美]西摩·马丁·李普塞特.政治人:政治的社会基础[M].郭为桂等译,南京:江苏人民出版社,2013.

[55][美]罗伯特·达尔.论政治平等[M].谢岳译.上海:上海世纪出版社集团,2010.

[56][美]郝大维,安乐哲.先贤的民主[M].何刚强译.南京:江苏人民出版社,2010.

[57][英]约翰·B.汤普森.意识形态与现代文化[M].高铦等译.南京:译林出版社,2024.

[58][英]唐纳德·克雷.意识形态的起源:16世纪法国的意识与社会[M].江晟译.杭州:浙江大学出版社,2023.

[59][美]李侃如.治理中国:从革命到改革[M].胡国成、赵梅译.北京:中国社会科学出版社,2010.

[60][英]罗纳德·哈里·科斯等.变革中国[M].徐尧等译.北京:中

信出版社,2013.

[61][印]阿玛蒂亚·森.以自由看待发展[M].任赜,于真译.北京:中国人民大学出版社,2002.

[62][美]曼瑟·奥尔森.权力与繁荣[M].苏长和、嵇飞译.上海:上海世纪出版集团,上海人民出版社,2005.

[63][美]约翰·E.斯蒂格利茨、[印]阿玛蒂亚·森等.对我们生活的误测[M].阮江平,等译.北京:新华出版社,2011.

[64][古希腊]亚里士多德.尼各马可伦理学[M].廖申白译.北京:商务印书馆,2003.

[65][英]威廉·葛德文.政治正义论(第一卷)[M].何慕李译.北京:商务印书馆,2007.

[66][英]阿瑟·刘易斯.经济增长理论[M].周师明等译.北京:商务印书馆,1983.

四、中文期刊

[1]张国祚.关于"话语权"的几点思考[J].求是,2009(9).

[2]毛跃.论社会主义核心价值观的国际话语权[J].浙江社会科学,2013(7).

[3]韩震.论话语的内涵、实质及功能[J].哲学研究,2018(12).

[4]陈嘉明."现代化"与"现代性"[J].厦门大学学报(哲学社会科学版),2003(5).

[5]张敦福.依附理论的发展历程和新进展[J].山东师大学报(社会科学版),2000(1).

[6]王辛刚.百年以来中国共产党推进国家现代化的历史演进——基于概念史研究的论析[J].北京行政学院学报,2021(2).

[7] 罗永宽、齐娟.中国共产党现代化话语体系的百年建构与发展逻辑[J].中国特色社会主义研究,2021(1).

[8] 习近平.在纪念中国人民抗日战争暨世界反法西斯战争胜利75周年座谈会上的讲话[N].人民日报,2020-9-4:2.

[9] 虞崇胜.新时代与"后半程":精准把握中国未来发展的双重方位[J].武汉大学学报(哲学社会科学版),2018(1).

[10] 韩震.历史解释与话语霸权的消解[J].哲学动态,2002(5).

[11] 代玉启."中国式现代化"话语的三重维度及其系统构建[J].求索,2023(1).

[12] 戴木才.论中国式现代化的创造性发展[J].哲学研究,2023(12).

[13] 王海军."中国式现代化"话语叙事的学理探源(1919~1949)[J].马克思主义研究,2024(3).

[14] 邱佛海、吴定海.世界现代化的发展经验、一般规律与中国方案[J].深圳社会科学,2024(2).

[15] 韩庆祥.中国式现代化的理论体系和话语体系——兼论中国式现代化是如何成功创造和建构起来的[J].哲学研究,2023(8).

[16] 解超.中国式现代化话语体系的建构路径[N].光明日报,2023-11-17:11.

[17] 贾鹏飞.论中国式现代化的意识形态话语创新[J].广西大学学报(哲学社会科学版),2022(6).

[18] 李君如.论中国式现代化的话语体系的构建[J].理论视野,2024(1).

[19] 殷冬水、范京京."人民"话语与国家认同——当代中国国家认同话语建构的政治学分析[J].吉林大学社会科学学报,2021(2).

[20] 徐琳、官文婧."中国式现代化"政治话语与国家认同建设[J].中南民族大学学报(人文社会科学版),2023(9).

[21] 钟天娥.中国特色社会主义话语体系:本质属性、价值功能与构建路径[J].理论探索,2018(3).

[22] 习近平同党外人士座谈并共迎新春时强调 以更加奋发有为的精神状态履职尽责 在凝心聚力服务大局上发挥更大作用[N].人民日报,2023-1-17:1.

[23] 中共中央政治局召开专题民主生活会强调 巩固拓展主题教育成果 为强国建设民族复兴伟业汇聚强大力量[N].人民日报,2023-12-23:1.

[24] 习近平在看望参加政协会议的民革科技界环境资源界委员时强调 积极建言资政广泛凝聚共识 助力中国式现代化建设[N].人民日报,2024-3-7:1.

[25] 习近平同党外人士座谈并共迎新春时强调 以更加奋发有为的精神状态履职尽责 在凝心聚力服务大局上发挥更大作用[N].人民日报,2023-1-17:1.

[26] 齐道新.中国式现代化话语体系的构成样态与功能指向[J].探索,2023(2).

[27] 李嘉莉.中国式现代化:何以从本土叙事转向世界话语[J].马克思主义研究,2023(4).

[28] 金伟、高振.中国式现代化的话语叙事分析[J].湖湘论坛,2023(3).

[29] 艾四林、陈钿莹.中国式现代化话语体系建构的三重维度[J].山东大学学报(哲学社会科学版),2023(2).

[30] 陈锡喜.论中国式现代化的理论建构及对人类文明的贡献[J].贵州省党校学报,2023(1).

[31] 吴忠民.发展的意蕴[J].社会科学研究,1991(5).

[32] 中共中央政治局常务委员会召开会议 听取全国人大常委会、

国务院、全国政协、最高人民法院、最高人民检察院党组工作汇报听取中央书记处工作报告[N].人民日报,2024-1-5:1.

[33] 虞崇胜.类文明:化解全球化时代文明冲突的新文明形态[J].马克思主义与中华文化研究,2019(1).

[34] 王韶兴.现代化进程中的中国社会主义政党政治[J].中国社会科学,2019(6).

[35] 田旭明.党的领导何以成为中国式现代化的最大优势[J].马克思主义研究,2024(7).

[36] 汤峰、杨雪冬.双轨式国家建构与后发国家治理秩序生成[J].江苏社会科学,2024(3).

[37] 陈明明.中国现代化道路的历史与政治之维[J].南京大学学报(哲学·人文科学·社会科学),2024(1).

[38] 陈军亚、王浦劬.以双重革命构建新型现代国家——基于中国共产党使命的分析[J].政治学研究,2022(1).

[39] 张光辉、翟桂萍.社会主义民主政治的显著优势和特点[J].科学社会主义,2019(6).

[40] 任剑涛.从帝制中国、政党国家到宪制中国:中国现代国家建构的三次转型[J].学海,2014(2).

[41] 虞崇胜.公平正义:社会主义核心政治价值的精髓[J].湖北社会科学,2010(9).

[42] 刘小莉等.人民至上:中国式现代化的价值意蕴[J].理论视野,2024(11).

[43] 习近平在重庆考察时强调 进一步全面深化改革开放 不断谱写中国式现代化重庆篇章[N].人民日报,2024-4-25:1.

[44] 唐任伍、杨雨杉.中国现代国家建构的民生路径[J].国家现代化

建设研究,2024(5).

[45] 傅才武、李越.论中国式现代化的文化道路问题——国家文化结构视野下由文化认同建构国家认同的逻辑[J].山东大学学报(哲学社会科学版),2024(3).

[46] 范玉刚.以弘扬文明共识理念增强中华文化的世界传播力[J].天津社会科学,2023(2).

[47] 林尚立.以发展全过程人民民主推动中国式现代化[J].求是,2024(9).

[48] 汪仕凯.群众路线与全过程人民民主的实践起源[J].郑州大学学报(哲学社会科学版),2023(2).

[49] 习近平同美国总统拜登在巴厘岛举行会晤[N].人民日报,2022-11-15:1.

[50] 习近平同美国总统拜登举行视频会晤[N].人民日报,2021-11-17:1.

[51] "既是最难的,也是最伟大的"(微镜头·习近平总书记参加党的二十大广西代表团讨论)[N].人民日报,2022-10-18:1.

[52] 付高生.中国式现代化话语体系的基本功能、丰富内涵及建构路径[J].世界社会主义研究,2024(7).

[53] 秦宣.正确处理政治话语与学术话语的关系[J].中国青年社会科学,2019(3).

[54] 代玉启."中国式现代化"话语的三重维度及其系统构建[J].求索,2023(1).

[55] 吴霞.中国式现代化话语势能的生成逻辑与提升策略[J].江苏社会科学,2024(3).

[56] 刘明松、王倩.中国式现代化话语体系的出场语境、在场样态与

立场自觉[J].学习与实践,2024(7).

[57] 高振岗、郭婧婧.实现中国特色社会主义政治话语与学术话语的统一[J].中国党政干部论坛,2019(2).

[58] 李奇繁.论中国式现代化话语体系的创新[J].新楚文化,2023(35).

[59] 习近平在中共中央政治局第六次集体学习时强调 不断深化对党的理论创新的规律性认识 在新时代新征程上取得更为丰硕的理论创新成果[N].人民日报,2023-7-2:1.

[60] 李宗建、陆苗.新时代主流意识形态话语体系创新的鲜明特质[J].社会主义研究,2024(2).

[61] 杨帆.比较视域下中国式现代化"世界性认知"的国外话语建构[J].科学社会主义,2024(4).

[62] 习近平对新时代马克思主义理论研究和建设工程作出重要指示强调 扎根中国大地赓续中华文脉厚植学术根基 为推进马克思主义中国化时代化作出更大贡献[N].人民日报,2024-11-30:1.

[63] 姜迎春.中国式现代化话语体系的创新意蕴[J].江汉论坛,2024(6).

[64] 张步中、覃伟津.赋魅·祛魅·返魅：西方现代化话语解构与中国式现代化话语建构[J].新疆社会科学,2024(1).

[65] 杨卫敏.新型政党制度话语体系与叙事方式创新研究[J].上海市社会主义学院学报,2024(4).

[66] 王增福、孙晓桐.中国式现代化话语的出场语境、演变形塑与未来指向[J].东岳论丛,2024(12).

[67] 习近平在参加内蒙古代表团审议时强调 保持加强生态文明建设的战略定力 守护好祖国北疆这道亮丽风景线[N].人民日报,2019-3-6:1.

[68] 于淑婧、荆学民."中国式现代化"政治话语的四重资源及其传播

调用[J].编辑之友,2024(6).

[69] 祝大勇、彭娜.西方国家误读中国式现代化的理论视角、叙事话语与价值判断[J].中共云南省委党校学报,2024(6).

[70] 胡钰.中国式现代化国际传播的战略思考[J].青年记者,2024(9).

[71] 吴爱军.中国式现代化的历史进程、理论蕴涵与世界意义[J].东南学术,2024(2).

[72] 冯冉、陈锡喜.中国式现代化话语的动力机制、结构要素与误区规避[J].思想教育研究,2023(4).

[73] 辛向阳.中国式现代化的三大特质[J].思想理论教育导刊,2022(3).

[74] 任鹏.中国式现代化蕴含的民主观[J].社会科学辑刊,2024(4).

[75] 张明军.中国式现代化民主观论析[J].思想理论教育,2024(7).

[76] 王炳权等.构建中国式现代化民主观自主知识体系的方法论[J].当代世界与社会主义,2024(4).

[77] 苏阳、张光辉.中国式现代化话语体系构建的复合叙事与目标意涵[J].河南社会科学,2024(5).

[78] 赵鼎新.孔飞力《中国现代国家的起源》的误区——兼谈中国社会科学的困境[J].学术月刊,2024(12).

[79] 周银珍.国家自主性视角下提升中国式现代化国际话语权[J].西南民族大学学报(人文社会科学版),2024(9).

[80] 杨光斌."政党国家"视域下的现代化与世界体系变革[J].当代世界,2024(10).

[81] 徐贵、乔兆红."自我更新"与新加坡现代化的关系研究[J].比较政治学研究,2024(1).

[82] 李瑞昌、张楚楚.非洲式治理现代化:多重尺度[J].复旦公共行政评论,2024(1).

[83] 吴忠民.经济全球化中的矛盾风险对现代化的不利影响及应对[J].中共中央党校(国家行政学院)学报,2024(6).

[84] 轩传树.对世界上一些国家现代化模式的考察与比较——基于政党主体[J].当代世界与社会主义,2024(4).

[85] 阚道远.后发国家现代化的风险挑战及应对:以政党为中心的考察[J].教学与研究,2024(9).

[86] 虞崇胜."最大的政治":中国式现代化的政治逻辑[J].党政研究,2024(4).

[87] 虞崇胜.邓小平"最大的政治"命题及对新时代中国式现代化的理论先导意义[J].天津行政学院学报,2024(6).

[88] 唐皇凤、石蕾.中国式现代化独特生态观的三维探赜[J].江汉论坛.2025(1).

五、学位论文

[1] 张艳艳.中国式现代化道路话语体系建构研究[D].兰州大学博士论文,2022.

[2] 宋雅萍.毛泽东与中国现代话语体系的构建:以意识形态话语为中心的考察[D].武汉大学博士论文,2021.

[3] 武雯婧.中国式现代化新道路研究[D].东北大学博士论文,2022.

[4] 孙静.国家治理现代化进程中的政治文化建设研究[D].中共中央党校博士论文,2017.

[5] 邱实.中国政治治理现代化研究[D].南京师范大学博士论文,2017.

[6] 常轶军.现代化进程中的政治认同[D].吉林大学博士论文,2014.

[7] 冯立刚.当代中国马克思主义意识形态话语权建设研究[D].天津

师范大学博士论文,2022.

[8] 陈新明.中国式现代化话语体系构建研究[D].天津工业大学硕士论文,2024.

[9] 李海林.中国式现代化新道路研究[D].中国人民大学硕士论文,2022.

[10] 贾媛芳.当代中国建设话语的政治分析：基于国家领导人文献资料的文本分析[D].中央民族大学硕士论文,2019.

六、外文文献

[1] Ndinawe Byekwaso. *The Politics of Modernization and the Misleading Approaches to Development*. World Review of Political Economy, Vol.7, No.2(Summer 2016), pp.285－312.

[2] Zhikai Dong, Translated by Yuhua Gao. *GaoMao Zedong and the Independent and Comprehensive Industrial System and the Modernization of New China*. World Review of Political Economy, Vol. 5, No. 4 (Winter 2014), pp.472－487.

[3] Bernard F.W. Loo. *The Challenges Facing 21st Century Military Modernization*. PRISM, Vol. 8, No. 3 (2019), pp.146－157.

[4] Stephen J. Cimbala. *Chinese Military Modernization: Implications for Strategic Nuclear Arms Control*. Strategic Studies Quarterly, Vol. 9, No. 2 (SUMMER 2015), pp.11－18.

[5] Sophie Theis, Briana Swette. *Between Discourses of Extreme Pressure and Modernization: Small Farmers' Diverse Perceptions of Vulnerability to Soy in Santarém, Pará*. Consilience, No. 8 (2012), pp.200－218.

[6] Larry M. Wortzel. *China's Military Modernization and Cyber Activities: Testimony of Dr. Larry M. Wortzel before the House Armed Services Committee*. Strategic Studies Quarterly, Vol. 8, No. 1 (SPRING 2014), pp.3-22.

[7] Zhihong Luo, Xiaoqin Ding.*Chinese Modernization and the Prospects of World Modernization: A Review of the 16th Forum of the World Association for Political Economy.*World Review of Political Economy, Vol. 15, No. 3 (Fall 2024), pp.446-470.

[8] Kearn, David W.*"The Challenge of China's Military Modernization."In Facing the Missile Challenge: U.S. Strategy and the Future of the INF Treaty*, 57-92. RAND Corporation, 2012.

[9] Ooi, Yuki.*"'China' on Display at the Chicago World's Fair of 1893: Faces of Modernization in the Contact Zone."* In From Early Tang Court Debates to China's Peaceful Rise, edited by Friederike Assandri and Dora Martins, 53-66. Amsterdam University Press, 2009.

[10] Atlantic Council.*China's Shift Toward Discourse Power.Chinese Discourse Power: China's Use of Information Manipulation in Regional and Global Competition*, Atlantic Council (Dec. 1, 2020)

[11] Atlantic Council.*Methodology of Chinese Strategies on Promoting Discourse Power.Chinese Discourse Power: China's Use of Information Manipulation in Regional and Global Competition*, Atlantic Council (Dec. 1, 2020)

[12] Samantha Hoffman. *Generating 'discourse power' through data. Social credit: Technology-enhanced authoritarian control with global consequences*, Australian Strategic Policy Institute (Jun. 1, 2018)

［13］Plummer, Anita."*Public Diplomacy.*" In *Kenya's Engagement with China: Discourse, Power, and Agency*, 27 – 54. Michigan State University Press, 2023.

［14］Hall, Stuart."*Ideology and Ideological Struggle.*" In *Cultural Studies 1983: A Theoretical History*, edited by Jennifer Daryl Slack and Lawrence Grossberg, 127 – 154. Duke University Press, 2016.

［15］C.Delistathi."*Translation as a Means of Ideological Struggle.*" In *Translation and Opposition*, edited by Dimitris Asimakoulas and Margaret Rogers, 204 – 222. Multilingual Matters & Channel View Publications, 2011.

［16］Durrani, Shiraz."*IDEOLOGY IN ACTION.*" In *Two Paths Ahead: The Ideological Struggle between Capitalism and Socialism in Kenya*, 1960 – 1970, 1st ed., 107 – 136. Vita Books, 2023.

［17］Wright, Teresa."*The China Democracy Party and the Politics of Protest in the 1980s – 1990s.*" The China Quarterly, no. 172（2002）: 906 – 926.

［18］Howland, Douglas. *Review of Political Development in China: State, Law, and Democracy*, by Mireille Delmas-Marty, Pierre-Étienne Will, Naomi Norberg, and Peter Zarrow. China Review International 20, no. 3/4（2013）: 227 – 237.

后　记

本书的选题启发于学员的发问,彼时笔者承担《以中国式现代化全面推进中华民族伟大复兴》的专题授课,学员于课后提问"中国式现代化"这一概念的缘起,这启发我从话语创新、软实力博弈的角度思考并回答了这一问题。在当前"西强我弱"的国际话语格局中,中国如何改变被动应对、被迫答辩的局面?如何跳出西方为我设置的众多话语议题甚至是话语陷阱?如何用我们原创性的话语概念(理论)去解读我们自身的发展?习近平总书记曾指出,在解读中国实践、构建中国理论上,我们应该最有发言权。然而长久以来,我们的学术界、舆论界尊奉西方的思维、理论、话语为圭臬,甚至出现离开西方的学术标准、学术命题和学术观点就无从研究、无从说话的现象,那么中国特色社会主义现代化的历史正当性如何真正建立起来呢?带着这样的思考,笔者决定选择"中国自主的话语体系"作为进一步研究的对象。而"中国式现代化"是新时代"最大的政治",是当代中国最关键的时代主题词,选择"中国式现代化"作为话语体系的研究载体,则具备树立标杆、顶层设计的意义。

话语体系的研究对笔者来说是一个全新的领域,虽然笔者长期关注中西方软实力博弈问题,撰写了大量的关注时事问题的研究报告,但关于话语、话语体系的理论研究并未有过多的深度积累。为了较好地完成研究,笔者在阅读大量的优质学术论文、名师大家的优秀著作基础上初步形成了自己的研究框架。当前,习近平总书记关于中国式现代化的理论阐释为建构话语体系提供了重要的思想语料,中国式现代化的丰富实践经验为其提供了经验素材,其蕴含的独特世界观、价值观、历史观、文明观、民主观、生态观等也为构筑话语体系奠定了价值立场。笔者认为,建构中国式现代化话语体系,要在话语变迁的历史脉络中把握话语发展的时代主题,要在话语出场逻辑的精细展开中找准话语生成的支撑要素,要在话语文明内核的深刻揭示中定位话语呈现的深层力量,要在话语叙事的复合特色中明确话语表达的独有特质,要在话语传播的多元路径中扩散话语影响的世界范围,要在话语自信的培植养成中探索话语的守护之道。这本书就是遵循这样的逻辑对中国式现代化话语体系展开研究,力求较为系统地呈现中国式现代化话语体系的话语生成、内涵要素、价值意蕴、叙事特色、内容指向、传播策略和守护创新之道,为构筑中国特色的自主知识体系贡献力量。

理论的研究和创新是一个艰辛的过程,笔者非常感谢在这个艰辛的过程中，领导、同事、家人给予的关怀、帮助和支持，感谢国防大学政治学院马克思主义理论系姜延军主任、许恒兵副主任、王喆副主任对著作框架的指导，感谢马克思主义理论系闫晓贤教授、张光辉副教授、罗丹副教授、陈鑫副教授、毛一龙副教授对著作内容提出的建设性意见。特别感谢著名学者虞崇胜教授于百忙之中为著作作序。笔者曾于三年前去武汉大学考察文职干部时与虞教授有过一面之缘，当时就"中国式现代化"等诸多问题请教于虞教授，教授谦和低调的为人、循循善诱的指导、极富开创新的见地给笔者留下了深刻的印象。近年来，虞教授致力于研究中国式现代化问题，形成了系列重磅权威成果，这些成果也对本书的完成有重大的启发意义。

此外，特别感谢江苏人民出版社的史雪莲编辑，在著作出版的过程中，史编辑不厌其烦、耐心细致地与笔者交流沟通，为著作按时顺利出版倾尽了心力，令笔者深为感动。

正如虞老师在代序中所言：中国式现代化话语体系研究与中国式现代化实践进程一样，仍然在进行之中，许多理论和实践问题有待在实践中逐步解决。实践之树常青。中国式现代化实践和中国式现代化话语体系研究，都是远未完结的课题。希望本书作为引玉之砖，期待学界能有更多更好的中国式现代化话语体系的研究成果问世。

苏 阳

2025年2月于上海松江